海運承攬運送業

理論與實務

曾俊鵬 廖玲珠 著

五南圖書出版公司 印行

Issa Baluch序

Freight forwarders today work in a dynamic industry and are confronted by many challenges, such as new competition, stringent cargo security regulations, new technologies, and changing trade conventions, not to mention bottlenecks in the supply chain caused by congested ports and red tape. The everyday work of the ocean freight forwarder also involves a number of processes and procedures that may seem complex to the uninitiated. To facilitate their practical application, these concepts have been codified in *The Theory and Practice of Ocean Freight Forwarding*.

This book informs those who are new to the industry and gives them the knowledge they need to handle regional challenges, cultivate international business relationships, and understand regulations, liability, insurance, and documentation. With a working knowledge of both ocean freight and sea-air combined transport, as well as insight into future trends involving China, integrators, mergers and acquisitions, and IT, students of this book will be enabled to operate their businesses with the utmost professionalism and to offer world class services to their customers.

The Theory and Practice of Ocean Freight Forwarding is an important tool in our efforts to bring up a new generation of qualified freight forwarders. It may seem like a basic task, but training is the foundation from which we can empower the freight logistics industry. Through resources like this book, we enhance the technical know-how of freight professionals, ensure that they are operating according to international standards, and raise their level of professionalism and quality consciousness. Mr. Tseng should be commended for undertaking this training initiative and drawing so eloquently on his vast experience, and I hope others will follow suit in their respective regions.

Issa Baluch

President, FIATA

Chairman and CEO, Swift Freight International

涂序

曾俊鵬君內斂而熱忱，執著而博學，在業界頗有好評。我初識曾君於處理公會會務中，見其人寡言而有物，急公好義，而印象深刻。

國際複式運送業在我國尚屬萌芽，妄稱「海運承攬運送業」，頗有侷限本業之事業本質及服務範疇，且有逆反世界貨物運送趨勢之嫌……。難為曾君甘冒不諱，以其學有專精的立論基礎，再賦予二十年工作經驗，深入淺出將本業作一有系統之介紹，可謂創先。其目的無非在切磋同儕、提攜後進、導正視聽，進而盼為政府未來修法之參考。

值此政府民間藉「建設台灣為亞太營運中心」為創造台灣再次經濟奇蹟之際，曾君的「理論與實務」不啻暮鼓晨鐘，言明軟體與硬體應相互為用，而大方向的訂立是要有絕對正確的基本概念作出發的。

「貨暢其流」是個極繁瑣的任務，牽連極廣。尤其在高度競爭之下，「相輔」與「相抗」、「相成」與「自成」難以分界；「複合式運送業」正式既「合縱」又「連横」，要「理性」更「感性」，在各實際運送人之間要拿捏合情、合理、合法，兼具經濟與服務之目的。曾君在大作中以條理分明的手法，將這種複雜的關係妥善處理，殊為難得。

在章章節節中，正是「見文見人」，細膩又嚴謹，恰似其人寫照。而冀「見賢思齊」，恐怕才是作者的苦心。有了這本好書，我願意推薦它作為繼續擴大探討本業未來發展的依據之一，更也預祝曾君商學兩界，百尺竿頭。

是乃序！

台北市海運承攬運送商業同業公會

理事長　涂鄂良

陳 序

我國對外貿易依存度非常高，同時台灣屬海島型經濟，位置正處亞太地區中心，扼守東北以及東南亞間的航路要衝。發展海空運輸，正是我國政策上不斷擴充世界貿易，促進經濟穩定發展的有利條件。

過去二、三十年間台灣地區的經濟蓬勃起飛，外貿暢旺，造就所謂的經濟奇蹟，航運業貢獻卓著。目前陽明、長榮海運的貨櫃船隊規模、經營效率已在全球名列前茅；但或許受限於政府的法令之故，作為船東與貨主居間服務的我國海運承攬運送業，這些年來並未能隨同健全成長。不過由於環境的改變以及業者本身致力於提供完整的、一貫的良好服務，外界對海攬業已有新的評價，船東及貨主也用「夥伴」的心態來相待。只是社會各界對於這行業的認識仍然模糊，因為一向很少有人對它加以探討，並予介紹。如今見到曾俊鵬君的力作《海運承攬運送業理論與實務》即將付梓，特別令人耳目一新。

曾俊鵬君自民國六十七年甫自軍中退伍，即以優異成績通過水運特考進入招商局、陽明海運服務，後來又為長榮海運網羅。目前自行經營海空貨運承攬運送業務，極為成功順利，足證他的經營功力確實不淺。此外他在國內數所大學講授相關課程，並積極參與海運承攬運送業務，由他執筆，內容自然可兼具理論與實用。尤其政府正全力推動亞太營運中心及開發倉儲轉運專區的新方向，海運承攬運送業擁有了可以充分發揮的空間。此書在此時出版，更可供業者經營參考，故樂為之序。

陽明海運股份有限公司

董事長 陳庭輝

鄭　序

曾俊鵬君是我在海洋大學的學弟，在校表現非常優異。民國七十三年他進入長榮集團，服務期間，歷經貨櫃場、海運及航空三個公司，跨足集團內陸海空公司，是一位不可多得的人才。民國八十一年，他因另有發展而離開長榮集團。曾君為人謙沖，態度相當誠懇，非常難得。

最近他以力作《海運承攬運送業理論與實務》一書求序於我，我則因已脫離海運多年，尤其自接掌長榮航空以來，極為忙碌，而有所猶豫。惟再度受其誠懇所感，加以國內此類著作尚屬首創，必對海運業、尤其海運承攬運送業有所貢獻，故不再推辭。

我國航業法中對所謂「航業」本即包括「海運承攬運送業」，不過各界對此業並無正確的認識，以致多年來業者在夾縫中求其生存，或者為求生存而花樣百出，凡此對整體形象均有負面效果。曾君對此特別呼籲業者自制，並以加強對海運承攬運送業的認知，來提升整體形象，且累積邁向國際市場的實力，本人深有同感。事實上，欲求與船舶運送業有良好的互動，海運承攬運送業者要下更多的功夫，此書將可提供不少意見及參考資料。由於中國大陸有廣大的市場，加上同文同種，確實是業者可以一展身手的地方，此書在這方面頗具參考價值。

曾俊鵬君除了自營海空貨運承攬運送業頗有心得之外，並在幾所大學擔任相關課程的講授，同時對台北市海運承攬運送商業同業公會會務相當熱心。由他執筆自是最佳人選，故樂為之序。

長榮航空股份有限公司

董事長　鄭深池　謹上

郭　序

接獲曾俊鵬君的謙請，要我為他即將出版的新書作序，心裡確實感到欣喜。和他多年的共事及相處，深覺這位在海運界有響亮名號的J.P.，不但學有專長，且在實務方面鑽研甚深，實力雄厚。在運輸這個領域裡，他確實是一位不可多得的人才。

印象比較深刻的是，當年立榮海運在草創的歲月裡，整個亞洲地區的服務網在J.P.用心的規劃下，規模略具，為日後的發展奠下良好的基礎。另外在中東線的同行會議，代表公司積極參與穩定市場運價及秩序的努力，而貢獻卓著，直至今日仍為同行所樂道。其後為公司發展，除多次前往中東地區拜訪客户，並陸陸續續規劃越南、南非及南美等航線，直至為集團其他關係企業所借重，轉戰長榮航空為止。

這一本書雖名曰《海運承攬運送業理論與實務》，但事實上對船舶運送業的角色與運作亦著墨甚多，因此可作為整體航運理論與實務之重要參考。此外，文中對現有法令及業界現況一些有待改進事項亦多作期許。全書讀來除驚嘆於J.P.的文筆精練易懂之外，內文關於許多模糊性概念的澄清及建設性意見提供，更有神來之筆。此點有待讀者自行琢磨、體會，本人不再贅言。

當然，以J.P.在學術及產業方面所凝聚的功力絕對不僅如此。期望之餘，我個人還有「鞭策」之意，未來希望它能有更漂亮的演出。

立榮海運股份公司　總經理

郭俊雄　序

三版序

本書從1997年出第一版、2005年出第二版，轉眼間已過了五年。在這段期間，海運市場經歷最繁榮時期，所有海運公司都賺足了錢。然而世事難料，2007年從美國開始的次級房貸問題竟然演變成金融危機，迅速蔓延到全球，造成全球性的經濟蕭條，使船公司在2008到2009年間度過了史上最寒冷的冬天。貨櫃輪船公司無一倖免，過剩的船隻被停航，最多時曾達到約550艘，所有公司都大虧損。

本人從1995年和幾位如今已經是經驗豐富、身經百戰的伙伴共同成立崴航國際公司，回首已經十五年了。這期間的親力親為，備感辛苦，但也累積了不少實戰經驗。因此本書每一次修改都包含了諸多心得，內容也一次比一次充實。

多年的經驗體會，海運承攬運送業在現代物流鏈中扮演著無比重要的角色。可惜政府主管機關對本業瞭解不夠，未能制定一套有效的管理辦法，在管制之外，也能輔導業者健康發展。而業者自己也不爭氣，只知殺價，不能相互合作；以致大家沒得到合理利潤之外，更讓外界輕視為買空賣空的行業，可謂咎由自取。

其實海運承攬運送業大可發揮整合物流資源的功能，替貨主提供經濟便利並且具有經濟附加價值的國際運輸服務，造福世界。這樣的觀念在本書內容中一再提及，期許有心人士將海運承攬運送業的功能與形象提升到另一境界。

寫作可以將經驗傳承下去，其樂無窮。本人也期望能拋磚引玉，帶動更多先進朋友一起來和大家分享心得。

在本書完成第三次改版之際，特為之序！

曾俊鵬

二版序

本書第一版於1997年底發行，距此次修訂完成，相隔近10年之久，只能說光陰似箭。第一版是請長榮國際公司出版事業部代為編排印製，只印了一千本，很快就銷售完畢。許多讀者想再購買參考時，已無存書，只能說抱歉了。第一版出書時，崴航國際公司也才創辦不過兩年的時間，尚屬草創時期。公司規模之小自不在話下，筆者自己在海運承攬運送業的經營經驗也還在起步階段，有待學習充實之處甚多。因為海運承攬運送業的理論和實務內容和筆者過去在海運公司的經驗，畢竟是有很大的差異。累積十年的經營心得，功力應大有精進，因此對本書一直就有修訂以全新面貌問世的想法，不過卻因為忙碌而使修訂工作只能斷斷續續進行。如今總算完成，筆者也終於可以鬆口氣了。

十年彷彿一眨眼，一下子就過去了。1995年起步的崴航國際公司，如今已茁壯成為含海空貨運承攬運送，海內外有30多個自屬營業單位，服務遍及全球，員工700餘人的集團公司。值得安慰的是，這個集團一直維持著良好的形象，在業界享有良好信譽，筆者也因此獲選為2004到2007年任期的台北市海運承攬運送商業同業公會理事長。公司同仁們都兢兢業業，也均以在這個公司為榮，共同努力，至為可喜。十年期間，筆者也樂見許多同仁和公司一起成長，甚至結婚生子，看到的是人生的美好景象。崴航集團講究的是團隊精神，以人為本。十年以來培養出一批武功高強、對公司衷心奉獻的幹部，這都將是後續發展的資本。而十年的經營歷練，也使筆者的在本業的理論與實務功力，和一版發行時相比，有很大的進步，因此本書第二版內容肯定與第一版有很大的不同。

第二版雖沿續第一版的書名，不過內容卻是經過全面改寫。在修訂過程中，筆者也極盡思考，務求真實地分享經驗。儘管稱不上嘔心瀝血之作，但自認是大有看頭。海內外專寫海運承攬運送業的書本來就不多，因此雖有參考一些片片段段的資料，不過大部分是就筆者實務經驗，點滴書寫完成。希望對業界人士及學子，甚至政府的決策人士能深入了解本業，有所幫助。

最後謹以此書獻予我的家人、崴航集團公司的全體同事，及很多關心我、幫助我的長官和好朋友。大家的支持，是我力量的泉源！

本書全新出版之際，特為之序！

初版序

筆者自踏出校門，經過軍伍的洗禮後，於民國六十七年中，幸運地以高分考進陽明海運公司，到民國七十三年再轉到長榮集團，分別在該集團的長邦貨櫃公司、立榮海運公司、長榮航空公司服務過相當長的一段時間。受到國內兩大航運公司的訓練，累積陸海空運輸的實際經驗。除了倖不辜負所學外，並與很多長官及同事建立了深厚的情誼，得到很多人的協助與鼓勵。基於以往這些美好的經驗，筆者對周圍的人總是充滿了感激之情，並常以此來與他人分享。

筆者會投入海運承攬運送業多少有些在人生計畫之外，主要是長期在船公司服務，對海運承攬運送業多少有些偏見。及至與幾位昔日同事好友共同成立自己的海運承攬運送公司以後，經過實際的運作與深入思考後，對本業始有全然不同的體會。如今不僅全心全力投入，更進一步成立航空貨運承攬公司及一個海運顧問公司，為人生找到一個更積極的方向與意義。

除了公司的實際經營之外，筆者曾在母系—國立台灣海洋大學航運管理系兼任講師多年，講授「承攬運送」和「複合運送」這兩門課程。當時即有將教學心得著作成書的想法，終因鎮日忙碌而讓時間在經常的悔恨中耗過。現因經營本業，加以在實踐大學講課，並不斷充實自己的結果，對海運承攬運送業有了較深入的體會與認識。

記得在一次台北市海運承攬運送商業同業公會舉行的研討會中，涂鄂良理事長曾說：「公會擬加強本業的教育訓練，使從業人員有專業的感覺及專業的素養發揮本業的尊嚴與驕傲。」這一段話深深的引起筆者的共鳴。的確，包括筆者在內，對海運承攬運送業曾有不太正確的認知，遑論一般社會大眾、甚至在本業終日忙碌的人了，根本無暇停下來有系統地想一想自身行業的問題。欲讓從業人員有驕傲、有尊嚴，加強對本業的認識的確是一重要的工作。在公會努力推動下，1997年4月，台北市公會已獲得FIATA總會通過辦理教育訓練的認證。筆者受此鼓舞，乃重燃當時的衝動。希望將自己的心得加以有系統地整理，一方面當作莘莘學子的教材，另一方面也可提供對本業關心或有興趣人士的參考之用。

本書共分成十章，第一章就與海運承攬運送業有關的一般觀念加以說明，辨明業者所扮演的不同角色，及其所衍伸出來的責任問題，至於現行法令規訂的矛盾，致妨礙業者發展的問題亦在第四節中加以指出，期能喚起政府在法令方面還給業者公道。第二章為說明業者不同角色時的不同服務內容，至於業者從事本業的獲利來源亦在第三節中詳加說明。第三章也就與海運承攬運送業相關業者加以比較，以明各業間的長短處，藉期相互支援。第四章則就海運承攬運送業的組織及人力資源有關問題加以探討，筆者強烈認為人的因素是本業成敗的關鍵，因此花了相當大的篇幅來探討「人」的問題。第五章討論海運承攬運送業的責任與保險問題，企業欲永續經營，風險觀念必不可少，如何以購買保險來分散經營風險，即為本章所要探討的內容。第六章為討論海運承攬運送業所簽發的提單，提單為國際貿易最重要的單據，海運承攬運送業簽發的提單種類及效力問題，及簽發提單時所常見的問題均一一在本章中加以說明。第七章則討論海運承攬運送業與複合運送間的相關問題。複合運送已是國際運輸主流，而海運承攬運送業以其經營的寬度與廣度，能以「複合運送的專家」自許，本章即在討論這方面的問題。第八章列舉說明我國與海運承攬運送業相關的法令，在各國普遍缺乏單一法令規範的情況下，制定標準承攬運送條款以作為職業的依據為一可行方向，故本章即就此加以討論。第九章就大陸的貨運代理業情況及如我國業者欲進入時應注意的問題加以討論，大陸市場是本業可大展身手的地方，本章意圖提供一些參考的意見與資料。最後一章則指出一些問題及機會，並以此作為本章的結尾。

關於海運承攬運送業先前已有不少研究生以研究專題的方式加以探討，但多偏重在理論的探討，本書則主要從實務角度切入討論，希望提供給各行各業作為實用性的參考。

同窗陳明和兄是個良師益友，承他諸多指點，特藉這機會表達謝意。此外，在人生路上予我提攜與協助的人實在很多，無法一一提及，不過藉此書發表的機會，我要特別表達對陽明海運陳董事長庭輝的敬意與謝意。他是我在陽明時的上司，雖筆者已離開陽明多年，他且貴為該公司董事長，仍然不忘時時給這個老部屬鼓勵與關心，親切的關懷常令筆者深為感動。其次，立榮海運的兩位長官：郭總經理俊雄和王副總經理龍雄，亦於筆者在立榮服務期間，充分的授權與支持，從他們那邊學到極多為人處世的道理。此外與多位曾經共事的老同事，感情實在濃得化不開。立榮海運那段期間為筆者人生的一段黃金時期，無限感念。再者，長榮航空董事長鄭深池學長的經營能力故已受到社會高度肯定，他對後進的勉勵更是令人感動。筆者在幾個人生的轉捩點上，有幸得到他的指點與提攜，終身受用不盡，亦在此表達至高的謝意。

對筆者影響最深的人除了父母之外，要屬我最敬愛的大哥—曾俊彥先生了。他在集集國中教學三十年而不改其志，作育英才無數。對弟妹的關懷無微不至，是我們最大精神支柱，特此表示由衷的敬意與謝意。

最後，當然要感謝內人廖玲珠。她將家裡料理得讓我無後顧之憂，將兩個女兒調教得知書達禮，她在學校也是受師生敬愛的好老師，連筆者都深感敬佩，此書是在她的鼓勵與支持下完成的。

不管做什麼，總要全心全力以赴，對朋友要真心相待，這是筆者人生的一點心得，並以之作為座右銘。

本書著作過程已力求完美，但仍恐立論或經驗有不盡完整之處。又因本書的實務資料部分，亦可能因每個人經歷不同，而有不同體會。復以實務可能隨時空而改變，凡此均敬請讀者不吝指正或提供寶貴意見，俾作下次修正之參考。

在本書付梓之際，特序如上以為誌。

中華民國八十六年十一月

CONTENTS

目　錄

“Wth shippers'/consignees' requirements becoming increasingly global and more sophisticated in nature, and with the growing need for these supply chains to be more robust and secure, the advise and eapertise that 3PLs offer will become more important.”

— *John Fossey, editorial director,*

Containerisation International

國際貨櫃運輸雜誌總編輯約翰佛西名言錄：

「在貨主需求朝向全球化和複雜化，以及供應鍊要求健全和安全的趨勢下，第三方物流業者的服務越來越重要。」

第一章

概　論

本章摘要

本章分成四節，第一節討論海運承攬運送業的定義，說明在航業法中並未將業者定位清楚，加上後來相關政府機關的不當解釋規定，以致對業者發展造成深遠影響。第二節詳細討論海運承攬運送業的服務內容與功能，從本節說明可以了解業者的服務功能多且廣泛，在現代國際物流供應鏈中扮演極爲重要的角色。對本行業的稱法各國有所不同，台灣也從以前的「船舶貨運承攬業」改用現在的名稱，因此第三節將各國的名稱予以列舉。最後第四節就海運承攬運送業和相關行業的服務功能做比較，在此舉出比較者爲船公司、同行和船務代理業三者。

本章開始之前先引述最權威的國際貨櫃運輸雜誌總編輯約翰佛西的評論：「在貨主需求朝向全球化和複雜化，以及供應鏈要求健全和安全的趨勢下，第三方物流業者的服務越來越重要」開始。這段話說明了現代運輸的幾個特性：

1. 全球化：在全球經濟疆界融合的趨勢下，國際運輸也須跟著全球化。
2. 複雜化：複雜化來自於兩個方面：一是隨著其他產業的全球化，國際運輸產業也必須面臨全球的競爭並進行全球布局，因此經營環境和以前迥然不同；二是貨主在面對全球競爭時，對國際運輸需求從以前的分段式（segmented）轉變爲全程式（integrated），在此同時並要求降低運輸成本，環境大爲不同。

對前述的轉變，專業的國際運輸服務業即所謂第三方物流業者越來越重要。海運承攬運送業就是扮演這關鍵角色，因此在現代物流佔有非常重要的地位。已普遍受肯定為國際運輸中的主角，而非配角。

但若論海運承攬運送業的起源則可以追溯到十九世紀。在那個時代，一方面專業知識有限，另一方面也缺乏國際服務網絡，海運承攬運送業者基本上只在一國之內，代理貨主安排貨物運輸的簡單服務，自己並無承擔運送責任的能力。遇有貨損情事發生時，貨主只能向實際運送人尋求賠償。此時期的海運承攬運送業只扮演貨主代理人的角色，不承擔運送責任。後來隨著業務的擴展，經驗的累積以及規模的擴大，以及貨主日益多樣化的需求，海運承攬運送業才逐步介入運送人的業務，而具有運送人的功能。之後又隨廠商全球委外加工布局，貨主對國際運輸的需求內容變得更加複雜。海運承攬運送業以第三方物流業者的角色，也須跟上貨主腳步，提供多樣化及全球化的服務。因此其角色功能已大為擴增，不可同日而語了。

如今提供「一條龍」服務的能力，已成海運承攬運送業的基本條件。他們以更佳、更專業及更具彈性的服務內容，來協助貨主解決國際運輸的各種疑難雜症，配合貨主完成國際交易。在世界各國普遍體認現代物流對國家經濟發展的重要性，而將發展現代物流列為國家重要經濟政策之下，海運承攬運送業者尤其能扮演積極的角色。縱觀國外某些國際級的海運承攬運送業者，其營運內容的深度和廣度及規模與實力都超過船公司即可證實。因此我們有必要對本業予以正確的認識與定位，這也是本書的重要目的。

第一節　海運承攬運送業的定義

我國民法第660條對「承攬運送人」之定義：「稱承攬運送人者，謂以自己之名義，為他人之計算[1]，使運送人運送物品而受報酬為營

1 如用英文來表達，這句話可以說為“who would act in his own name but for the account of his principal.”

業之人。」唯本定義的字面意思並不清楚，須加以說明。它的意思是指承攬運送人在行使關於安排使運送人運送貨物之行爲時，是以自己名義爲之；但於有發生與貨物利益有關情事時，其利益關係則回歸到委託人即貨主本人（即「爲他人之計算」之義）。就本定義而言，承攬運送人的營業內容只限於「使運送人運送貨物」一項，並因此得到報酬，故本條賦予承攬運送人的營運功能相當狹窄。因只能「爲他人之計算」，不能爲「自己之計算」，所以只能擔任「承攬人」角色。可說是一種左手攬貨進來，右手交給實際運送人承運，自己不承擔運送責任的行業。由此可見本條文是針對「承攬運送人」中的「承攬人」而定，至於「運送人」則另有條文，後面再詳加說明。

和此一功能類似的行業有很多，例如旅行社及房屋仲介業即是。旅行社事實上和「海運承攬業」非常相似，只不過前者服務的對象是旅客，後者則是以貨物運輸爲標的；而房屋仲介業則介於房東和買主之間，協助達成房屋買賣交易。買賣的房子既非仲介業者所有，其所產生之買賣糾紛，除非係仲介業的故意或過失行爲所造成者，否則應由買賣兩造自行處理。是以我國民法第660條僅規定到「承攬運送人」中之「承攬」角色而已，其具有「仲介業」的功能。當承攬運送人擔任「承攬人」時，其所得到的報酬爲委託人所支付的業務服務佣金（commission）。

但對承攬運送人之「運送人」功能，我國民法還有第663條及664條加以定義如下：

第663條：「承攬運送人除契約另有訂定外，得自行運送物品。如自行運送，其權利義務與運送人同。」一介入權

第664條：「就全部約定價額或承攬運送人填發提單於託運人者，視爲承攬人自己運送，不得另行請求報酬。」一介入權之擬制

將該兩條文和第660條做比較的話，我們可以清楚地發現，我國民法是將「承攬運送人」中的「承攬人」和「運送人」角色分別以不同條文

作規定的。依第663條定義「承攬運送人」得自行運送，亦即「承攬運送人」得介入運送行爲。換言之，如果承攬運送人認爲介入運送行爲符合自己的經營能力與營運目標時，得以介入這部分的業務。亦即他可以自行購置或租賃運送工具，例如購買卡車來「自行運送」，申請報關業執照辦理報關業務及經營倉庫業務等。如果他「自行運送」，他當然具有眞正「運送人」的地位。至於是否進行「自行運送」，在我國有須依照其他法令辦理設立登記者，須依其規定辦理，始可營業。至於第664條就更加直接了當，只要「就全部約定價額或承攬運送人塡發提單於託運人者」，即「視爲承攬人自己運送」。所以當承攬運送人向船舶運送人取得船位履行運送的話，在貨物裝船之後塡發自己的提單給託運人，他就成爲「運送人」，而不僅是「承攬人」了。當他成爲運送人時，就必須承擔運送人的責任，此時取得到的報酬是運費。這時他的作爲已非「爲他人之計算」，而是「爲自己之計算」了。

因此可以瞭解在我國民法的架構下，對「承攬運送人」的角色定位其實是相當清楚的。歸納之，他可以扮演以下三種功能：

1. 爲託運人之代理人

做爲海運承攬人，他乃是託運人與實際運送人的中間人（intermediary or middleman）。他可以代表客戶和運送人訂約及處理運輸有關事宜，提供運送路線及進出口資訊外，並準備各項文件，以利貨物順利送達目的地。因此當海運承攬人係單純爲託運人安排運送服務時，其代託運人與運送人訂定契約及塡寫相關之運輸文件，都是以託運人之代理人身分爲之。運送契約既由海運承攬人以託運人代理人之身分締結，則法律上運送契約之關係存在於託運人與實際運送人之間。依民法第103條之規定，代理人於代理權限內，以本人名義所爲之意思表示，直接對本人產生效力。這樣的海運承攬人對原託運人而言，並不負擔實際運送之責任。[2]

[2] 海運承攬人的這個角色，在英國Jones對General Express案例中，Rowlatt法官做了很好的詮釋「Freight Forwarders are willing to forward goods for you ...to the uttermost ends of the earth. They do not undertake to carry you, and they are not undertaking to do it either themselves for by their agent. They are simply undertaking to get somebody to do the work, and as long as they exercise reasonable care in choosing the person to do the work they have performed their contract.」

2.爲託運人之本人

在大陸法系，貨運承攬人係介乎實際運送人與託運人間獨立之法律主體，即所謂「以自己之名義，爲他人之計算，使運送人運送貨品，而受報酬爲營業之人」。故當其以自己之名義和運送人訂定運送契約時，契約當事人便爲海運承攬業與船舶運送業，他就居於託運人之地位。凡由運送契約所生之權利與義務，即由海運承攬人享有及負擔之。（民法第660條準用同法第587條規定）。故當貨運承攬人居託運人本人之地位時，貨運承攬契約即爲託運人與貨運承攬人間之契約。貨運承攬人再基於此契約，與運送人訂立運送契約。此兩契約雖不無關係，但係爲兩個獨立契約實不應視爲相同之運送契約。

3.爲運送人之本人

當託運人直接向承攬運送人託運貨物時，雖然承攬運送人並未擁有個人或租賃而來之運送工具，但是在貨物裝運以後，由承攬人簽發自己的提單給託運人。此時依據我國民法第664條，海運承攬運送人已不再僅僅是貨主代理人，而是已經轉變成運送人之地位了，並由其向貨主承擔運送責任。但就其法律地位而言，海運承攬運送人之運送責任係採推定過失責任制。遇運送物有毀損、滅失或遲到之情事，經託運人或受貨人證明屬實，而運送人未能證明運送物之喪失、毀損或遲到，係因不可抗力或因運送物之性質，或因託運人或受貨人之故意或過失行爲所致者，則不問其喪失、毀損或遲到原因是否爲可歸責於運送人之事由，運送人均應負法律上或契約上之責任。

至於一個海運承攬運送人是否介入爲運送人，可從以下事實標準判定之：

⑴海運承攬運送人有否簽發自己的運送文件？

海運承攬運送人若有簽發自己的運送文件，通常他會被認定爲是運送人；若未簽發自己的運送文件，通常他只是貨主的代理人。

(2)該海運承攬運送人是否給予客戶實際運送人的文件，憑該文件貨主可以對實際運送人採取行動？

如果海運承攬運送人是轉交實際運送人的文件，而且從該文件可以看出運送契約是存在於貨主與實際運送人之間時，則海運承攬運送人爲貨主代理人。

(3)海運承攬運送人是否用其雇員或運輸設備，執行任何部分的運輸作業？

如果有的話，依照民法第663條的概念，海運承攬運送人通常會被推定爲運送人。

(4)海運承攬運送人賺取的報酬是業務佣金？或是運費的差額？

如果是業務佣金的話，則應該是貨主代理人；相對的，若其賺取的是運費差額的話，這通常可構成是運送人的證據。

(5)承攬運送人與貨主如過去有業務往來的話，以往的業務關係是爲「運送人」或「代理人」？

從過去業務往來資料顯示，如果海運承攬運送人過去通常是擔任運送人時，則常會被認爲是「運送人」；如過去通常是貨主代理人時，則大概會被認爲是「承攬人」。

(6)海運承攬運送人與貨主訂約當時的口頭敘述是如何表示的？

當海運承攬運送人爲減少文件單量時，有可能只用口頭與貨主作成交易約定；貨主也因信任海運承攬運送人雇用人員而未作成正式文件，則應探詢當時的陳述以確定海運承攬運送人的身分。不過口頭陳述證據力薄弱，事後往往不易舉證，不足爲憑。建議應將口頭約定形諸書面文件，避免事後的爭議。

由前面說明可以看得出來，我國民法對承攬運送人的定義其實相當清楚，也能夠符合業者的不同需要。將兩個角色分別規定的方式，並非我國所獨有，舉其他國家規定爲例如下：

1.中國大陸將「承攬運送人」分爲國際貨物運輸代理業及無船承運業兩種，前者爲貨主的貨運代理人，簡稱貨代，類似我國「承攬人」

的角色，不過他們貨代的業務內容遠較我國承攬業廣；後者則是指「運送人」無疑，因中國大陸稱運送人爲承運人，只不過此承運人並不營運船舶。詳細內容留待後面章節再加以說明。

2.美國則區分爲海運承攬業（ocean freight forwarder）及無船公共運送人（non-vessel operating common carrier）兩種身分。前者相當於「承攬人」，而無船公共運送人一詞是在1984年航業法所創，爲不營運船舶的運送人，於1988年海運改革法（Ocean Shipping Reform Act, 1988）中再將兩者合併稱爲「海上運輸中間人」（OTI: Ocean Transportation Intermediary）。

事實上因「承攬人」與「運送人」所須具備之條件與承擔之責任有所不同，因此法令依業務功能給予不同規定，讓業者可依其業務需要選擇，堪稱合理。如果進而將承攬與運送兩個功能融爲一體，由業者自行決定其欲承擔之角色，例如歐洲各國對forwarder的規定方式，應該更加理想。

但我國民法對「承攬運送業」的規定方式，換到航業基本大法—航業法時就變調了。我國航業法第2條第4項定義「海運承攬運送業」爲：「指以自己之名義，爲他人之計算，使船舶運送業運送貨物而受報酬之事業。」明顯源自我國民法第660條，只不過爲配合航業法而將其明確定位爲「使船舶運送業運送貨物」而受報酬。[3]由於航業法僅此定義，並無民法663、664條之規定；甚至第48條尚且規定「除船舶運送業兼營者外，不得租傭船舶，運送其所承攬之貨物」，排除民法第663條得「自爲運送」之權利。使得「海運承攬運送業」的營業項目似乎只有「使船舶運送業運送貨物」一項，如此侷限性的定義，深深影響了海運承攬運送業在台灣的發展。

航業法雖將「海運承攬運送業」名稱從原來「船舶貨運承攬業」正名，但對其得以成爲「運送人」的條件則並未規定。此缺失如以特別法未定者適用普通法的原則，讓「海運承攬運送業」得自行運送或簽發提單

---

3 註：我國民用航空法第2條第13項對航空貨運承攬業有相似之定義：「海運承攬運送業：指以自己之名義，為他人之計算，使民用航空運輸業運送航空貨物而受報酬之事業。」

而成「運送人」，還是可以解決問題。然而問題出在財政部從字面解釋海運承攬運送人為只具「使船舶運送業運送貨物而受報酬」一項功能，排除他得以貨主代理人辦理報關提貨的身分；也不能作為運送人，向海關遞送艙單。因此進口併櫃貨必須趕在船公司遞送艙單之前，更改為實際貨主資料。航程短的航線，作業往往來不及。資料一有錯誤，動輒被海關罰款，船公司、貨主及海運承攬運送人均不堪其擾。當然他也不能介入倉庫作業，使其功能受到相當限制，和很多國家不同。儘管在管理規則中承認海運承攬運送人簽發提單的地位，但許多其他業務功能還是未被認可。如要經營這些業務，還須依照其他法令，另行註冊申請。以致大多數業者只從事狹窄的營業內容，例如向船公司取得報價和艙位，提供給貨主，從中賺取有限差價，這事實上已是「運送人」的行為了。運費差價多少事小，業者無法發揮服務創意，提供貨主更具附加價值（added value）的服務才是眞正問題。導致業者存在的價值不明顯，只能在有限的業務範圍下競爭，生存空間大受壓縮。導致海運承攬運送業難以累積足夠的資本及經驗，進軍國際市場，更遑論和國際級業者競爭了。基於現有法令之不足，在航業法修正過程中，台北市海運承攬運送商業同業公會曾建議將海運承攬運送業的定義修改為：「接受貨主之委託，以自己或貨主之名義，替貨主安排與運送有關之作業。」這個較廣泛的定義沒被採納，也未參照我國民法第663、664條之精神做適當之修法，相當遺憾。在台灣現在的立法環境下，要從法令上擴大海運承攬運送人的身分問題不是一件容易的事。不如將民法663條「介入權」和664條「介入權之擬制」兩條文精神納到我國航業法之中，較為簡單可行。經此修改，財政部或許才能收回成命。本章自始提到國際運輸已經演進到「整合化」的階段，貨主所需要的是「一條龍」式的服務，因此過去的觀念及法令規章也須與時俱進。

從過去亞太營運中心到現在全球運籌管理中心和自由貿易港區的政策，都是希望建設台灣成為區域營運中心（regional operational center，ROC），目標越訂越高。海運承攬運送人原本是此政策最重要的執行者，儘管政府已做了許多努力，但政策的推動卻一直不見成效，原因之一就是未正視海運承攬運送人功能所致。不管是亞太營運中心或全球運籌管理中心等都是希望發揮台灣的地理優勢，提升台灣的重要角色。但本政策的目標除單純轉運外，更深層是要提供更具有附加價値的服務，這樣才能替台灣帶來更多效益。但這些服務，試問由誰來執行？託運人因人在國外，在台灣的轉運和附加服務，當然鞭長莫及；而船公司係以船舶操作爲主，這些服務亦非其所長，也不適合。因此各國營運中心的轉運和附加服務操作都是由海運承攬運送人執行，例如新加坡及杜拜、荷蘭鹿特丹等以轉運作業爲主的港口，海運承攬運送人都扮演重要角色。貨物運進某一港口進行加値作業後再轉運出去的程序謂之復運出口（re-export），各國的復運出口作業都是由海運承攬運送人執行。由於我國並未給予海運承攬運送人這些功能，則區域營運中心的政策無法啓動，也就不足爲奇了。

我國對海運承攬運送業的營運內容規定狹窄，因此對設立條件的要求也不高。除經理人須符合海運承攬運送業管理則第11條之資格外，主要的限制爲第6條第1項規定，實收資本額不得少於新台幣750萬元。這麼低的門檻，固然圓了很多人當老闆的夢，但也形成業者家數太多，惡劣競爭的後果。依台北市海運承攬運送商業同業公會的資料，會員公司有近650家。以台灣有限的市場，卻有這麼多業者角逐，競爭之激烈可想而知。而業者絕大多數都是中小型企業，人力財力都難和國際業者競爭，更不容易到國際市場去發展了。因此應該放寬業者營業項目，同時提高資本額要求。也就是說，營業功能擴大，所需資金也相對提高，因此應提高資本額。

綜合以上說明可悉，海運承攬運送人是接受貨主之委託，以運送人或承攬人之身分替貨主完成所委託之各種和運輸有關的任務。他既可單純地以承攬人之身分代理貨主執行如：代訂船位、製作貿易文件、代辦保險、安排貨物存倉、進出口報關、內陸運輸、倉儲物流等作業；他亦可介入自行運送貨物或只簽發提單、收取運費，成爲公共運送人。既承擔運送人的責任，也享有運送人的權利，在現代物流鏈中具有非常重要的地位。在物流鏈中他們是居於上游的位置，直接接觸到貨主，替他們提供服務。

第二節　海運承攬運送業的服務內容與功能

一、海運承攬運送人的服務內容

在說明海運承攬運送人的服務之前，先舉幾個資料以說明其內容之廣泛：

(一)依美國航業法

1. 第3條17項A款：「稱海運承攬業者，謂（i）在美國境內從事代託運人向公共運送人訂定艙位及安排貨品運送，以及（ii）製作文件或執行與該貨載有關之作業。」依據本條之規定，在其施行細則方面則明定了以下十三項服服務功能：

(1)安排運送貨物至港口。

(2)準備或製作出口申報文件。

(3)向船公司洽訂船位。

(4)準備或製作交貨單（D/O）或碼頭收據（dock receipt）。

(5)代做提單。

(6)代辦領事簽證。

(7)安排貨物存倉。

(8)代辦貨物保險。

(9)代辦貨物通關。

(10)視個別情況要求，發出貨通知給銀行、託運人或受貨人。

(11)代貨主處理運費或其他費用的支付或墊付事宜。

(12)運輸過程中的協調事宜。

(13)對於貨物運送的相關事宜提供專業的諮詢。

2. 同條17項B款則就無船公共運送人作定義：「稱無船公共運送人者，謂未營運船舶的公共運送人，其與船舶運送人係居於託運人的地位。」

由以上條文可悉業者的服務功能廣泛。

(二)依中國大陸法令

1. 依中華人民共和國國際貨物運輸代理業管理規定第2條：「稱國際貨物運輸代理業者，是指接受進出口貨物收貨人、發貨人的委託，以委託人的名義或以自己的名義，爲委託人辦理國際貨物運輸及相關業務並收取服務報酬的行業。」同法第17條：「國際貨物運輸代理企業可以接受委託，代爲辦理下列部分或全部業務」：

(1)訂艙、倉儲。

(2)貨物的監裝、監卸，集裝箱拼裝拆箱。

(3)國際多式聯運。

(4)國際快遞，私人信函除外。

(5)報關、報檢、報驗、保險。

(6)繕製有關單證，交付運費，結算、交付雜費。

(7)其他國際貨物運輸代理業務。

國際貨物運輸代理企業應當在批准的業務經營範圍內，從事經營活動。

2. 依中華人民共和國國際海運條例第7條第2項：「所稱無船承運業務，是指無船承運業務經營者以承運人身分接受託運人的貨載，簽發自己的提單或其他運輸單證，向託運人收取運費，通過國際船舶運輸經營者完成國際海上貨物運輸，承擔承運人責任的國際海上運輸經營活動。」

由上述兩國之法令規定可知，海運承攬運送業的服務功能確實是可以相當廣泛的。可說只要貨主有需要且委託，自己也有能力提供或安排的業務都可以做。他可以爲貨運的承攬人，也可以是貨物的運送人。

接著再從實務角度看看我國業者如何定位他們的服務內容。經從網站截取四家我國業者的資料如下：

1. 崴航國際股份有限公司（網址：www.king-freight.com）

「服務項目：

(1)航空貨運承攬運送服務。

(2)貨物併裝服務。

(3)海空聯運服務。

(4)戶到戶一貫運送服務。

(5)進出口報關服務。

(6)內陸運輸服務。

(7)香港商務代辦業務。

(8)倉儲物流服務。

(9)快遞運送服務。

(10)三角貿易運送服務。」

2.長榮國際物流股份有限公司（網址：www.evergreenlogistics.com）

「無論是經由長榮物流的海運或空運，從進倉、裝櫃、報關、到線上追蹤貨物行蹤，我們有能力也有信心將貨物安全送抵顧客所指定的目的地，無論它是在世界上的任一角落。」

3.中菲行股份有限公司（網址：www.dimerco.com）

「服務涵蓋：

(1)航空貨運（Air Freight）

(2)海運貨運（Ocean Freight）

(3)報關（Customs Brokerage）

(4)倉儲及配送（Warehousing & Distribution）

(5)電子商務（B2B e-Commerce）

(6)海空租賃（Air & Ocean Chartering Service）

(7)貨物保險（Cargo Insurance）

(8)簽證與文件製作（Licensing & Documentation）

(9)信用狀與金融服務（Letter of Credit & Banking Service）

(10)全球物流管理（Global Logistics Supply Chain Management Consultancy）」

4.華夏物流股份有限公司（網址：www.cif.com.tw）

「華夏能夠促進貴公司太平洋地區的業務，因爲我們可以依貴公司所需要的方式提供服務。不論這些需求是發生在台灣、中國大陸或亞洲，請和華夏配合。

華夏服務最可取者之一爲可將中國大陸與世界各地連結。客戶的滿意是我們最關心的事，因此我們努力將服務做到簡單便利。

"C.I.F. can improve your business performance in the Pacific region because they get the job done the way you want it. Whenever you need access to the booming business industries in Taiwan, China and Asia, work with them.

One of C.I.F.'s greatest services is their ability to interlink China's trading industries with the rest of the world. And since our satisfaction is their first concern, they will strive to make worldwide shipping easier for you."

崴航與中菲行都是以條列式說明服務內容，而長榮與華夏則以概括式表現。但不論以何種方式表達，其營業內容的豐富性則一。華夏公司用語中的一句話足爲代表「They get the job done the way you want it」（依貴公司所需要的方式提供服務），換句話說，只要貨主提出合理需求，海運承攬運送人都有能力提供。

綜合以上所述，可將海運承攬運送人的服務內容歸納爲五大類：

1. 裝船前之諮詢服務：例如查詢船期、貨運成本和國外相關法令等。
2. 工廠至輸出港間之安排：含內陸運輸、倉儲等。
3. 裝船期間之服務：例如裝櫃、報關、保險、製發提單等。
4. 卸貨港的服務：包含拆櫃、進口報關、存倉、交貨至受貨人指定地點等等。
5. 其他服務：即依照貨主所要求的其他服務如下：
   (1)貨櫃之供應、及貨物倉儲運輸保險之安排。
   (2)代爲墊付各項費用，最常見的爲代墊國外關稅。
   (3)特殊貨物之運輸服務。
   (4)貨物之包裝服務。

(5)搬運服務。

(6)博覽會或展覽會之服務。

(7)整廠運輸服務。

(8)各項有關貨物之通知服務。

茲再細說如下：

1.整櫃貨的進出口

貨主貨量較大而自己使用整個貨櫃進出口時，即稱爲整櫃貨或整裝櫃（full container load，簡稱FCL，或稱爲CY）。船公司和主要海運承攬運送人之間訂有船位及報價的口頭或正式協議，因此後者雖謂營運船舶，依然可以替貨主提供整櫃貨的服務。不過由於整櫃貨是船公司自行攬貨的對象，爲免形成競爭，因此除非簽訂服務契約，否則一般給海運承攬運送人的運費差價空間有限。簽訂服務契約者，隨市場變化而定。契約期間若碰上市場運價上漲的話，海運承攬運送人往往可獲得不錯的獲利。此外整櫃運費金額較大，在市場普遍有運費月結和欠帳的情形下，欠費的金額龐大，例如有某客戶每季才結付一次運費，每季欠費金額都在新台幣7到8百萬左右。但船公司一般不接受海運承攬運送人的欠費，因此後者須代墊龐大運費，造成沉重負擔，經營風險也隨之大爲提高。因此對整櫃貨欠運費的接受與否，尤應注意計算其對公司的效益和風險。

圖1-1　整櫃貨物服務

2.併櫃貨的進出口

貨主貨量較小無法自己使用整個貨櫃時，即以併櫃方式交運，和其他貨主的貨併裝在一起，即稱為併櫃貨或併裝貨（less-than container load，簡稱LCL，或稱為CFS），因此一個貨櫃裝了好幾筆甚至十幾筆不同的貨物。併櫃貨要面對很多小貨主，要裝滿一條船需幾百或幾千個櫃，攬收併櫃貨對船公司而言，並不經濟。此外併櫃貨市場因惡性競爭的緣故，已經嚴重扭曲，零或負運費所謂0＋0＋0（即運費、裝櫃費、文件都免收甚至倒退）普遍存在於亞洲區間各航線。本地海運承攬運送人唯有和國外代理緊密配合，要求對方提供退費（refund）才有可能競爭，這樣的操作是船公司所無法想像的。因此目前的併櫃貨絕大部分都控制在幾家主要的海運承攬運送人手裡，是他們的主要業務。

圖1-2　併裝貨物服務

3.報關、報驗、報檢

貨主進出口貨物出入國境，涉有關稅、檢疫、商品檢驗及保安（security）等問題，因此必須要做四檢。這些作業，海運承攬運送人可以自備執照，登記營業項目，替貨主辦理，或者委託聯盟廠商辦理。不過海運承攬運送業的客戶群中，報關業者也是重要的客源。因此如欲提供報關服務時，必須注意到報關業客戶的反彈問題。

4.倉儲

客戶有國內外存倉或發貨（delivery）之需求時，海運承攬運送人也可以代爲安排。在存倉期間有須做改標籤（re-labeling）、重新包裝（re-packing）、提供存貨管理（inventory control）及存貨報告（inventory report）等時，這些服務也是海運承攬運送業能夠提供的服務項目。

圖1-3　貨物倉儲服務

圖1-4　貨物存貨管理及物流服務

5. 集貨服務

集貨（consolidation）是指海運承攬運送人的集貨商（consolidator）服務功能，國外的大百貨公司和連鎖賣場如席爾斯（Sears）、沃爾瑪（Wal-Mart）、家樂福（Carrefour），及家具商宜家（Ikea）等，有為數衆多的供應商，因此需要集貨商代理執行集貨作業，海運承攬運送人便具有這項能力。海運承攬運送人可替這些大客戶接收貨物（receiving）、簽發收貨單證（cargo receipt），及依照委託人指示編製裝櫃計劃（loading plan）、發貨（dispatch）及做發貨通知（dispatch notice）、存貨管理（inventory control）等，海運承攬運送人可提供這些服務項目。

6. 轉運作業

如前所述，海運承攬運送人在我國亞太營運中心及全球運籌管理中心的政策目標之下，可以扮演積極的角色。轉口貨進到台灣以後，海運承攬運送人可以貨主代理人身分，將貨物提領，以便在自由貿易港區或物流中心內進行加值服務（value added service）和多國併裝（MCC: multi-country consolidation）。作業完成之後，再復運出口（re-export）到最終目的地。這樣的加值轉運作業非海運承攬運送人莫屬，因為船公司介入的話，既不宜也不經濟；而國內報關業及倉庫業者因無國外網絡，也同樣無法介入。因此須正視海運承攬運送人的這項服務功能，才可使建設台灣為區域轉運中心的政策落實。

7. 內陸運輸

貨主有需要到廠提貨或交貨的內陸運輸時，海運承攬運送人也可代為安排或執行。

8. 移民搬家的包裝及運送

移民或海外調任的家具及日用品搬移，除交送貨物至指定場外，打包更是客戶的頭痛問題。家具及日用品價值不斐，形狀又不規則，因此需要專業的打包和拆卸，這些需求找海運承攬運送人都可以迎

圖1-5　貨櫃內陸運輸服務

刃而解。

9.工廠的整廠輸出、包裝及運輸

過去多年來，我國傳統產業面臨無法競爭的困境，有很多業者出走到中國大陸及東南亞地區尋找事業的第二春。因此工廠的整廠輸出、包裝及運輸在過去多年來也是海運承攬運送人的重要業務。高雄某鋼鐵工廠整廠輸出至杜拜，廠房機器設備除裝了一兩百隻普通貨櫃、平板貨櫃外，還有上萬噸的設備使用雜貨船運輸。這麼複雜的運輸需求，當然是由海運承攬運送人完成的。

10.繕製單證

除了提單是當然的單證外，其他的商業文件如產地證明、裝箱單（packing list）等，有必要時，海運承攬運送人亦可代為繕打。不過目前這些單證的製作，貨主多委請報關行辦理。

11.代辦保險

海運承攬運送人也可以藉由和保險公司合作，提供貨物海上保險服務。除費率提報外，亦可直接印製保單，收取保費，具有類似保險經紀人的功能。因此貨主也可以透過海運承攬運送人購買保險，方便之外，保險費率還可能更低。

12.國外代墊關稅

貨主的貿易如屬關稅付訖交易條件（delivered duty paid，DDP）時，即需要在國外支付關稅。這樣的需求亦可找海運承攬運送人解決。他可以透過其國外當地代理代爲支付，再向委託之貨主收取。使用這項服務時，因關稅完全是代收代付性質，不應接受欠費。

13.空運

如有空運運輸需求時，海運承攬運送人也一樣可以並且樂於提供。國際運輸已走上整合服務，因此航空貨運服務也是海運承攬運送人的專長，很多業者因而申請設立航空貨運部門或子公司。

圖1-6　航空貨運服務

14.其他特殊貨物的運輸

某些特殊貨品，例如：會議展覽、名牌時尚貨品、電子零組件、古埃及文物展、羅浮宮文物展、凡爾賽宮文物展、馬戲團器材、成衣物流等等，因涉及較專業的運輸要求，海運承攬運送人也可經由運輸資源的整合，扮演配合的角色。不過對特殊貨品的運輸，海運承攬運送業者必須愼選合作廠商。

圖1-7　成衣物流服務

現代物流之下，貨主需要的是一條龍的運輸服務，茲將貨主需求分解如下圖：

由以上所述可以了解，海運承攬運送人可以提供的服務內容實在是包羅萬象。是貨主的最佳商業伙伴，爲國際運輸服務的主流。

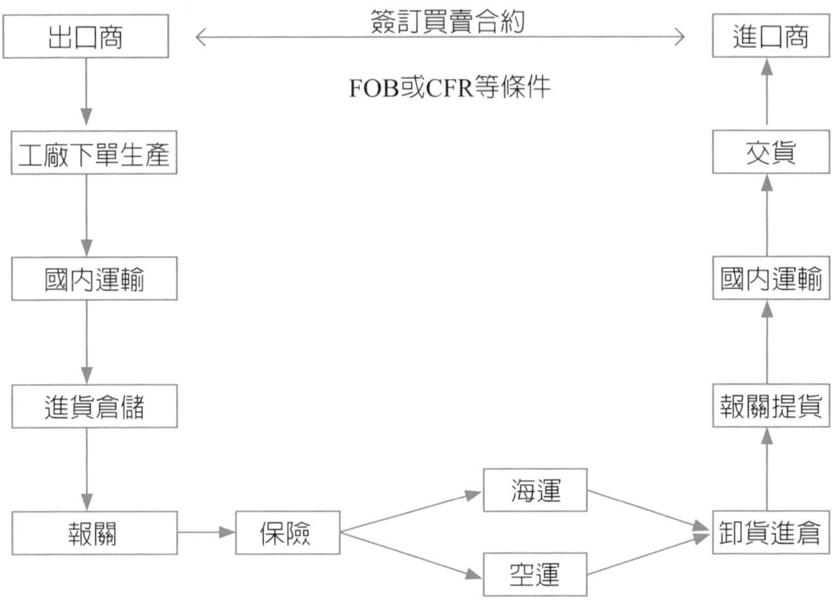

圖1-8　貨物流程圖

圖1-8顯示貨主對貨物流通過程的服務需求，其實比一般想像的多且複雜，現代物流的目標即將這些服務組織起來提供給貨主。海運承攬運送人以其靈活的業務操作能力，正可以發揮其積極配合的功能，提供如中國大陸所說的「一條龍」或「一體化」（total solution）的服務，對貨主深具便利性。全球性的大客戶（global accounts）因其運輸需求具多樣化且涵蓋全球，因此多選擇和海運承攬運送人合作，也就是這個道理。

二、海運承攬運送人的服務功能

海運承攬運送人的服務內容很廣泛，對貨主而言具有以下重要功能：

1. 諮詢功能：海運承攬運送人可以國際運輸專家身分以及全世界的服務網絡，幫貨主解決各種運輸方面的疑難雜症。
2. 降低成本：海運承攬運送人將各種運輸資源加以整合，在無縫隙的運輸轉接之下，可以使運輸成本降到最低，有助於貨主的競爭力。
3. 節省時間：同樣在前述無縫隙的運輸轉接之下，可使運輸時間縮到最短。運輸時間的縮短，也就是運輸成本的降低。
4. 便利運輸：海運承攬運送人可以提供更廣泛和更具彈性的運輸服務，可就貨主的需要量身訂做，因此使用運輸更為便利。其便利的程度，就像到自助餐廳點餐，任君挑選所喜歡的菜色。
5. 提高產品競爭力：運輸時間的節省及降低運輸成本，可以降低貨物成本，提高產品競爭力。

總而言之，海運承攬運送人提供運輸服務，船公司及實際運送人則提供運輸工具，因此前者對貨主更具關聯性和重要性。

三、海運承攬運送人的服務提供方式

前面所述，海運承攬運送人可以提供廣泛的服務內容，那他們是怎麼辦到的呢？運輸服務的提供者（service provider）可以分為實體操作者（physical operator）和非實體操作者（non-physical operator）兩類。前者為擁有所謂資產性的（asset based）運輸設備資產，例如船公司或卡車公司及倉庫業者等；後者並不擁有運輸設備資產，所謂非資產性的（non-asset based）。非資產性的業者對於所需的運輸設備是以委外（outsourcing或sub-contracting）方式和實體業者合作，彼此建立策略聯盟關係。因此提供方式可分爲：

1. 自行提供（insourcing）

2. 委外（outsourcing）提供

本地大多數的業者都是非資產性的業者，普遍將需要的實體運輸服務外包給資產性的業者。採用此種方式的缺點是接受外包的業者自主性高，有難以掌控之虞，成本相對也較高。但外包的優點也不少，茲列舉說明如下：

(1)未介入資產投資，因此需要資本額小，風險較低，有利於迅速擴張服務網絡。介入資產投資往往會被資產牽絆住，市場變化時，調整應變的彈性較低。

(2)和聯盟廠商各自專注於具有核心競爭力（core competence）的部分，再相互截長補短，獲得最大成功公約數。

事實上委外經營已成爲所有產業的共通特性，不以國際運輸產業爲限。例如運動鞋王牌耐吉（Nike），大家都知道他們總公司是以塑造品牌形象和價值爲主要工作，生產的部分則委由台商寶成鞋業爲之；其他如戴爾電腦（Dell）、沃爾瑪超市（Wal-Mart）等無一不是這種模式，因爲目前是一個協同合作（collaboration）的時代。介入資產的擁有不僅是資金的問題，更重要的是要有管理的考量。在營運未達經濟規模，管理技術未到位之前，不易貿然介入實體操作。

四、使用海運承攬運送人服務的優缺點

最後討論使用海運承攬運送人的優點與缺點：

1. 優點

(1)海運承攬運送業服務內容廣、彈性大，可以提供更廣泛及更有彈性的服務，台灣青果合作社輸出日本的冷藏香蕉貨櫃爲最佳例

子。青果社要求承運者須提供不同船公司船期，供其選擇。以便於香蕉備妥時，迅速裝船。這樣的條件，非海運承攬運送人無法配合，因爲只有他們能同時提供數家船公司船期供選擇，發揮此項特長。

⑵海運承攬運送業服務較佳，可針對客戶需求提供個別性（individual）的服務。

2.缺點

⑴我國很多業者規模小，經營不善，責任承擔能力不足。

⑵國際網路普遍不足，貨載多轉拋給（co-load）給莊家（master co-loader），遇問題時缺乏處理能力。

總之，海運承攬運送人可以針對客戶需求提供所謂量身訂做（tailor made）的服務，對貨主確實相當方便有利。但貨主也須注意，在激烈競爭之下，業者的淘汰率確有偏高的現象。

第三節　海運承攬運送業的名稱

在此茲將各國對本業所用的名稱加以整理如下：

1.台灣

舊稱「船舶貨運承攬業」，現稱「海運承攬運送業」，以交通部爲主管機關。由於航業法中的定位有所不足，以致業者的經營業務範圍受到限制已如前述。至於台灣法令對其設立及管理之規定，將在第三章中說明。

2.中國大陸

稱爲「國際貨運代理業」，注重其爲貨主經理運輸的功能，業務內容廣泛，可爲貨主提供所謂的「一條龍」的服務，以商務部爲管理機關。此外於2002年1月1日起施行的「國際海運條例」再訂定「無船承運業」業者，歸由交通部主管。後者可簽發自己的提單或其他運輸單證，向託運人收取運費，通過國際船舶運輸經營者完成國際海上貨物運輸，承擔承運人責任。營業內容較國際貨運代理業狹窄。

3.日本

稱為「運送取扱業」。

4.美國

分成Ocean Freight Forwarder及NVOCC（Non-Vessel Operating Common Carrier）兩種，1998年海運改革法（Ocean Shipping Reform Act，簡稱OSRA）再將兩者合稱為海上運輸中間人（ocean transportation intermediary，簡稱OTI）。（註：Domestic Freight Forwarder只從事美國國內業務，在此不予討論），茲再加分別說明如下：

(1)NVOCC：此名詞係美國FMC於1961年所創，指「不營運船舶而提供海上運送服務，而與海上公共運送人間之關係為一託運人的公共運送人」。換言之，他是以託運人的身分將物品交與船舶運送人，而與貨主間則是居於公共運送人的地位，所異者僅在他並不直接參與船舶的營運。在此須加以強調者，NVOCC中的「O」係「operating」的字首，而非「owning」。亦就是只須經營船舶，但不必要擁有船舶。因此美國NVOCC的意義是指未涉入船舶營運的公共運送人，所以國內中文譯為「無船公共運送人」。故NVOCC即明確傳達其為「運送人」的身分，依法受1998年美國航業改革法規範，必須接受美國聯邦海事委員會（Federal Maritime Commission，FMC）的管理。

(2)Ocean Freight Forwarder：「係指從事於〔A〕經由公共運送人運送貨品，並代託運人安排艙位；以及〔B〕繕製文件或處理裝船關連作業業者之謂」。因此係屬代理貨主的行為。

如今，當我們稱某公司為NVOCC時，雖用詞始自美國航線，但其使用已超越美國航線範圍，且有特別強調其公共運送人身分的意思。

5.歐洲[4]

(1)英國

稱爲Forwarding Agent或Freight Forwarder。前者可稱爲運送代理人，主要爲安排適當運送業者加以運送或處理與貨物運送相關事項等，若其已盡合理注意義務，即可免責。遇有貨損發生時，貨主可依運送契約向實際運送人索賠。至於後者爲貨物承攬運送人，可以自己名義和貨主締結運送契約，也可只安排由履約輔助人（sub-contractor）執行運送。

(2)德國

稱爲Spediteur

(3)法國

稱爲Commissionnare de Transport或Commissionnaire-expediteur

(4)比利時

稱爲Commissionnaire-expediteur

(5)義大利

稱爲Speditioniere

(6)西班牙

稱爲Commissionnare de Transport

(7)北歐諸國

稱爲Speditor

事實上，海運承攬運送業結合各種運輸工具，可以替貨主選擇最有效率的方式運送貨物。並透過其全球的代理網及與相關業者之結合，達到無遠弗屆與無所不包的服務。故可稱他是貨主國際運輸的最佳執行者、經理人及設計師。

---

4 參考資料來源：包嘉源，《承攬運送人之研究》，中國文化大學海洋研究所碩士論文，民國75年6月。

歸納海運承攬運送業的業務，具有以下五大特性：

1. 專業性：每項貨物運輸的環節，都有賴海運承攬運送人專業性的安排與協調。海運承攬運送人要掌握各階段運輸的特性，將託運人的貨物安全順利的送達目的地。
2. 服務性：爲一沒有運送工具的公共運送人，提供貨主及運輸經營者之間雙邊的服務。
3. 一貫性：提供從收貨到交貨、起點到終點的全程服務，並負全程運送責任。
4. 互補性：結合各式運輸的優點，選擇最有效率、最經濟、最安全的方法，將貨物送到受貨人手中。
5. 競爭性：所在行業有高度國際性，但也要面臨國內外的激烈競爭。如何建構國際服務網及經營與船舶運送人和貨主間的關係，是本業經營成敗的關鍵。

第四節　海運承攬運送業服務功能之比較

一、海運承攬運送業與船公司服務的比較

海運承攬運送業一般不提供運輸設備，加上我國法令規定的不明確，使其業務受限，常被外界認爲是一個買空賣空的行業。不過業者的惡性競爭，也的確擾亂了海運市場秩序，給人不良印象，業者自己也要負相當責任。不過所有行業都同樣要面臨來自全球的競爭，微利已成爲普遍現象，並非本業有所特別。因此經營者必須專注於具有核心競爭力的事業，然後分工合作，才能將經濟效益做大。在此發展之下，運輸工具提供者和運輸服務提供者也有分離的趨勢。本單元擬對海運承攬運送業和船舶運送業的服務功能做一比較，隨後再說明海運承攬運送業如何和船舶運送業區隔服務內涵，避免衝突，共創雙贏。

㈠海運承攬運送業與船公司之間的關係

海運承攬運送業與船公司之間的關係可以用亦敵亦友來形容，兩者既是商業上的伙伴，也會相互競爭。不過近年來，彼此以商業伙伴看待者居多。茲先以下圖來表示兩者的關係：

圖1-9　海運承攬運送業與船公司的關係

圖1-9說明兩者的業務基本上各有領域，因此各做各的業務，大部分並沒有衝突。只有小部分（圖重疊的斜線部分）因爲客戶游走兩者之間，可能存在一些競爭的問題。綜合言之兩者間的關係可歸納如下：

1. 兩者互爲商業伙伴關係（business partner）：海運承攬運送人一般並未提供船舶運送工具，因此在所需艙位及運價方面，他有賴船公司的支持。而主要的海運承攬運送人一般都掌握不少的貨源，少者一年有數萬，多者10多萬個櫃的貨量，因此海運承攬運送人可以成爲船公司的重要客戶。兩者互相合作，相輔相成。海運承攬運送人是以運輸服務提供者（service provider）的身分，和貨主建立關係。獲得支持後，再將貨載的海上運輸部分轉交船舶運送人執行。所以海運承攬運送人是船公司的託運人，有些甚至以船公司的攬貨代理（booking agent）自居。而船公司是海運承攬運送人整體物流服務中的一個履行契約輔助人（sub-contractor），執行海上的實體運輸。船公司所提供的是昂貴且國際化的運輸工具，因此無庸置疑是海運承攬運送人最重要的伙伴。沒有船公司的配合，海運承攬運送人將無法提供國際運輸服務。
2. 在船位與運費報價方面，除美國航線海運承攬運送人與船公司是以簽訂服務契約來相互訂定運送條件以外，其他航線的配合多只憑君子協定。在這個關係上，主控權是在船公司。因此海運承攬運送人有賴船公司的支持，才能營運。所以海運承攬運送人對船公司人員會盡力拉攏關係，在商言商，不足為奇。海運還沒發展到像空運那樣運輸服務提供者和運輸工具提供者分離的地步，因此海運承攬運送人和船公司存在既競爭又合作的關係。但依貨物是整裝櫃或併裝櫃也稍有不同，對前者船公司也介入攬收，對特定的大客戶例如台塑、奇美等，船公司往往可以提供更優惠的報價及較長的貨櫃使用免費期間等，因此海運承攬運送人難以競爭，也沒必要勉強競爭，搞到兩敗俱傷。儘管如此，海運承攬運送人以某種特殊條件的配合，仍掌控相當大的貨量，例如國外指定貨或是需要特別服務之貨載等；併櫃貨則因有進出口地的配套，絕大比例是海運承攬運送人在操作。如果海運承攬運送人能夠提供特殊服務或掌握特殊市場時，在與船公司的往來時將較具議價能力，例如某海運承攬運送人即因海空聯運特強或經營特定貨載運輸等而具有優勢。不過因為船公司巨額投資於船舶及貨櫃上，承擔高度經營風險，因此其姿態往往比較高是可以理解的。

3. 國輪公司與外商公司在處理和海運承攬運送人關係的態度上也有所不同：國輪公司在本地多維持較大的業務團隊，因為這具有培養人才的目的。因此國輪公司大多希望業務人員和海運承攬運送人維持適度關係即可，不希望做太深入接觸，例如長榮、陽明、萬海等皆然；但外商公司則多人員精簡，因此他們多將海運承攬運送人視為策略聯盟的伙伴，而做較緊密的配合。不過不論如何，他們對海運承攬運送人還是有所選擇，而非來者不拒，以免難以控管。因此在與船公司的關係上，可以分成直接往來，為實務所稱的莊家（master co-loader），或稱為主要代理（key agent）的海運承攬運送人；或者間接經由莊家向船公司訂艙，和莊家是同行拋貨（co-loader）關係的海運承攬運送人兩大類。和船公司維持間接來往關係的話，在船公司的裝貨記錄上都是歸屬於莊家，對co-loader長期發展而言並不利。但在貨量不足及國外代理不夠強的情形下，做個風險較低並且保證獲利的co-loader不見得不好。由於目前併櫃貨報價極低，根本不符成本。莊家辛苦做莊開櫃，反而常常招致虧本；而同行拋貨者反而保證利潤，比莊家賺得多，無疑是海運市場的怪現象。

總之，船公司在物流鏈中所提供的是最昂貴的海上運輸工具，也可創造最大的經濟效益，兩者相輔相成，為最重要的商業伙伴。

㈡運承攬運送業與船公司服務的比較

前面已說明海運承攬運送業與船公司的關係，此處將進一步比較兩者所提供的服務。從客戶的觀點而言，兩者同是提供海運服務。船公司的龐大資產足以讓貨主對他們較有信心，不過事實上建造船舶和貨櫃資金多向銀行融資而來，所差異者為經營者的信用可決定借款成數多寡而已。在市場劇烈變動之下，船公司的龐大資產和銀行貸款則使其經營風險遠大於海運承攬運送人，所以從表面觀察做判定並不見得正確。貨主須了解海運承攬運送人的服務有什麼特別之處？及為何要選擇使用海運承攬運送人的服務？而站在海運承攬運送人的立場，在無船公司般龐大資產的實力之下，要如何在服務上取得客戶的信心與支持？也就是如何在彼此行銷策略做區隔？這是一個有趣而又重要的問題，以下即就兩者的服務加以比較說明：

1. 服務範圍：客戶不分大小，對其個別的需求，海運承攬運送人均能盡力配合，提供所謂量身訂製的服務（tailor made service）。有些服務事項，由船舶運送業提供可能不經濟或不便為之，前者如替客戶送提單或代辦簽證、國外代墊關稅等；後者例如替貨主辦理報關等，船公司即有所不便。但對海運承攬運送業而言，提供這些服務反而是習以為常的事，也是他的服務能與船舶運送人區隔之處。因此他可針對客戶的需求，提供更貼切與廣泛的服務。
2. 服務彈性：因為海運承攬運送業可同時與多家船舶運送人來往，因此可能天天有船期，例如星期一用萬海，星期二用正利，星期三用長榮，星期四用陽明，星期五用韓進等等，讓客戶出貨時得到很多方便。運費報價方面也可以就交裝不同的船公司而差別取價，滿足客戶不同的需求，使出貨更具效率與彈性。但船公司則只能用自己或至多聯盟的船，船期密集度當然不及海運承攬運送人。

3.國際性的服務網：海運承攬運送業也一如船舶運送業在世界各地有其服務網（service network），可替貨主提供全球性及戶到戶的服務。同時因為使用各家船公司的運具，服務可遍及任何航線。就貨主而言，比某特定船舶運送人只局限於其船舶到達的港口，便利性更大。因此將信譽良好的海運承攬運送人當作船運及物流的夥伴，對中小型貨主而言，可得到甚多方便。

4.投資資金小，風險低：設立海運承攬運送業，依我國法令只需新台幣750萬元的投資，但船舶運送人在歐美航線的投資額，一條航線投資動輒數百萬美元至數千萬美元，兩者的投資額差異實在太大，後者所冒風險也相對提高。相較之下，海運承攬運送業的風險是低得多了。

5.營運成本結構方面：海運承攬運送業主要是人的結合，因此人事成本佔營運費用很高的比例，往往可達60-70%。而船舶運送人的經營費用裡面則以燃油消耗及造船、造櫃成本為大宗，人事成本僅約3-5%，因此兩者的成本結構有很大的差異。

6.客戶群不同：海運承攬運送業以中小型客戶為主要對象，船公司則是以中大型客戶為主要目標。也就是船公司追求的是量，海運承攬運送業則須追求質與量。特別是在船舶大型化的趨勢之下，船公司必須追求船位的充分利用，因此盯住中大型客戶，鞏固基本貨源，是船公司重要營運策略。

7.在銷售策略方面：船公司以公司形象為主要賣點，海運承攬運送業則以業務人員的服務為主要訴求。換句話說，業務人員對客戶的服務良窳，是一個海運承攬運送業得以得到客戶青睞的主因。基於這樣的特性，船公司的業務人員在轉任到其他船公司時，至多只能帶走20%的客戶。但海運承攬運送業的業務人員在轉換公司時，則往往可以帶走約60-70%的客戶。也就是海運承攬運送業的客戶除了看公司信譽之外，更看中業務人員的服務態度；而船公司的客戶則在意該船公司形象之好壞，因此兩者業務特性有很大的差異。

歸納言之，海運承攬運送業可針對客戶之需求，提供所需之服務，因此其服務是個別性（individual）的，也就是可針對個別客戶需求設計。而船公司所提供的服務則是一般性（general），可滿足客戶一般性的需求。因此也稱船公司的服務是批發商（wholesaler）式的，而海運承攬運送業的服務是零售商（retailer）式的。

基本上，海運承攬運送業的經營風險相當低，因爲他們多沒有實體投資。經營成敗之關鍵因素，首在人力資源（human resources），即員工的素質及團隊精神，其次是國際服務網絡（international service network）的建構。只要有好的服務團隊及堅強的國外網絡，海運承攬運送業的生存與發展即不成問題。其次就業者營業收支而言，因爲業者服務以委外爲主，船公司和其他服務業者的報價便是海運承攬運送人的營業成本或稱爲買價，因此營業成本明確。對貨主的報價或稱賣價即爲營業收入，也是相當明確。兩者相減就是營業毛利，營業毛利再減去營業費用後，便是營業淨利。以數學公式表示如下：

營業毛利＝營業收入－營業成本

營業淨利＝營業毛利－營業費用

由於海運承攬運送人的營業收支明確，因此盈虧計算也很容易。故就經營原則而言，海運承攬運送人應該可以控制報價，使每次交易均獲得利潤。換句話說，如果沒有其他考量的話，海運承攬運送人沒理由虧本經營，因此事業經營風險遠低得多。舉例言之，若海運承攬運送人取得船位的成本爲每櫃500美元的話，這就是他的直接成本。若貨主要求的運價低於此水準時，除非有其他考量，否則海運承攬運送人應該要拒收此貨載，讓他去找船公司或其他同業。故理性的經營者的每次交易理應都獲利，沒必要虧本承接業務。但近年來台灣市場競爭已經惡質化，很多業者以低於營業成本的運價收貨以擴大市佔率。所爲何來，令人不解。

反觀船舶運送人，因其投大量資金於造船及造櫃上，具有經濟學上沉沒成本（sunk cost）的特性，投資下去即不易回收；並且因資產的長期重複使用，其成本是採分攤計算方式，難以精確計算每櫃的平均成本，甚至可說船公司的眞正平均成本很難準確估算。在這樣的困難之下，即使市場運價已到很低的水準，只要船位尚有空位，船公司還是會接受貨載以提高裝載率，降低平均成本，故其經營風險遠較海運承攬運送人大得多。從過去航運公司的消長，倒閉的倒閉，併購的併購，即可以想見其經營之不易。

儘管如此，海運承攬運送業在過去還是有很多經營不善而退出的例子。如果加以分析的話，失敗的原因不外乎是以下幾點：

1. 入行門檻低，造成加入者的誤判。國人向有「寧爲雞首不爲牛後」的心理，因此在船公司或海運承攬運送公司工作一些時間之後，就想自立門戶。但經營一個企業和受僱於人是有很大差異的，自己當老闆以後才發現經營企業不是易事。遇到無法克服的困難時，就只好黯然下台。
2. 管理不善，不夠盡心：即因爲經營者並未全心全力投入本業的結果。由於經營者本身的決心不夠，無法帶動整個企業的戰力，以致管理鬆散，弊病隨之而生。由於本業面臨激烈的競爭（但話說回來，那個行業不競爭呢？），唯有全力投入經營，企業才能有獲利的機會。有一個簡單的檢視方法：如果海運承攬運送業的經營者每天都是十點、十一點才珊珊來遲到公司的話，那麼在目前的競爭環境之下，這個公司要經營獲利並不容易。相對的，如果他是兢兢業業投入公司經營的話，本業要賺些錢也並非難事。因此經營者必須非常投入，相當辛苦。
3. 用人不當或國外代理不良。前者可能該人把公司人才帶走，另起爐灶；或因股東意見不合，互相牽制，這種例子在本業可謂屢見不鮮。以前曾有某個業者，在興盛時期，公司人員濟濟，財源滾滾而來。後來因股東意見不合而四分五裂，終致倒地不起，相當可惜。國外代理不良則產生後帳款不清或任意放貨，逃避責任等問題，最終責任要由我國內業者負擔，導致無法經營。

4.擴張過速：只要盡心盡力經營，本業所需資金不算多，因此要大虧損到倒閉也不是件輕易的事。發生問題的多是在賺了一些錢以後，就開始介入一些並不熟悉的事業，或者玩起股票或房地產等，以致無法專心本業的經營者。因此海運承攬運送業無論如何要以一步一腳印的態度來經營，並認眞扮演協助客戶解決國際運輸問題的角色，相信一定可以獲得很好的回報。

基本上只要專心經營、全力以赴，本業的成功機率很高。而且本業的潛力無窮，値得妥善規劃與好好發揮。

二、與同行間的關係

海運承攬運送業同行之間的關係，直接來講是一種競爭對手。但由於行業特性，大家也存在著很大的合作空間，茲予說明如下：

㈠爲競爭的對手

目前台灣總共有近700家海運承攬運送業在爭食這個有限的市場，激烈競爭乃無可避免之事。特別是受到傳統產業出走的影響，台灣的海運市場明顯走下坡，但投入的業者家數卻有增無減，競爭已至白熱化階段。最容易使用的競爭手段是降價和提供運費延期結帳，接受欠費。以致業者利潤越來越薄之外，經營風險也大爲提高。使得行業的淘汰率升高，經營更加艱苦。不過這樣的現象，也普遍存在於世界各地。海運是個開放的市場，政府不能也不宜以政策介入。只有靠業者自律，朝向良性的競爭，使業者有合理的利潤，才有能力提供貨主良好的服務，並邁向國際市場。

㈡爲商業的伙伴

爲使併櫃達到最佳的裝載係數，爭取最佳併櫃效益，因此海運承攬運送業之間普遍存在拋貨（co-load）的做法。這項業務的進行，除了做莊家（master co-loader）的業者須與同業保持密切聯絡，使無力自行開櫃的同業成爲客戶，爲貨載的重要來源。同時小的海運承攬運送人也可以維持業務，甚至還可保障利潤。拋貨作業也常見於在裝櫃現場的互拋，同業之間就多出來（over flow）或不足的米數，現場交換互拋，以便達到最好的裝載效益。此外業者也常會結合幾家同業，共同在某船公司做併櫃，以方便互相拋貨。除此以外，拋貨也常存在整櫃的情形，無力直接與船公司簽訂服務契約的業者，也可以透過使用同業的合約出貨，例如長榮物流和華夏物流因和長榮海運有特殊關係及每年龐大的貨量，享有特別優惠的運費及船位的支持，同業因此多經由使用該公司的合約，交裝長榮海運。莊家業者可以達到貨櫃量的承諾，同業則達到出貨的目的，互蒙其利。於自己無法提供服務的地區，也可藉由同業的協助，完成貨主交付的船運任務。以上情況都顯示海運承攬運送業的同行之間事實上存在著相當多合作的機會，因此實不應互相敵視。特別是在向政府爭取開拓生存空間方面，同業間更應相互合作，而不應互相踐踏。畢竟讓業者有合理利潤，始能維持服務品質，並累積向國際市場邁進的實力。

三、海運承攬運送業與船務代理業的比較

我國法令對兩行業的設立，訂有不同的條件與程序要求，分屬不同的管理規則。國外船東在未設立自己的分公司之前，其服務是透過船務代理人執行；不少船務代理業爲避免過度擴大人事，也多與海運承攬運送人合作以達成船東要求的貨量目標，關係是相當密切的。兩者的比較如下：

1. 船務代理業只在船東授權範圍內執行業務，因此彈性受限。而海運承攬運送業則同時與多家船舶運送人來往，可獨立發展業務，彈性較大。
2. 海運承攬運送業有自己的國外代理服務網，船務代理業則只和船東往來，沒有自己的國外網絡。
3. 在海運費節節下降的趨勢下，船東多改以收取貨櫃場作業費

（terminal handling charge，THC）來彌補成本，而THC一般不計付船務代理佣金，使船務代理業收入縮水。此外由於市場競爭，船東在獲利不易之下，也可能要求共體時艱，降低代理費。

4.因面臨市場的競爭，故船東須設法降低營運成本，加以各國多放寬對國外船東自設分公司的規定，因此船東多紛紛自行設立分公司。只要船東設立自己的分公司，船務代理的業務可能立即結束。可能多年幫船東立下的汗馬功勞，好的船東可能邀請參股，不好的船東則可能一筆勾消，將情何以堪？不過海運承攬運送人的命運則由自己掌控，靠自己努力。

經由以上的比較可悉，海運承攬運送業的生存空間和發展彈性都較船務代理業爲大。

問題與討論

1.從航業法與民法規定探討海運承攬運送業的角色定義。台灣的定義有何問題？

2.海運承攬運送業可以扮演的各種角色爲何？

3.海運承攬運送業有哪些服務功能？在現代物流鏈中這些服務功能有何重要性？

4.請比較海運承攬運送業和以下相關海運業者：

(1)船公司

(2)同業

(3)船務代理業

第二章

海運承攬運送業現況

本章摘要

本章分成兩節，第一節討論海運承攬運送業的現況。第一節首先說明產業概況，其次說明業者的來源背景，其三說明業者營運概況。業者來源背景雖然有所不同，但大家同樣面臨一個艱苦的經營環境。第二節介紹台北市海運承攬運送商業同業公會，雖然這只是台北市的地方人民團體，但它實際上代表了整個台灣區。依照「業必歸會」的行政管理原則，海運承攬運送業在營業開始之前都必須加入公會，政府透過公會和業者溝通。因此公會非常重要，因而另闢單元加以介紹。

第一節　台灣海運承攬運送業現況

一、業者概況

行政院主計處將物流產業歸屬於運輸與倉儲業，並細分爲海洋水運業、航空運輸業、運輸輔助業等七小類，海運承攬運送業歸爲其中的運輸輔助業；除主計處分類外，行政院經建會於2004年針對台灣物流產業，依照服務功能及加入WTO後產業結構改變情形，將物流產業分爲16種業別[1]。依照2008年物流年鑑所做統計，2008年的業者數爲708家、營收527億元新台幣。不過海運承攬運送業是屬於特許行業，必須向主管機關申請

1 資料來源：2008年台灣物流年鑑

許可證始可營業。申請許可的業者，將獲發許可證及編號。從許可證編號和繼續營運業者做分析的話，可以發現業者的淘汰率偏高。根據台北市海運承攬運送商業同業公會（以下簡稱台北市海攬公會）會員資料顯示，至2010年3月底爲止，許可證編號已發行到1350號，但公會會員家數則不到650。因此業者淘汰率幾近一半，這在各種產業來講都是非常怪異的[2]。分析此現象產生的原因如下：

1. 設立門檻低，誘導年輕人貿然投入。雖然這是一個特許行業，但資本額只不過750萬元新台幣，事實上門檻甚低。年輕人在累積相關產業幾年的經驗後，便號召幾個朋友自立門戶當起老闆了，這也就是本行業被譏笑倒了一家出來三五家的原因。但登記設立簡單，經營則困難重重。人員管理的問題、帳款控管的問題和國外代理問題等，在公司正式營運後一一浮現。在了解當老闆原來不是一件容易的事後，只好結束公司。其實門檻低固然可以一圓自己當老闆的夢，並非壞事。但一定要累積足夠的實力、人脈和國外代理關係後爲之，並且在公司開始營運之後加倍努力，才有成功的機會。
2. 營業內容受到法令及主管機關之侷限，多數業者只從事港對港的NVOCC業務。營業內容受限，無法提供貨主更具附加價值的服務。以致業者服務的同質性太高，很容易陷於沒完沒了的價格戰。舉例而言，大部分國家的海運承攬運送儘管名稱或有不同，人家的業者多可以自有或租用的倉庫，進行貨物裝拆櫃及進行加值服務例如貨物存倉、併貨（consolidation）、更改標籤（labeling）、標誌（marking）及送貨（delivery）等。這樣才能提供更有價值的服務，避免陷於價格戰，擴大獲利空間。但我國業者大多沒有提供這些服務的能力，只有削價一途而已。結果是大家都無利可圖，陷於苦戰，很多業者因而被淘汰出局。
3. 使用人力太多。因爲海運承攬運送業特別注重服務的細微末節，尤

---

2 據學者包嘉源的統計為46.2%。

其因爲併櫃貨是獲利主要來源，必須投入較多的人力。因此人事成本大增，約佔海運承攬運送業營運成本的六成左右。此外員工人數多了之後，衍生的管理問題也多。除非制定良好的管理制度，否則容易產生人與人之間的矛盾，甚至集體出走。抵消公司的戰力，確實是個須注意的經營問題。

4. 業者家數太多，規模多數不大，水準也參差不齊，其中甚多業者幾均以削價爲唯一訴求，競爭已惡質化。亞洲航線的併櫃運費早已報到零甚至負運費，歐美航線也是節節下跌。在歷經2008、2009兩年的大虧損之後，2010年開始以來船公司即一路調漲海運費。海運承攬運送業的報價本是水漲船高，跟著調高即可，然而事實上報價卻是不增反減。莊家業者不斷向國外代理要求提高退費（refund），但拿回台灣以後卻依舊互相砍價，造成國內外商業伙伴都吃不消。這種現象不但令人難以理解，業者形象恐怕也無法提高，徒給外界買空賣空的惡質印象。空間被壓縮的結果，業者只有降低服務品質，更無法累積經營的本錢，結果陷入一場沒有贏家的戰爭。事實上海運承攬運送業取得服務的成本明確，並且市場有集中在少數幾家的現象。因此業者應該多加相互合作，將市場維持在合理的水準，讓業者都有合理利潤，才能夠累積實力到國際市場去打拼。

5. 運費欠費步步升高，經營風險大增。海運運費實務除係到付條件者外，本是一手交單一手收費的，因此貨主的運費與費用應在領取提單時以現金或即期票據支付的。在未獲得貨主付運費時，可以對貨物實施留置權，故運送人的運費風險甚低。因爲承攬運送人僅賺取有限的利潤，沒理由負擔高度責任。但近年來承攬運送人開始接受貨主對運費與費用延期支付，當月的運費於月底一起結算，貨主再開一個月甚至數個月的支票支付，票期也越放越長，以致欠費金額越累積越大。稍具規模的業者動輒上億，不足爲奇。資金調度成問題之外，風險也跟著提高。2008年某大電器產品廠商倒閉，某海運承攬運送業即被拖累數千萬元運費，可見欠費之風險。因爲船公司一般對海運承攬運送人並不接受欠費，因此貨主欠費的成本和風險，都落到海運承攬運送人身上。如不幸被拖累，恐只有結束營業一途了。分析此歪風形成的原因有三：

⑴海運承攬運送業的業務主要來自中小型企業，而中小型企業的船運多委請報關業者代辦，因此報關業者也成爲海運承攬運送業的重要客戶。近年來報關業者同樣受到強大競爭壓力以致利潤微薄，於是將原來替貨主代墊的運費及費用轉由海運承攬運送業承擔。

⑵海運承攬運送業界惡性競爭的結果，將接受欠費當作攬貨策略之一。因此爲了增加貨載乃將欠費作爲競爭手段，接受客戶的欠費要求，甚至主動提供。結果當然是欠費金額越積越多，風險也大爲提高。此外，也有少數業者把欠費當作和資金薄弱業者對抗的手段，從事惡性的競爭。

⑶部分業者的業務人員欠缺經驗，在背負公司業績壓力之下，主動以欠費爭取客戶。

對長期配合的客戶，爲方便雙方財會作業，對每月交裝貨物的應繳運費及費用，到月底才一次結算的所謂月結，原無可厚非。但帳結算之後應即以現金或即期支票或本票支付，不應該還接受一個月、一個半月甚至更長期間的期票；對運費金額較大者甚至應約定在達到某額度時，即提早結帳，才算是合情合理的合作夥伴。可惜實務做法都已經錯亂，爲了業績在所不惜，確有檢討之必要。

萬一客戶欠費未獲兌現時，承攬運送人可否對其貨物實施留置權？這點不無疑義。依我國民法第662條：「承攬運送人爲保全其報酬及墊款得受清償之必要，按其比例，對於運送物有留置權。」這就是實務上常見運送人對貨主欠費未兌現時，即加以扣貨，甚至對同行及國外代理有欠費時，也照扣不誤的依據。但民法本條文是否給予承攬運送人這麼大的權利？不無疑問，特分析如下：

⑴貨物留置權之使用，是針對發生權利與義務的那筆貨物而定。但既然接受客戶運費記帳月結，則運送行爲發生在先，欠費未兌現發生在後，當筆貨物應早已被提領，留置權已執行不到了。而後來的貨載，其權利義務關係已有所不同，因此不得對後面的貨物執行留置權，除非係向法院提出假扣押之訴，並經法院發出執行命令。因此對記帳的欠費發生問題時，只有另尋救濟途徑了。

⑵對同業及國外代理，因爲貨物的權利並不屬於他們，因此更不得因其有欠費，而扣留其所經手的貨物。

不過欠費未清償的實例，貨主、同行及國外代理通常都自知理虧，所以運送人如果揚言扣貨的話，往往會產生所期望的結果，可能使問題獲得解決。只不過須適可而止。否則執意執行的話，可能要冒被受貨人求償損失，進而被訴訟的風險。只是一般有運費支付的問題時，貨主不是發生財務危機或大概已把貨運轉走別人，不見得能達到扣貨目的。

接受貨主欠費的問題很多，例如遇有貨損情形時，貨主不管有理沒理便先將運費扣住不付，再和運送人周旋，增加貨損案件處理的困難度。例如某貨主對其從美國退運的貨物，明明是自己提供的資料有誤以致造成貨運延遲，但該貨主於貨物運抵台灣後卻以貨運延遲而扣付運費新台幣近16萬元，雖經一再催討，依然相應不理。此案最後運送人在忍無可忍之下，只好訴諸法庭解決。但此一小小案件卻纏訟多年才獲判貨主應返還所積欠之運費，還理於運送人。然時間的延宕，仍對運送人帶來諸多損失。所以對運費的延結，確實必須三思而後行。玆建議在接受欠費之前應建立以下審核評估要素：

業務開始前：

⑴企業基本因素：成立時間、資本額、負責人學經歷等。

⑵企業上市櫃與否？企業如果已上市櫃，評分較高。

⑶產業別：傳產業或高科技業？高科技業除少數表現突出者外，事實上屬於高風險的產業；相對的，傳產業反而能維持穩定，不會大起大落。

⑷可否取得企業財務資料？海運承攬運送人往來貨主多屬中小型企業，一般財務資料無法取得，故僅能要求盡量索取。

⑸欠費金額高與低。欠費金額高的當然比金額低的，評分較低。

⑹利潤差價之多寡？利潤合理當然較利潤低的評分較高。

⑺要求欠費時間之長短，欠費期間長的當然比時間短的。

⑻上美國鄧白氏網站查企業付款評價，參考是否。[3]

業務開始之後：

⑴貨方依約定付款的情形，即是否按照雙方所同意的付款期限支付？

⑵貨主業務配合的密切程度？往來密切並且無不當拖欠的問題者，評分較高。

總之，應該建立一套客觀的評分審核標準，以決定是否接受欠費要求，才可以降低企業經營風險。

二、我國海運承攬運送業者來源背景

海運承攬運送業以其更貼近貨主需求的服務，成為貨主更密切的商業伙伴。至於我國海運承攬運送業的設立背景可歸納為以下幾類：

1.登記設立為海運承攬運送業者

即依據我國航業法及海運承攬運送業管理規則之規定，申請登記設立海運承攬運送業者。由於我國法令對海運承攬運送業的成立除經理人資格要求之外，僅有資本額750萬元的要求，門檻並不高。因此很多業者是從海運承攬運送業或船公司累積經驗後離職，自立門戶而設立的。

2.航空貨運承攬業設立者

基於海運與航空貨運有同質性，特別是客戶往往有重疊的現象，因此航空貨運承攬業者也申請海運承攬運送業執照，經營海運承攬運

3 http://www.dnb.com/us

送業務。同樣的海運承攬運送業也可能申辦航空貨運承攬業，經營航空貨運業務。其實在很多國家，海空運承攬運送業都是合併的。我國在2004年修改法令將兩個證照合一，不須再各自分開申請執照。雖然兩者有其同質性存在，但經營內涵還是有所不同。業界即存在一個有趣現象：海運起家的業者投入空運後，空運的業務往往做得不怎麼出色；同樣地，原來空運起家的業者投入海運後，海運的業務也做得不怎麼出色，只是聊備一格。

3.船公司轉投資設立者

海運承攬運送業的經營有其異於船公司之處，特別是在運輸服務觀念及策略方面，海運承攬運送業確有其不同於船公司之處。海運承攬運送業做為國際物流業者，在服務方面可以彌補航運公司之不足。因此在母公司以外再設立海運承攬運送業子公司，以輔助母公司服務，已隱然成為一個趨勢。下表所舉為有成立物流子公司的航運公司的例子：

表2-1　介入物流經營之輪船公司

航運公司	物流子公司
長榮海運	長榮國際物流
陽明海運	好好物流
Maersk Sealand	Maersk Logistics
P&O Nedlloyd	P&O Nedlloyd Value Added Services
NYK	New Wave Logistics etc.
APL	APL Logistics
OOCL	Cargo System
COSCO	中遠物流
Mitsui OSK Lines	MOL Logistics

資料來源：筆者整理

船公司掌握了最重要的海上運送資產，而物流公司可整合各種物流資源，如果經營得宜，確實可以回饋母公司，發揮相輔相成之效。但海運承攬運送業和船公司的經營觀念大異其趣，因此船公司轉投資的子公司多不敵專業的海運承攬運送公司，則是有趣的現象。究其原因可能有以下幾點：

(1)船公司行銷重點爲公司形象，海運承攬運送業則注重業務人員的服務，企業文化上頗有差異。簡言之，船公司較保守，海運承攬運送業較具活力。這種文化上的差異，不容易調整。加上成立物流子公司時，經營階層甚至主管都是從母公司轉調。成本較高之外，企業文化和資源都受母公司所束縛，施展不易。

(2)海運承攬運送業注重個人業績，薪資制度普遍採業績獎金制度；但船公司薪資則多採單一制度，在集團制度不易因海運承攬運送子公司另定制度之下，只能從母公司轉調，平均薪資成本較高，也不易培養本業人才。

(3)子公司和船公司的關聯，使其他船公司有所顧忌，不願做深入配合。以好好物流公司爲例，它和陽明海運公司的關係衆所皆知。雖然前者也企圖拓展和外圍航運公司的合作，但畢竟不容易。如果母公司再不大力支持的話，它的活動空間有限，發展不易。

(4)船公司設立海運承攬運送業子公司時，海外代理多找原來的船務代理合作。這樣的想法和做法似乎順理成章，因爲彼此合作多年，相互了解；並且從事海運專業，對船務並不陌生。但海運承攬運送業的操作畢竟和船公司不同，加上海外代理多已從母公司代理業務賺取豐厚利益，欲其重整精神開展海運承攬運送業務，談何容易？

因此船公司欲轉投資設立海運承攬運送公司時，在觀念上必須有很大的突破，否則不如和原有業者合作或收購，給予較大的發展空間。

4.國內物流業者設立者

國內物流業者設立海運承攬運送業的事實上並不多，因爲兩者看似上下游關係，但其業務內容及企業經營還是大有區隔。國內物流業者通常擁有龐大資產，跨足海運承攬運送業時，財力方面自然沒有問題。但是經營國際海運承攬運送業，除人才的因素之外，最重要的是需要一個強而有力的國際服務網絡（international service network）。國內物流業者習於國內操作，若要建構好的國際服務網絡，並不容易。相對的，國際海運承攬運送業如要介入國內物流業務的話，所需的龐大資金是一大困難之外，其經營項目與管理技術也非前者所長，並不容易。因此最好的途徑應該是透過垂直的聯盟，以充實服務內容，從國內到國外、或國外到國內提供一條龍式的服務，才有能力和國際業者競爭。

5.外商設立的在台分公司

外商海運承攬運送業在配合其全球布局之下，也一樣可以來台灣登記設立分公司，其申請程序同樣詳定於管理規則中。外商業者和本地業者相較的話，一般具有以下特點：

(1)外商業者的本地分公司多以配合其全球布局爲目的，業務以配合全球性客戶（global account）的進出貨運作業爲主，原則上不在本地直接攬貨。這和本地業者以攬收本地客戶爲主，差別甚大。

(2)同樣是爲了配合全球性客戶的全球操作，外商業者的資訊系統多較國內業者強與完備。

(3)基於和航運公司全球性的配合，每年有龐大貨量。因此在旺季艙位吃緊時期，他們往往獲得艙位保證。

(4)外商公司組織及制度較完整，標準作業程序（SOP）完備，也多取得ISO認證。

(5)相對的外商公司的薪給制度和本地業者不同，經營成本也通常比本地業者高。

三、業者營運概況

雖無正式統計，但據估計目前海運承攬運送業者約掌握六成的貨櫃貨載，其中併櫃貨更是絕大部分掌握在海運承攬運送業的手中，究其原因如下：

1. 船舶運送人的船位持續增加，使其攬貨壓力大增。因此對與海運承攬運送業的配合，日益重視。事實上，幾家較有業務實力的海運承攬運送業者，如今都面臨船舶運送人要求加強配合的壓力。
2. 海運承攬運送業自己的努力，講求服務，受到貨主肯定；再加上服務的國際布局，從出口地和進口地兩端一起努力提供貨主良好服務，而且業者的實力也確實增強許多，形象地位因而大為提升。
3. 透過和船公司建立的關係及國外代理的搭配，海運承攬運送業不僅服務良好，運費也相對低廉，併櫃貨因得到國外代理退費的配合，其優勢更為明顯。

因此海運承攬運送業已成為中小型企業最佳的國際運輸夥伴，這樣的關係不是船公司所能左右的。船公司最好挑選幾家好的海運承攬運送業者，積極配合，建立商業伙伴的積極關係。

第二節　台北市海運承攬運送商業同業公會

一、台北市海運承攬運送商業同業公會概況

根據我國「行必歸業，業必歸會」的原則，每個企業都須有其歸屬的行業，以及該業所屬的同業公會，以方便管理。我國舊的海運承攬運送業管理規則（1985年12月15日發布實施）第21條規定：「海運承攬運送業應於開業後一個月內申請加入當地海運承攬運送業公會」，根據此一條文之要求，台北市海運承攬運送商業同業公會（以下簡稱台北市海攬公會）於1985年12月5日發起組織申請，1986年1月15日召開籌備會議，研擬公會章程，1986年4月30日正式成立，成立之初會員家數為114家。至2010年5月底為止，本會有會員約606家（不含停權19家）。在我國海運性質的公會或協會之中，台北市海攬公會是一個會員數最多的公會組織。我國的海運承攬運送業者絕大多數集中在台北市，台中市、高

雄市雖共有近80家業者，但中高兩市並未成立公會，少數業者乃以贊助會員身分加入台北市海攬公會，分享資源。因此中華民國就只有台北市海攬公會，沒有成立全國性的公會，因此台北市海攬公會實質上代表台灣地區的業者。在國際總會（FIATA）會籍，台北市海攬公會就代表台灣加入的（International Ocean Freight Forwarders & Logistics Association, Taiwan，簡稱IOFFLAT）。

台北市海攬公會是依據人民團體法成立的，登記設立於台北市，以台北市社會局爲主管機關，址設於台北市建國北路2段90號7樓（website: www.iofflat.com.tw）。政府經常透過公會來與海運承攬運送業者互動，並獲邀參與政府相關法令和政策的擬定。公會是屬於全體會員的，以服務會員公司，提升業界形象與水準，並幫會員謀取福利，其組織圖如下：

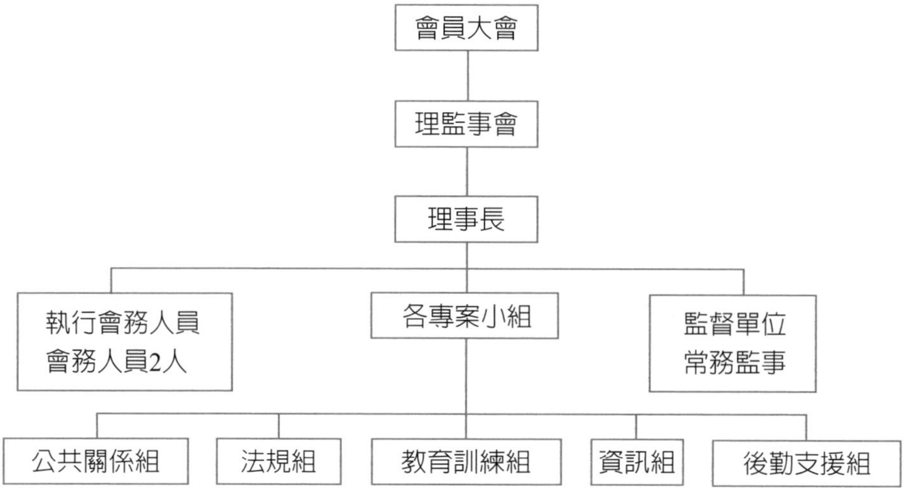

圖2-2　台北市海運承攬運送商業同業公會組織圖

由上圖可以看出會員大會是公會的最高權力機構，由於會員家數衆多，因此每年召開一次的會員大會都是勞師動衆，大費周章。會員大會之下設有由21位理事及7位監事所組成的理事及監事會，理監事再互選出7位常務理事及1名常務監事，理事長再由常務理事中推選。理事長任期一任爲三年，得連任一次，目前已到第八屆（2007-2010）。日常公會事務由二名會務人員（含一名總幹事）負責，由於會員家數甚多，因此兩人的工作相當繁重。此外為加強對會員公司的服務及會務推動，設有公關、法規、教育訓練、資訊、後勤支援組五個任務小組，各由一位常務理事擔任召集人。各小組的功能列舉如下：

1.公共關係組

(1)舉行各種活動，促進會員同業之聯誼。

(2)聯繫各相關產、官、協（學）會，促進彼此之間的互動及交流。

(3)促進海峽兩岸間的交流活動。

(4)安排國際間之來訪及參觀活動。

2.教育訓練組—舉辦各種研討會及在職訓練

(1)專題研討：配合會員需要，選定專題，定期舉行研討會。

(2)短期訓練：有新進作業人員（OP）、業務人員及海運承攬運送業基礎班三種。

(3)FIATA在職訓練：依據FIATA國際總會標準，實施一系列之在職訓練。測驗通過者，並可報請國際總會頒發國際資格證書。對提高業界水準，著有績效。

3.法務組

(1)舉辦各種有關法規方面之研討會，輔導及協助會員，增進其對法令之認識及因應之道。

(2)會員公司關於法令及貨損理賠的諮詢。

(3)政府相關發令修改、解釋之參與和諮詢。

(4)傳達及提供各種法規予會員公司。

4.資訊組

(1)協助公會及會員利用資訊科技，以達節省成本及方便獲取／傳送資料。

(2)建立及維護公會會訊網站。

(3)以最快最有效率為訴求，為會員服務。

(4)適時更新軟體，以達高效率之服務水準。

5.後勤支援組

⑴推動物流策略聯盟與提升本業競爭力。

⑵推動目前亟應修正之阻礙國際物流的不當法規，力求主管單位對本業的重視。

⑶考察國際物流的作業情況。

⑷合併／跨業合作及物流之推動。

⑸支援各專案小組所舉辦之各種活動。

二、台北市海攬公會教育訓練的現況

歷年來台北市海攬公會替會員做了很多服務工作，並且熱心公益，使本公會歷次獲選爲績優人民團體。其中尤以教育訓練小組對培訓會員公司人才和提升行業水準和對外形象方面，成果相當顯著，這應該是公會對產業最有幫助的地方。相較於其他運輸產業公會，相信台北市海攬公會替會員公司做了非常顯著的貢獻。在此特就本會教育訓練的現況、成果及未來計畫分別加以說明如下：

㈠台北市海攬公會教育訓練課程

台北市海攬公會所實施的教育訓練課程可分成四種形式：

1.定期舉行的研討會。研討會係從1998年11月開始實施，就各種和會員有關題目，每月選定一個主題，邀請專家講演剖析，由會員公司免費參加（非會員公司可付費參與）。每次研討會會員公司均熱烈參與，已經有好幾個主題因參加的會員太多而加辦一場次、甚至兩場次的。

2.FIATA在職教育訓練（vocational training），從1998年起開始實施。本在職訓練之課程內容經FIATA國際總會核定，學員須付費參加。師資均來自業界精英，訓練過程並有嚴格之要求。上課到課率須超過75%，才能參加測驗考試，考試經通過後，可獲國際總會所頒發之證照。該證照之效力爲世界各國所認同，具有崇高之價值（課程及師資表如附件一）。FIATA基於全球現代物流的發展已走上整合型（total logistics）的趨勢，自2004年起大幅增加課程內容，上課時數並增加至200小時以上，每4年須再重新認證（re-validate）。台北市海攬公會的課程已遵照新的要求，於2006年4月獲總會審查通過。不過由於時數頗多，考慮會員不易一次上完，並維持75%以上到課率，因此將課程分段爲4個單元。各單元循環實施，獨立測驗考試。會員於上完一個單元後，可跳著上別的單元，方便學員時間彈性安排。上完4個單元並每次測驗通過者，即可報請國際總會頒發證書。這是很札實的在職訓練，學員的學習精神令人欽佩。FIATA在職教育訓練多數基本上是虧損開課的，但站在服務會員公司的基礎上，這是不計成本必須要做的事。

3. 新進OP人員在職訓練班，每期爲30小時，學員也是要付費參加。本訓練班始自民國2000年5月，至2008年已實施至第十六期，相當受到會員公司的歡迎與肯定。全程參與之學員，可獲得公會頒發之結業證書。（課程及師資表如附件二）
4. 基礎教育訓練班，每期爲33小時，學員也是要付費參加。2008年3月起開始實施。基礎教育訓練原意針對即將畢業的在校生而開的，目的是針對即將進入職場的同學施以基本訓練。對在校生採較低收費，分別在台北海攬公會會所及國立高雄海洋科技大學開班，培訓人才。一方面提高同學們對海運承攬運送業者的興趣與瞭解，另一方面則幫會員公司訓練人才。全程參與並通過考試之學員，可獲得公會頒發之結業證書（課程及師資表如附件三）。課程結束後，對取得證照的學員，公會將建請會員公司優先錄用，將公會和學校資源結合。自2008年開班以來，獲得熱烈迴響，甚至會員公司都來搶上課名額。
5. 海運危險品教育訓練班：對危險品的海上運輸發生很多災難性事件，因此爲維護運顯品運輸的安全，國際海事組織（IMO）規定從2010年1月1日起凡是和危險品運輸有關的人員，不管海上或岸上，都必須依照涉及危險品操作的深淺，接受從通識（general

awareness）到實地演練不同程度的教育訓練，並領有合格證照才可。此項規定衆所周知航空貨運很早就開始實施了。因此國際海事組織的規定只能算是遲來的正義而已，不算新意。海運承攬運送業屬於海上運輸鏈中的重要一環，因此公會教育訓練小組根據新規定之課程內容要求，迅速規劃實施海運危險品教育訓練，聘請實務及訓練經驗豐富的卓順德船長和陳柏宏船長擔任講師（課程及師資表如附件四）。於2009年12月19日及2010年1月16日各實施一次，每次有36名會員公司人員參加，取得公會證照。海運危險品教育訓練對維護危險品安全運輸非常重要，因此主管機關應該儘速制定政策。建議比照對航空承攬公會的做法，承認台北市海攬公會爲發證的合格機構（competent authority）及其證照效力，始能使這項教育訓練持續實施，維護危險品海上運輸的安全。

㈡台北市海攬公會教育訓練的成果

定期舉行之研討會每月一次，故已經過甚多次數。由於每次主題切合會員公司需要，吸引很多會員公司踴躍參加。好幾個場次都須加辦1到2場，在此不詳列其成果。至於FIATA、OP及基礎教育訓練班的成果，茲加以列表說明如下：

1. FIATA訓練班

表2-2　歷年FIATA訓練成果表

期別	年次	當期人數	參加考試人數		未參加人數	通過人數		未通過人數		通過比例
			當期	補考		本期	補考	當期	補考	
一	1998	50	46	0	4	32		14	0	69.56%
二	1999	54	48	1	6	36	1	12	0	75.51%
三	1999	36	33	3	3	16	3	17	0	52.78%
四	2000	23	22	1	1	11	1	11	0	54.55%
五	2001	22	21	6	1	20	4	1	2	88.89%
六	2002	30	30	3	0	25	2	5	1	81.82%
七	2003	22	19	4	3	15	3	4	1	78.26%
八	2004	31	31	2	0	27	2	4	0	87.89%

期別	年次	當期人數	參加考試人數		未參加人數	通過人數		未通過人數		通過比例
			當期	補考		本期	補考	當期	補考	
九	2005	63	61	2	2	45	2	18	0	74.60%
十	2007	25	24	0	1	24	0	0	0	100%
十一	2009	23	11			9				
十二	2010-1	26								
合計		379	346	22	21	269	18	86	4	85.20%

資料來源：台北市海運承攬運送商業同業公會

從上表統計可悉，至第十一期爲止，參加教育訓練的學員共379人，其中取得證照者爲269人，佔71%。有110人、29%未能通過，因此國際總會證照之取得並不容易。其中值得提出來討論者有二：

(1)依照國際總會之要求，從2007年的第十期開始，上課時數從90小時暴增到201小時。由於時數太多，以行業特性而言，欲達到課率八成（後來改爲七成五）以上，確非易事，所花費也不貲。因此爲了提高學員到課意願及通過證照考試機率，從本期起將課程分成四個單元，循環開課。學員可以分段上課，每單元上完時即進行考試。四個單元都通過者，即可呈報國際總會頒發證照。不過儘管經此調整，報名意願仍大爲降低，面臨招生不足的窘境。國際總會將於2012年再提高課程至240小時以上，屆時問題恐將更嚴重。

(2)主管機關並未對此國際證照賦予某種效力，因此學員純粹爲了個人興趣而花錢花時間上課。可見業界確實有很多有心之士，令人欽佩，對提升行業水準非常有幫助。要全程上完FIATA的課程並不容易，且其課程內容規劃非常審慎，呼籲主管機關應對證照效力予以認定。

2.新進OP訓練班

新進OP班顧名思義可知是針對新進的OP人員施以系列課程的講習，以提升他們的操作能力。不過因爲課程內容安排精采，因此即使有多年經驗的OP人員甚至sales及公司主管都來報名參加，很受歡迎。

表2-3　歷年OP訓練班統計表

第1期	第2期	第3期	第4期	第5期	第6期	第7期	第8期	第9期	總計（人數）
41	40	32	45	41	41	54	42	33	
第10期	第11期	第12期	第13期	第14期	第15期	第16期	第17期	第18期	
40	40	41	41	39	40	40	25	26	701

資料來源：台北市海運承攬運送商業同業公會

3.基礎教育訓練班

基礎教育訓練班於2008年首度實施以來，至今（2010）年1月已有270位參加，包含36位各會員公司的業務人員及228位應屆畢業生參加。上完課程的學員並通過考試的學員，可取得公會證書。除公會會員公司人員以外，應屆畢業生則由公會昭告會員公司優先錄用，結果反應良好。

4.海運危險品教育訓練班

表2-4　海運危險品課程教育訓練統計表

期數	上課期間	學員人數	領證書人數（通過考試）	證書編號	
一	2009.12.19～2010.01.09	36	36	01001～01036	
二	2010.01.16～2010.01.23	36	36	02001～02036	

資料來源：台北市海運承攬運送商業同業公會

上述教育訓練對提升整個產業的水準及對外形象，具有重要的貢獻。事實上，海運承攬運送業常常被外界視爲買空賣空的行業，業者自己也必須多多加油，提升自己的價値。

㈢台北市海攬公會教育訓練的未來工作

台北市海攬公會的教育訓練在歷屆訓練召集人的努力之下，成果豐碩。在過去的基礎之上，未來應在以下方面繼續加強：

1.現代物流的發展以整合服務爲必然趨勢，因此除原來海運相關課程之外，也須實施其他運輸方式如：空運、陸運、倉儲，報關、保險的內容。此外自美國911恐怖攻擊事件以後，各國對貨物的國際運輸又加了保安（security）的要求，因此還有很大的空間。國際總會課程標準的修改即是配合這個趨勢，因此台北市海攬公會教育訓練也必須隨之調整，與時俱進。

2.應和中國大陸貨代協會建立合作，相互承認證照效力。台北市海攬公會所實施的教育訓練早於中國大陸甚多，因此經驗和成果都在他們之上。不過他們在教育訓練課程通過總會認證（validation）以後，發展速度驚人，有後來居上之勢。台資的海運承攬運送多已到中國大陸發展，因此兩岸的教育訓練應該建立合作，並相互承認證照效力。

總而言之，公會是以團體力量依法替會員公司爭取和維護權益，具有重要之功能。會員公司必須多給予支持與關心，才能使其眞正造福產業。

問題與討論

1.請說明台灣海運承攬運送業的概況？

2.請說明台灣海運承攬運送業的來源背景。

3.本地業者和外商業者業務方向有何不同？

4.台北市海運承攬運送商業同業公會的成立目標爲何？

5.台北市海運承攬運送商業同業公會的教育訓練成果如何？

6.台北市海運承攬運送商業同業公會應如何建立和中國大陸的溝通？

第三章

海峽兩岸管理法規與台商業者在中國大陸之發展

本章摘要

本章分成三節，第一節說明台灣的管理法規。台灣的行政管理法規母法爲航業法，施行細則爲海運承攬運送業管理規則。後者從籌設到設立的申請程序，以及設立完成後營業期間的管理，都有詳細規定。第二節則介紹中國大陸的管理法規，中國大陸將我們所稱的海運承攬運送業分成國際貨物運輸代理和無船承運業兩種身分，法規不同之外，主管機關也有別，均在本節中加以說明。第三節說明台商業者在中國大陸之發展，由於中國大陸幅員廣大，物流量龐大。相對的台灣則是一個萎縮或停滯的市場，因此很多業者都到中國大陸尋求發展機會。本節即在探討中國大陸的市場規模、兩岸業者優劣勢比較和進入中國大陸之道。

本章將就兩岸政府對海運承攬運送業的管理制度進行討論。兩岸雖然同屬中華民族，在海攬業管理制度設計上則有很大的出入。加上台商業者已有相當大的比例到中國大陸發展，因此了解兩岸的管理法規，非常重要。

第一節　台灣的管理法規

主管機關對海運承攬運送業的管理，是依據航業法及海運承攬運送業管理規則。前者爲基本法，僅給予定義；施行細則則定於海運承攬運送業管理規則中，屬於交通部命令的層次，和業者關係自屬密切。本節擬就政府管理方向、航業法有關規定及最重要的海運承攬運送業管理規則分別加以說明：

一、政府管理方向

基於海運承攬運送業的非資產性和業者規模小的特性，爲保障貨主交易的安全性，因此在制定管理規定時，政府有以下基本態度[1]：

1. 業者一般沒有運輸工具，經營規模也比較小，經營風險比較大。
2. 但本業對國際貿易的發展具有重要功能，因此應鼓勵其發展。但也須保障正當營運，防杜不法經營。
3. 由於業者規模、財力有限，爲保障貨主交易安全，於是引進保證金制度。萬一發生運送責任無力賠償時，可保障貨主利益。
4. 保證金須實際繳納，故可能影響業者經營資金；但遇到較大風險時，則又有保證金不足之虞。因此引入責任保險制度，業者可以購買保險方式轉移風險，避免影響公司正常營運。

相關規定即源自於上述基本方向而制定。

二、航業法

我國航業法制定於民國70年5月26日，並於同年6月3日公佈實施，以後歷經民國84、88、91年三次修正。全法共七章66條，本法第一條即揭櫫航業法的立法目的及適用範圍爲：「爲健全航業制度，促進航業發展，繁榮國家經濟，特制定本法；本法未規定者，適用其他法律之規定。」因此對航運事業的管理，基本上是依照航業法，於本法有未規定者，再適用其他法律。

有關於海運承攬運送業的規定，除第2條第4項定義爲：「指以自

1 於擬定海運承攬運送業管理規則時，作者曾奉派代表陽明海運公司參與。

己之名義，爲他人之計算，使船舶運送業運送貨物而受報酬之事業。」，已於第一章詳作討論之外，其他規定則見於第四章「船舶代理業、海運承攬運送業」第46至49條，第59條則爲罰則規定，茲予說明如下：

1. 海運承攬運送業的籌設：依第46條「(1)經營海運承攬運送業應具備相關文書，申請當地航政機關核轉交通部核准籌設。(2)海運承攬運送業應在核定籌設期間內，依法辦理公司登記，並申請當地航政機關核轉交通部核發許可證後，始得依法營業。」因此本條規定海運承攬運送業的中央主管機關爲交通部，但其辦理則爲當地航政機關。此所謂當地航政機關爲本公司之四個國際港港務局：基隆港、台中港、高雄港、花蓮港，這樣的規定值得一評。

   首先依同法第3條：「航業由交通部主管；其業務由航政局辦理之。」因此航業法早就明文規定設立航政局來執行，這就像美國航業法規定執行單位爲聯邦海事委員會（federal maritime commission，FMC）。然而事隔多年，航政局的設立依然是遙遙無期。其次港務局是以管理和經營各商港爲目的，海運承攬運送業和港務局並無隸屬關係。各地港務局人力編制有限及業務目的不同，日常的港務管理已經夠繁重了，他們如何能夠健全航業管制、促進航業發展、繁榮國家經濟呢？台灣四面環海，航業和台灣經濟貿易發展息息相關，按理政府必須非常重視航業才對，但事實卻相反，確實令人不解。

   此外，再依第49條準用相關條款之規定，其籌設尚須依據航業法第10、11條，分別爲開始營業之期限與展期、許可證之廢止，和變更組織等應轉報核轉之規定。因此依照航業法之規定，海運承攬運送業在籌設之初即須具備相關文書向轄區港務局提出申請，再轉請交通部核准。

2. 第47條是關於代理外國海運承攬運送業的規定。於有代理外國的業務者，應檢附相關文書，向當地航政機關辦理登記。而在經營代理業務時，應以委託人名義，並以委託業務範圍爲限。

3. 第48條則爲：「海運承攬運送業除船舶運送業兼營者外，不得租傭船舶，運送其所承攬之貨物。」與我國民法第663條「承攬運送人得自行運送」之規定相左，因此航業法本條否定海運承攬運送業得自行租傭船舶、介入運送的權利。因航業法認爲船舶運送人才得租傭船舶，因此除非是船舶運送人兼營者外，海運承攬運送業不得租傭船舶。

4. 第49條是關於準用其他航業法條文以及授權由交通部制定管理規則的規定。除前面已說明第10、11條外，在此再將準用條文中較重要者予以列舉說明如下：

 ⑴第23條爲關於刊登招攬業務廣告時，應刊載之內容，包括公司名稱及海運承攬運送業許可證字號等。

 ⑵第24條規定如果簽發裝船提單的話，應於貨物裝船始得爲之，且不得虛列裝船日期。本條明文禁止實務上的預發提單及倒塡裝船日期（back dating）的行爲，以保障受貨人之權益。所以有以上兩種行爲的業者，係違反航業法第24條，應予注意。

 ⑶第25條規定業者必須將運價表報請當地航政機關核轉交通部備查。對所報備之運價，當地航政機關如認爲顯有不當或不利於近出口貿易或航業發展者，得責令其修正，必要時並得暫停其全部或一部之實施。基隆港務局於2009年9月間即曾針對部分海運承攬運送業對某些航線報零或負運費的做法，祭出本條規定加以糾正。並揚言未改正者將根據後述第59條規定，對違規業者加以處罰。基隆港務局的動作其實有利於整頓航運秩序，維持合理利潤，可惜海攬業者惡性競爭的本質沒因此改變。這次行動只逼使業者的做法化明爲暗，殊爲可惜。

 ⑷第27條規定海運承攬運送業應並按申報之運價表收費，且不得有不合理之差別待遇。

(5)第28條規定海運承攬運送業應備營運、財務及其他相關文件，以供查核。

5.違法者之處罰

對業者違法之處罰規定於航業法第59條。本條所規範之業者含海運承攬運送業、船舶運送業、船務代理業等。凡違反航業法以下規定之一者，將由當地航政機關處新台幣1萬2千元以下罰鍰，並須限期改善；未於限期內改善者，航政機關得連續處罰並再限期改善，或停止其營業之全部或一部；仍未改善者，其在二年內違反同一規定達三次者，航政機關得廢止其許可證。至於得處罰事由則有以下幾項：

(1)依航業法規定應辦理變更或換領許可證，而未辦理者。

(2)應報備運價表、營業費費率，未經報請核准或備查而實施者。

(3)應提供之營運財務狀況文件，未提供或提供虛僞不實者。

(4)其他應受檢查或限期改正事項，拒不接受檢查或屆期不改正者。

航業法是航業行政管理的基本法，至於執行法令的細節則訂於海運承攬運送業管理規則中。

三、海運承攬運送業管理規則

海運承攬運送業管理規則係由交通部於民國74年12月15日制定，全文27條。75年1月1日納入管理，當時名稱爲「船舶貨運承攬業管理規則」。從此海運承攬運送業才開始有法可管，也使本業開始快速發展。84年8月航業法將「船舶貨運承攬業」之名稱修正爲「海運承攬運送業」，「船舶貨運承攬業管理規則」跟著於85年5月修正爲「海運承攬運送業管理規則」。現行條文爲民國93年4月20日修正發布，共29條，茲加以說明如下：

(一)海運承攬運送業的設立登記

海運承攬運送業公司的設立，依公司法規定，程序原與一般行業並無兩樣。但因本業在我國屬特許行業，因此尚須先提出特許申請。茲爲方便說明和了解起見，茲依照海運承攬運送業管理規則之規定，將其設立程序分爲「申請籌設」、「辦理公司設立登記」、「申請許可證營運」三個步驟，並以流程圖形（圖3-1）表示如下：

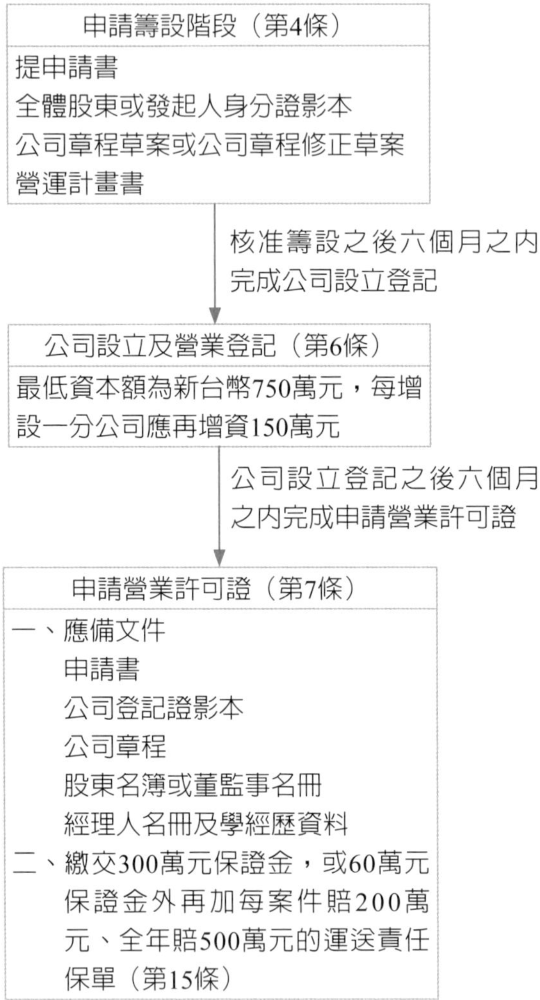

申請籌設階段（第4條）
提申請書
全體股東或發起人身分證影本
公司章程草案或公司章程修正草案
營運計畫書
核准籌設之後六個月之內
完成公司設立登記
公司設立及營業登記（第6條）
最低資本額為新台幣750萬元，每增
設一分公司應再增資150萬元
公司設立登記之後六個月
之內完成申請營業許可證
申請營業許可證（第7條）
一、應備文件
申請書
公司登記證影本
公司章程
股東名簿或董監事名冊
經理人名冊及學經歷資料
二、繳交300萬元保證金，或60萬元
保證金外再加每案件賠200萬
元、全年賠500萬元的運送責任
保單（第15條）

圖3-1　海運承攬運送業設立程序

從圖3-1流程圖可知海運承攬運送業的設立，須先依管理規則第4條向主管機關提出籌設許可；在獲得籌設許可之後，須在六個月以內辦妥公司登記；之後再於六個月內申請核發海運承攬運送業許可證，取得許可證以後始可營業。

如爲申請核發海運承攬運送業許可證者，許可證費爲新台幣3萬6千元，同時申請核發海運承攬運送業及航空貨運承攬業許可證者，許可證費爲新台幣7萬2千元（第11條）。

至於外國籍海運承攬運送業申請設立分公司，依本法第五條則應備妥下列文件，申請當地航政機關核轉交通部核准籌設：

1.外國籍海運承攬運送業分公司籌設申請書。

2.在中華民國境內之營業計畫書。

3.在其本國政府登記經營海運承攬運送業許可文件副本或影本。

4.在中華民國境內指定之訴訟及非訴訟代理人姓名、國籍、住所及其授權文件。

前項各類文件應經中華民國駐外使領館、代表處、辦事處或其他外交部授權機構驗證，如爲外文者，並須附具中文譯本。

外國籍海運承攬運送業經核准籌設分公司後，應於六個月內依法辦妥認許登記，並檢具下列文件一式三份連同許可證費、保證金，申請當地航政機關核轉交通部核發外國籍海運承攬運送業分公司許可證後，始得營業：

(1)申請書。

(2)公司主管機關認許文件及分公司登記證明文件影本。

(3)經理人名冊，並附經理人學、經歷及身分證明文件。

㈡外國海運承攬運送業的代理

和外國海運承攬運送業代理有關之規定有二，分別爲第16條和第20條：

第16條：外國籍海運承攬運送業指派在中華民國境內之代表，不得對外營業。排除外國籍海運承攬運送業代表對外營業的功能。

第20條：海運承攬運送業受外國海運承攬運送業委託辦理承攬運送業務，應檢具下列文件申請當地航政機關辦理登記後始得經營委託業務：

1.申請書。

2.代理合約影本（正本於登記後發還）。

3.委託人在其本國設立登記經營海運承攬運送業之文件副本或影本。

4.委託人之責任保險單影本。

5.委託人之提單或收貨憑證正本。

海運承攬運送業代理簽發提單或收貨憑證，與委託人就提單或收貨憑證所應負責任，負連帶責任。

㈢保證金及責任保險

管理規則第14條係就海運承攬運送業保證金做規定，第15條則就責任保險做規定，茲分別說明如下：

⑴保證金爲新台幣300萬元，每增設一分公司應增繳新台幣30萬元。保證金之繳交，得以銀行「定期存款單」代之。

⑵如已投保責任保險，且在單一案件賠償額不少於新台幣200萬元、全年保險總額不少於新台幣500萬元，保險期不少於一年時，保證金得減爲60萬元、分公司減爲6萬元。

⑶營業已滿三年以上，並於最近三年內未發生運送糾紛者，得申請退還保證金，但責任保險須提高爲單一案件賠償額不少於新台幣500萬元、全年保險總額不少於新台幣1,000萬元。

和中國大陸及美國相比的話，繳交保証金的規定大致相同。依照中華人民共和國國際海運條例規定，無船承運業提出辦理提單登記申請的同時須保證金金額80萬元人民幣；每設立一個分支機構，須增加保證金20萬元人民幣。至於美國繳交保證金的規定，海運承攬人（ocean freight forwarder）爲美金5萬元，無船公共運送人（NVOCC）爲美金7萬5千元，兩者同時兼營兩者的海上運輸中間人（OTI: ocean transportation intermediary）爲美金10萬元。三國所需繳之保證金金額相當。

㈣營業規定

1.攬貨廣告不得刊載船名及船期（第23條）。原因是海運承攬運送業並非船舶運送業或船務代理業，因此理應無特定船名及船期，故不得刊載這兩項資訊，以免貨主混淆。因此海運承攬運送業可就服務地區例如台灣至歐洲地中海、台灣至非洲或中東等刊登廣告，或就業務內容例如併櫃、整櫃、移民搬家、整廠輸出等予以刊載。此外，海運承攬運送業的廣告還須標明海運承攬運送業許可證字號。

2.不得租船營運（航業法第48條）。海運承攬運送業擔任貨物之承攬運送時，僅能將貨物以託運人之身分交給實際之運送人運送，並不得租船來運送，否則此已涉入船舶運送業之業務範圍，故航業法第48條明文禁止。

㈤簽發單據之報備

依照管理規則第22條規定海運承攬運送業應將簽發之提單或收貨憑證樣本送請當地航政機關備查。提單或收貨憑證變更時亦同。

前項之提單或收貨憑證應印製公司中英文全名、地址及海運承攬運送業許可證字號。其提單或收貨憑證記載之船名、裝船日期，應於貨物裝船後，始得登載並簽發。

㈥運價表之報備

管理規則第24條規定海運承攬運送業應將所經營之集運費率及向託運人或受貨人所收之手續費、服務費報請當地航政機關備查，變更時亦同。

㈦年度財務報表之報備

管理規則第25條規定海運承攬運送業應於每年度申報營利事業所得稅之後一個月內，將結算申報書、資產負債表之影本各一份，報請當地航政機關備查（第20條）

對於海運承攬運送業各項變更的報備之手續與表格，台北市海運承攬運送商業同業公會印有手冊可供參照，需要者可向公會洽取。

第二節　中國大陸的管理法規

由於我國業者到中國大陸設立分支機構者日多，因此特地簡單說明對方的規定，以利參考。

中國大陸將海運承攬運送業分為國際貨物運輸代理業和無船承運業，分別相當於我們的承攬業和運送業，不過法制卻頗有差異。

一、國際貨物運輸代理業

㈠國際貨物運輸代理業的角色功能

國際貨物運輸代理業著重於代理貨主的功能，有關規定依照《中華人民共和國國際貨物運輸代理業條例》（以下簡稱《管理條例》）和《中華人民共和國國際貨物運輸代理業管理規定實施細則》（以下簡稱《實施細則》），以商務部為主管機關。

實施細則第二條明定：「國際貨物運輸代理企業（以下簡稱國際貨運代理企業）可作為進出口貨物收貨人、發貨人的代理人，也可以作為獨立經營人，從事國際貨運代理業務」，因此是貨主的國際運輸代理人，簡稱國際貨代。至於其角色功能，依照實施細則第三條是指「接受進出口貨物收貨人、發貨人的委託，以委託人的名義或者以自己的名義，為委託人辦理國際貨物運輸及相關業務並收取服務報酬的行業」，依照第33條列舉以下經營業務範圍：

⑴攬貨、訂艙（含租船、包機、包艙）、托運、倉儲、包裝；

⑵貨物的監裝、監卸、集裝箱裝拆箱、分撥、中轉及相關的短途運輸服務；

⑶報關、報檢、報驗、保險；

⑷繕制簽發有關單證、交付運費、結算及交付雜費；

⑸國際展品、私人物品及過境貨物運輸代理；

⑹國際多式聯運、集運（含集裝箱拼箱）；

⑺國際快遞（不含私人信函）；

⑻諮詢及其他國際貨運代理業務。

因此其角色功能遠較我國廣泛許多，舉凡貨主委託的國際貨物運輸及相關業務均可為之。

㈡國際貨物運輸代理業的設立條件

1. 經營國際貨運代理業務，須取得商務部頒發的《中華人民共和國國際貨物運輸代理企業批准證書》。
2. 具有至少5名從事國際貨運代理業務3年以上的業務人員，其資格由業務人員原所在企業證明；或者取得國際貨物運輸代理資格證書的人員。中國大陸於2006年通過FIATA教育訓練課程審查後，全國分爲六個訓練中心，積極培訓國際貨代人才。由於《實施細則》承認FIATA訓練證書效力，因此參加培訓人數極爲踴躍。
3. 國際貨運代理企業註冊資本最低限額爲海運500萬元人民幣（空運300萬元，陸運、快遞200萬元），每申請設立一個分支機構，應當相應增加註冊資本50萬元人民幣。如果註冊資本超過最低限額時，超過部分，可作爲設立分支機構的增加資本。由於中國大陸國際貨運代理企業可以經營範圍甚廣，並且領土幅員廣大，因此500萬元人民幣的最低資本限額規定，毫不爲過。
4. 企業成立並經營國際貨運代理業務1年後，在形成一定經營規模的條件下，可申請設立子公司或分支機構。亦即成立1年以後，並合乎條件的國際貨運代理企業，可申請設立子公司或分支機構。

㈢營運管理

就營運管理的規定而言，《實施細則》較台灣更加詳細，茲整理說明如下：

1. 國際貨運代理企業應當向行業主管部門報送業務統計，並對統計數字的眞實性負責。此點和我國規定須提供年度財務報表相同。
2. 國際貨運代理企業作爲代理人接受委託辦理有關業務，應當與進出口收貨人、發貨人簽訂書面委託協議。雙方發生業務糾紛時，應當以所簽書面協議作爲解決爭議的依據。
3. 國際貨運代理企業使用的國際貨運代理提單實行登記編號制度。凡在中國境內簽發的國際貨運代理提單必須由國際貨運代理企業報商務部登記，並在單據上注明批准編號。國際貨運代理企業應當加強對國際貨運代理提單的管理工作。禁止出借，如遇遺失、版本修改等情況應當及時向商務部報備。

4. 國際貨運代理提單實行責任保險制度，須到經中國人民銀行批准開業的保險公司投保責任保險。

5. 國際貨運代理企業作爲獨立經營人，負責履行或組織履行國際多式聯運合同時，其責任期間自接收貨物時起至交付貨物時止。其承擔責任的基礎、責任限額、免責條件以及喪失責任限制的前提依照有關法律規定確定。

6. 國際貨運代理企業應當使用批准證書上的企業名稱和企業編號從事國際貨運代理業務，並在主要辦公文具及單證上印製企業名稱及企業編號。

7. 國際貨運代理企業不得將規定範圍內的註冊資本挪作他用。

8. 國際貨運代理企業不得將國際貨運代理經營權轉讓或變相轉讓；不得允許其他單位、個人以該國際貨運代理企業或其營業部名義從事國際貨運代理業務；不得與不具有國際貨運代理業務經營權的單位訂立任何協議而使之可以單獨或與之共同經營國際貨運代理業務，收取代理費、傭金或者獲得其他利益。這點規定應和早期因國際貨代執照取得困難，盛行「掛靠」有關。爲制止「掛靠」的不正常經營方式，乃明文制定本條款。

9. 國際貨運代理企業作爲代理人，可向貨主收取代理費，並可從承運人處取得佣金。國際貨運代理企業不得以任何形式與貨主分享佣金。

10. 國際貨運代理企業應當憑批准證書向稅務機關領購發票，並按照稅務機關的規定使用發票。

11. 國際貨運代理企業不得以發布虛假廣告、分享佣金、退返回扣或其他不正當競爭手段從事經營活動。

二、無船承運業

國際貨物運輸代理業著重於承運人的功能，有關規定依照《中華人民共和國國際海運條例》（以下簡稱《海運條例》）和《中華人民共和國國際海運條例實施細則》（以下簡稱《實施細則》），以交通運輸部為主管機關。

㈠無船承運業的角色功能

1. 依照《海運條例》第七條第二項定義：「稱無船承運業務，是指無船承運業務經營者以承運人身分接受託運人的貨載，簽發自己的提單或者其他運輸單證，向託運人收取運費，通過國際船舶運輸經營者完成國際海上貨物運輸，承擔承運人責任的國際海上運輸經營活動。」依此定義，可歸納出無船承運業以下功能（依《實施細則》第三條第四項）：
 ⑴以承運人身分與託運人訂立國際貨物運輸合同；
 ⑵以承運人身分接收貨物、交付貨物；
 ⑶簽發提單或者其他運輸單證；
 ⑷收取運費及其他服務報酬；
 ⑸向國際船舶運輸經營者或者其他運輸方式經營者為所承運的貨物訂艙和辦理託運；
 ⑹支付港到港運費或者其他運輸費用；
 ⑺集裝箱拆箱、集拼箱業務；
 ⑻其他相關的業務。

由以上分析可知無船承運人的角色功能較國際貨代業狹窄甚多。因此進入中國大陸設立分支機構目的是向船公司訂艙、收取運費及簽發提單的話，申請設立無船承運業就可以了。但如果還要經營其他業務項目的話，則應該申請設立國際貨務運輸代理業。

㈡無船承運業的登記設立

1. 在中國境內經營無船承運業務，應當在中國境內依法設立企業法人。亦即欲在中國境內經營無船承運業務者，應在中國先成立企業法人，然後依照下一段所述規定辦理提單登記，並交納保證金。經核准之後，即可經營無船承運業務。

2. 依《海運條例》第八條之規定經營無船承運業務，須當向國務院交通主管部門辦理提單登記，並交納保證金80萬元人民幣；每設立一個分支機構，增加保證金20萬元人民幣。保證金應當向中國境內的銀行開立專門帳戶交存。保證金的目的係用於無船承運業務經營者清償因其不履行承運人義務，或者履行義務不當所產生的債務以及支付罰款。但保證金及其利息，歸無船承運業務經營者所有。因此相較於國際貨物運輸代理業的話，無船承運業的開始設立門檻較低。但當設立的分支機構多時，所繳保證金是否合算，應該思考。國際貨物運輸代理業的最低資本限額雖爲500萬元人民幣，但其資金是可以靈活運用的；無船承運業的保證金則交存在專門帳戶，不能動用。

3. 國務院交通主管部門應當自收到無船承運業務經營者提單登記申請並交納保證金的相關材料之日起15日內審核完畢。申請材料眞實、齊備的，予以登記，並通知申請人；申請材料不眞實或者不齊備的，不予登記，並以書面通知申請人並告知理由。已經辦理提單登記的無船承運業務經營者，由國務院交通主管部門予以公布。

㈢營運管理

1. 經營無船承運業務經營者的運價，應當按照規定格式向交通運輸部門備案。交通主管部門應當指定專門機構受理運價備案。

2. 公布運價自國務院交通主管部門受理備案之日起滿30日生效；協議運價自國務院交通主管部門受理備案之時起滿24小時生效。無船承運業務經營者應當執行生效的備案運價。

3. 國際船舶運輸經營者在與無船承運業務經營者訂立協議運價時，應當確認無船承運業務經營者已依照本條例規定辦理提單登記並繳納保證金。

4.經營國際船舶運輸業務和無船承運業務，不得有下列行為：

(1)以低於正常、合理水平的運價提供服務，妨礙公平競爭；

(2)在會計帳簿之外暗中給予託運人回扣，承攬貨物；

(3)濫用優勢地位，以歧視性價格或者其他限制性條件給交易對方造成損害；

(4)其他損害交易對方或者國際海上運輸市場秩序的行為。

5.《海運條例》第六章定有各種處罰規定：

(1)第四十三條未辦理提單登記、交納保證金，擅自經營無船承運業務的，由國務院交通主管部門或者其授權的地方人民政府交通主管部門責令停止經營；有違法所得的，沒收違法所得；違法所得10萬元以上的，處違法所得2倍以上5倍以下的罰款；沒有違法所得或者違法所得不足10萬元的，處5萬元以上20萬元以下的罰款。

(2)第四十九條未履行本條例規定的運價備案手續或者未執行備案運價的，由國務院交通主管部門或者其授權的地方人民政府交通主管部門責令限期改正，並處2萬元以上10萬元以下的罰款。

(3)其他細節則由《實施細則》依法訂定之。

第三節　台商業者在中國大陸的發展

一、中國大陸市場規模

自1978年中國共產黨第十一屆三中全會召開後，確立鄧小平在黨內領導地位，並採納以經濟建設為中心，實施改革開放，努力建設四個現代化的政策。當時所訂下的政策，歷經30多年的治理，中國大陸的經濟發展取得重要成就，年經濟成長率平均達到9.8%。以中國大陸的經濟規模，這樣的成長率是相當驚人的數字。自21世紀以來，在中國所舉行一連串國際性活動，例如2008年的北京奧運、2010年的上海世博會和廣州亞運，中國都向世界展示了強大的實力。可說經過半世紀的發展，號稱「世界加工廠」的中國已成為世界政治經濟中不可忽視的力量。

分析高速經濟成長的原因如下：

1. 中國大陸土地遼闊，土地面積960萬平方公里，居世界第三位，海域面積473萬平方公里。人口數為13.5億，居世界第一位。2008年的GDP為7,916兆美元，居世界第二位，平均所得為6,546美元。2007年中國央行發布之外匯存底為13,326億美元（不含港澳台）。這樣的經濟規模，舉世無與倫比。除土地和人力資源之外，天然資源也相當豐富。中國的礦產據稱有171種，其中鎢、銻、稀土、鉬、釩和鈦的產量世界第一外，煤、鐵、鉛、鋅、銅、銀等的儲量均居世界之前列。近年來由於經濟起飛，國民所得大為提高，購買力大為增強。因此中國大陸的內需本身就是一個商機龐大的市場，例如她已躍居世界最大的汽車市場，吸引來自全球的目光。
2. 中國大陸的土地及人工成本都相對低廉，吸引了全世界製造業紛紛以中國大陸為生產基地。因此國外資金源源湧入，成為世界加工廠，帶動中國經濟起飛。經濟發展的需求，都和物流有關聯，因此現代物流商機無限。
3. 中國大陸的共產專制體制，使其在經濟建設發展方面，發揮極高的效率。以青藏鐵路建設為例，自2001年6月29日朱鎔基總理宣布動工起，到2005年10月12日止，全長1,142公里的鐵路即告完工。同年10月15日舉行全線鋪通慶祝大會，於2006年7月1日正式通車。因為青藏鐵路沿線地質複雜，海拔4,000公尺以上的路段就有960公里，其中終年凍土的地段有550公里，因此施工極為艱難。能夠在短短5年多之內完成，絕對是世界工程建設的奇蹟。姑且不論其背後的政治目的，其專制體制的優點確實發揮到極致。事實上以中國大陸這麼廣大的土地面積和眾多人口，只要統治者理念正確的話，專制體制是有利於國家建設的。從過去幾年中國大陸發展建設之迅速，專制體制之於中國應該是利多於弊。

4. 從江澤民、朱鎔基分別對物流發表重要看法以後，中國從中央到地方都已將現代物流的發展，明訂為重要經濟發展策略，列在「九五」、「十五」、「十一五」經濟計劃中。而中國大陸集權的決策模式，可以劍及履及，達到快速建設與發展。上海的城市建設即有「一年一變樣，三年大變樣」的說法，其建設非常快速。
5. 加入WTO以後，根據對世貿的承諾，市場很快就要全面開放。為迎接外來的挑戰，促使中國大陸必須加快腳步，做好準備，因此更是使其加倍速度發展。
6. 國際物流業者因看好中國大陸經濟發展，因此也紛紛將資金及技術注入，更加速其現代物流軟硬體發展的速度。

經濟發展和物流發展息息相關，以下再從中國大陸的物流基礎條件來探討其物流發展的潛力：

表3-1　2008年中國大陸物流統計

	單位	2008年	較2007年成長（%）	2007年	較2006年成長（%）
社會物流總費用	億元人民幣	54,542	16.2	45,406	18.2
運輸費用	億元人民幣	28,669	13.2	24,708	17.6
保管費用	億元人民幣	18,928	21.8	14,943	21.2
管理費用	億元人民幣	6,945	14.3	5,755	13.6
貨運總量	億噸	245	9.3	225	10.7
鐵路貨運總量	億噸	33	4.6	31	9.0
公路貨運總量	億噸	182	10.9	163	11.0
水運貨運總量	億噸	30	5.8	27	9.7
民航貨運總量	萬噸	403	0.3	402	15.0

資料來源：2008年台灣物流年鑑

表3-2　中國大陸發展現代物流的基礎條件

指標	2003	2004	2005	2006	2007
運輸路線長度（萬公里）					
鐵路	7.30	7.44	7.54	7.71	7.80
公路	180.98	187.07	334.52	345.7	358.37
高速公路	2.97	3.43	4.10	4.53	5.39

指標	2003	2004	2005	2006	2007
運輸路線長度（萬公里）					
內河航道	12.40	12.33	12.33	12.34	12.35
民航航線	174.95	207.94	199.85	211.35	234.30

資料來源：2008台灣物流年鑑

目前中國大陸的鐵路里程爲7.8萬公里。在網路結構提升方面，雙軌里程爲2.71萬公里，佔34.7%；電氣化則有2.55萬公里，佔32.7%。此外爲提高列車行駛速度，經過6次「提速改造」，時速120公里以上的路線達2.4萬公里、時速160公里以上的路線達1.6萬公里、時速200公里以上的路線達6,227公里，而時速250公里以上的路線達1,019公里。

在高速鐵路建設方面，中國大陸規劃興建7條高速鐵路，包括：珠三角城際鐵路、長三角城際鐵路、京津城際鐵路、京滬高速鐵路、武廣高速鐵路、杭甬深客運快線、京廣客運快線等。預計「十一五」期間將完成時速300公里以上的專線5,457公里，大幅提升鐵路運能。

公路運輸方面，目前（2008年）已有公路總里程數373.02萬公里，承擔中國大陸近三分之二的貨運量。公路基礎建設則以「五縱七橫」路網爲目標，這總共12條主幹線以高等級路面鋪設，高速公路等級即佔76%。將連接北京、各直轄市、各省省會、經濟特區、主要交通樞紐、以及對外口岸等，覆蓋人口百萬以上的所有都市和人口50萬以上城市的93%。

民航運輸方面，雖然所承運的貨量比例並不高，但民航快速安全的特性，在中國大陸這樣幅員廣大的國家，民航建設還是有其高度重要性。截至2008年底止，中國大陸民用航空機場有158座；至2020年，中國大陸民用航空機場總數將達244座，形成北方、華東、中南、西南、西北五大區域機場群。

集裝箱吞吐量：

2009年超過9860萬TEU，再加上香港的2040萬TEU的話，總量爲進1億2千萬TEU。因受到全球經濟蕭條之影響2009年雖較2008年衰退7.5%，但過去年成長率均超過20%，只能以瞠目咋舌形容。2009年排名在全球前十大貨櫃港之內的有六個，分別爲上海(2)、香港(3)、深圳(4)、廣州(6)、寧波(8)、青島(9)。在幾年之內前十大都是中國大陸的港口，是非常有可能的。

表3-3　2009年中國大陸十大貨櫃港排名

2009世界排名	港口名稱	櫃量（百萬TEU）	和2008年相比增長比率（%）
2	上海	25.00	−10.7
3	香港	20.98	−14.3
4	深圳	18.25	−14.8
6	廣州	11.19	1.7
8	寧波	10.50	−6.5
9	青島	10.26	−0.6
11	天津	8.70	2.4
19	廈門	4.68	−7.1
21	大連	4.55	1.1
35	連雲港	3.02	1.7

資料來源：Containerisation International, March 2010

中國大陸貨櫃港在世界的排名也可以看出其增長率也是相當驚人的，因此近年來名次都在快速竄升（表3-3）。儘管2009年中國大陸幾個主要貨櫃港吞吐量有不少衰退，但其佔亞洲地區貨櫃量的比例還是從2008年的57.7%小幅提高到58%。2009年總吞吐量排除香港爲9,860萬標箱。其中廣州因南沙港啓用，加上至昆明和長沙貨櫃專屬列車（block train）的開通，因此2009年保持小幅成長；至於環渤海灣諸港則因貨品加工以輸往亞洲中東和南亞市場爲主，並未受到歐美經濟衰退太多影響，也一樣保持些許成長。隨著經濟風暴逐漸解除，相信2010年將有大幅改善。

由於大陸幅員廣大，因而根據不同地區的經濟發展狀況和特性制定「全國沿海港口布局規劃」，將沿海港口劃分爲環渤海、長江三角洲、東南沿海、珠江三角洲和西南沿海五個港口群體，形成煤炭、石油、鐵礦石、貨櫃、糧食、商品汽車，與陸島滾裝等7個運輸系統的布局。[2]

過去挾其土地和勞動成本低廉之優勢，中國大陸的經濟快速成長，各貨櫃港在2008年之前平均增長率高達20%以上。不過這一兩年的問題也逐漸呈現，各種推測未來經濟成長將趨緩，但中國大陸的經濟實力是絕對不容忽視。

再從中國大陸的生產力來看（如表3-4），亦可發現其市場規模之龐大：

表3-4　中國大陸國民生產力成長

	2001年實際值	2001-2010平均成長	2010年預測值	2010-2020平均成長	2020年預測值
GPD	95,933億美元	7.5%	183,926億美元	6.0%	329,384億美元
國民所得水準	3,611美元	7.1%	8,332美元	5.5%	14,232美元
外貿進出口總額	5,908億美元	9.0%	10,000億美元	7.0%	20,000億美元

從以上分析和數據的佐證，都可以看得出來中國大陸的經濟總量和外貿量的規模。經濟的持續成長，必然帶來金流、物流、人流及資訊流大規模、大範圍的轉移，這將構成中國大陸對物流大量需求的基礎。國際物流非常依賴市場規模，因此中國大陸成為台灣業者所積極開發的一塊寶地，主要的海運承攬運送業者都已進入大陸布局。

二、兩岸業者的SWOT分析

茲將兩岸發展現代物流的SWOT列是如下（表3-5）：

2 資料來源：2008年台灣物流年鑑，第貳篇《中國大陸物流發展現況與趨勢》。

表3-5　兩岸的SWOT分析

Strength	Weakness
1.幅員廣大、人口衆多 2.經濟起飛、外資湧入 3.基礎建設快速改善 4.市場規模大	1.運輸系統混亂 2.各地執法不一 3.管理人才不足 4.管理制度落後 5.國際網絡不全
Opportunity	**Threat**
1.兩岸同文同種 2.廣泛台商為後盾 3.先進的管理技術 4.大陸發展物流政策確立 5.加入世貿後，市場開放	1.兩岸政治角力 2.市場激烈競爭 3.業者普遍財力不足 4.人治的社會 5.人民觀念跟不上來

茲分別比較說明如下：

1.強弱分析

相較於台灣，中國大陸幅員之廣大，人口之衆多，台灣是絕對難望其項背的。過去由於其市場未開放，因此經濟發展緩慢，外界也對其不夠了解，故被稱爲鐵幕。近年來則因採對外開放政策，挾其低廉的土地及勞工成本，吸引大量外資湧入，其中台商也扮演了很大的推力。因此帶動了中國大陸經濟快速起飛，在國際市場上的競爭力，可謂所向披靡。基礎建設方面，也快速改善，高速公路四通八達，更加提升了在國際市場上的競爭力。

不過中國大陸也存在不少不利於經濟發展的因素，例如：各地的運輸系統紊亂，亟待改進；人治的社會，貪污及侵害人民權益的事例，幾達無法無天的程度，多少給社會公平帶來負面的效應。各地方政府對中央下達的指令，也執法不一。而因爲社會發展速度太快，因此不免有制度不全及人才短缺的問題，國際網絡建構也趕不上經濟發展。

2.機會與威脅分析

兩岸人民使用相同語文，很多台灣人的祖先都來自對岸，這種血濃於水的關係，是任何其他國家所無法比擬的。台商投資已超過600億美元以上，除了給中國大陸創造就業機會，爲其經濟發展創造條件之外，也替台商企業發展，創造第二春，因此是互惠互利的。眾多在中國大陸的台商，也可作爲我國貨運業者的後盾。至於台灣因爲對外開放得早，因此擁有較先進的管理技術及資金，也正是中國大陸經濟發展之所需。而如前面所述，大陸發展物流政策已經確立。以其一黨專政之本質，決策速度可以劍及履及，快速啓動。尤其是中國加入WTO以後，市場已全面開放。2008年國民黨政府重回執政後，兩岸關係迅速升溫。兩岸海空運已通航，兩岸經濟協定ECFA完成簽署，兩岸合作進入新紀元，機會無限。

不過由於中國大陸幅員廣大，各地文化各異，台灣業者習慣於單打獨鬥的策略到中國大陸必須有所調整。

三、台商業者進入中國大陸之道[3]

雖然台商業者進入中國大陸相較於其他國家佔有一些優勢，但由於兩岸的政治隔閡，我們的政府在兩岸商務糾紛的處理往往使不上力，更遑論像其他國家政府可以帶著業者進入，替業者創造有利條件。世界各國業者要進入中國大陸多透過政府從旁協助，暫且不談美國及歐洲因有強大政治力以及和中國有龐大經濟利益關係，其政府往往扮演牽線的角色不說，就以鄰近的新加坡、日、韓爲例，說明如下：[4]

1. 新加坡：政府出面從旁協助，全力開發蘇州工業園區，爭取到全中國最早實施電子報關的海關，2004年8月又成立全國第二個B型保稅區，讓製造業及第三方物流業均能受惠。
2. 日本：日本政府爲加強中日兩國在資訊化領域的合作，由大陸國家發展計劃委員會與日本通產省合作爲期4年之計劃。另外日本製造業或流通業也和物流服務公司搭配，一起進軍中國大陸市場。

---

3 本節部分資料節錄自上海華空諮詢有限公司之簡介，該公司電話為+86-21-3608 0006

4 資料參考「2004台灣物流年鑑」 P. 172-173，經濟部商業司，2005年8月。

3.韓國：切入方式與日本很類似，韓國政府爲幫助其中小企業開拓中國市場，韓國產業資源部於2003年著手規劃，擬在青島興建「出口物流中心」。該中心將常年展出韓國中小風險企業所研發的尖端產品，並以此地爲出口的洽談場所。同時，「中心」還將對當地市場進行分析，發掘有競爭力的商品，並對中小型貿易商提供一定的支援。藉由製造業與貿易商的投入，可同時帶動物流服務業進入中國大陸市場。

反觀台灣方面則自從「戒急用忍」政策以後，官方層級的溝通管道幾乎完全封閉，直到2008年國民黨重回執政之後，兩岸關係才快速加溫。過去的政府不但使不上力，甚至往往成爲負面的因素。在此情況下，我們的業者大多只能單打獨鬥，因此備感辛苦。幸好台灣業者的韌性與靈活度都夠，故在中國大陸這一塊市場也並不缺席，不少人也打出一片不小江山，實在應該替業者喝采。不過中國大陸幅員實在太大，單兵作戰的布局，成效恐怕有限。如何布局，業者還是應該要有更深層的一些思考。而ECFA簽署後的效益，值得期待。

中國大陸市場已完全開放，因此要進軍中國大陸的話，建議循正規管道，正式申請註冊登記國際貨運代理業或無船承運業，說明如下：

1.申請成立國際貨運代理業

依中華人民共和國國際貨物運輸代理業管理規定第2條：「稱國際貨物運輸代理業者，是指接受進出口貨物收貨人、發貨人的委託，以委託人的名義或以自己的名義，爲委託人辦理國際貨物運輸及相關業務並收取服務報酬的行業。」營業內容廣泛（第9條），資本額爲500萬元人民幣。因此成立貨代是進入大陸從事物流業可行的途徑。茲將相關要點說明如下：

(1)頒發執照單位：中華人民共和國商務部。

(2)證書效力：允許獨立企業在中國大陸經營貨運業務。

(3)註冊資本額：不少於500萬元人民幣。

(4)證書有效期限：三年（期滿須再審核）。

(5)許可範圍：「為接受貨主委託，從事以下服務：攬貨、訂艙、包艙、空運、租船、國際多式聯運、倉儲、併拆箱、繕製單證、簽發提單、報關、報驗、報檢、結算運雜費等。」

(6)申請資料：申請書、可行性研究報告、投資者的企業法人營業執照有效複印本、董事會決議、企業章程、法人代表簡歷及身分證明、資信證明、投資者出資協議、企業名稱預先核准函、提單式樣。

2.申請成立無船承運業（non-vessel operator，NVO）

依中華人民共和國國際海運條例第7條第2項：「所稱無船承運業務，是指無船承運業務經營者以承運人身分接受託運人的貨載，簽發自己的提單或其他運輸單證，向託運人收取運費，通過國際船舶運輸經營者完成國際海上貨物運輸，承擔承運人責任的國際海上運輸經營活動。」

中華人民共和國交通部自2002年開始受理註冊無船承運人。茲將要點說明如下：

(1)頒發執照單位：中華人民共和國交通部。

(2)證書效力：允許獨立企業在中國大陸經營海上承運業務。

(3)註冊資本額：不少於50萬元人民幣。

(4)保證金額：總公司不少於80萬元人民幣，每增設一分公司再增加20萬元人民幣。

(5)證書有效期限：三年（期滿須再審核）。

(6)許可範圍：除了報關以外的貨物代理、承運業務。

(7)申請資料：申請書、可行性研究報告、主要投資者協議書、提單登記申請書、交納保證金證明書、企業法人營業執照、提單樣本、兩名高級管理人員從事國際海運業三年以上資歷證明。

由前面所述可悉，無船承運業與國際貨代業是有多方面差異：

(1)主管機關不同：前者是交通部，後者是商務部。

⑵業務範圍不同：前者較窄，只限訂艙、簽單及收取運費三項，後者則營業項目多得多。

⑶資本額要求也不同：前者較低，但另須加繳保證金，總公司爲80萬元人民幣，每增一分公司再增繳20萬元人民幣。對國際貨代業則無保證金的要求，但資本額門檻則相對高很多，爲500萬元人民幣。

⑷申請設立無船承運業有「兩名高級管理人員從事國際海運業三年以上資歷證明」的資格要求，國際貨代則無。

因爲國際貨代業的營業內容甚廣，如果沒有相當的資金的話，恐也不易爲之，因此500萬元人民幣資本額的限制並無不妥。至於申請無船承運業或國際貨代則視營業活動內容而定，初期規模不大時，所需只是像船舶運送人訂艙、簽發提單及收取運費等，或許無船承運業批文已可符合需要。但在業務展開、業務內容增加以後，無船承運業執照的有限營業內容將不敷需求。這時應考慮申請國際貨代執照，才能符合營運所需。

3.在中國大陸經營的問題

中國大陸幅員廣大，各地區的發展重點也各有特色，因此並沒有絕對有效的方法，基本原則是看自己實力與資源取得之方便而定。先驅者不見得就一定搶得先機，後來者也不一定就要靠邊站，這是一個充滿機會的市場[5]。不過進入中國大陸會面臨以下問題：

⑴由於中國大陸領土幅員廣大，因此對我們業者的人力、財力都是一大考驗。在台灣，台北、台中、高雄三地各成立個總分支機構，大致就足以服務全台了。但在中國大陸，從沿海到內地，設30到40個服務據點都還不夠。布點到這種程度的話，人力、財力確實是一大考驗，而且管理也是大問題，這對台商、外商都是

5 前北京台商協會會長就曾說，成功立足中國大陸的台商都是那些挑最好人才並全力以赴的企業；失敗的則是抱著玩票或玩樂心態進入的業者，足為參考。

嚴峻的挑戰。

(2)由於思想文化的差異，大陸員工對企業的認同和忠誠度也有很大差異。事實上在其經濟快速發展的步調之下，年輕人有很多選擇的機會。好的機會一來，他們多半會毫不猶豫地另謀他就；此外年輕的業務人員也常有所謂「飛單」的行為，就是把利潤不好的貨載留在公司；外面有好的回扣的話，便把利潤好的業務「飛」給別家。此種行為往往不易察覺，造成人員管理的困難。

(3)外商和台商在中國大陸缺乏在地優勢，除非國外網絡強，否則不容易拼得過中國大陸的本地業者。大陸本地業者要找人「喬」些問題很容易，這就是所謂的在地優勢。外面進去的公司就沒有這種優勢，即使受到不公平待遇，多半只好忍氣吞聲。連船東代表都不太敢答應協助解決某些問題，例如報價和船位等。或許覺得不可思議，但事實就是如此，這是「在人屋簷下，不得不低頭」的真實寫照。

(4)中國大陸的業者家數太多，市場惡性競爭的程度尤甚於台灣；為達到國外代理高額退費的目的，大陸貨載的國外當地（local charge）收費和其他地區不同，並且差數不小，令貨主難以理解。

(5)貨櫃碼頭的自主性高，不見得聽命於船公司。因此有特殊狀況時，連船公司都不見得幫得上忙，有異於其他國家和地區的做法。

總而言之，中國大陸確實在領土面積和市場規模方面都和我們過去的經驗不同。不過因台灣市場有停滯甚至衰退的問題，業者還是不能裹足不前。因此宜早日進行研究和規劃，及早進行布局。

問題與討論

1.請說明《航業法》的條文規定。

2.請依照《海運承攬運送業管理規則》說明申請設立程序。

3.請說明開始營運以後的管理規定。

4.請研討《中華人民共和國國際貨物運輸代理業條例》和《中華人民共和國國際貨物運輸代理業管理規定實施細則》內容。

5.請研討《中華人民共和國國際海運條例》和《中華人民共和國國際海運條例實施細則》內容。

6.請說明中國大陸物流市場規模。

7.請分析兩岸業者的優劣勢、機會和威脅(即SWOT分析)。

8.台商業者如何進入大陸市場?應該注意哪些問題?

第四章

海運承攬運送業的人力資源與組織

本章摘要

本章分成兩節，第一節討論人力資源的基本概念。人力資源是所有服務業最重要的資產，海運承攬運送業當然也不例外。一開始先介紹人力資源的基本觀念，其次討論人員晉用，有經驗和沒經驗者的優缺點；其三討論業績獎金制度。第二節討論海運承攬運送業的組織。不管規模大小，企業要順利運作，收事半功倍之效果，一定要借助組織之力量，發揮團隊精神。本節即在討論各部門功能，並試擬一個組織圖。

前面章節已有說明，海運承攬運送業的成本結構和船舶運送業有很大的差異。後者主要的成本是在造船、造櫃及燃油消耗方面，人事成本一般只佔營運成本約3-5%；但海運承攬運送業的成本結構則相反，他們一般未在運輸設備方面做投資，爲非資產性（non-asset based）的，人員成本爲其主要營運成本，佔60-70%左右。因此人力資源的運用是海運承攬運送業成功的兩個主要因素之一，[1]本章擬就海運承攬運送業的人力資源之開發及組織運用作探討。

第一節　海運承攬運送業人力資源的基本概念

人力資源（human resources）傳統稱爲人事（personnel），因爲從前

[1] 另一個因素是服務網絡（service network），將在第六章中作探討。

注重的是對人的管理。但現代稱爲人力資源，所注重的是把人當成是企業的資產，因此要對人資源的開發，以發揮其最大效用。人力資源具有以下特性，爲對此資源首須認知者：

1. 人力是最昂貴的資源，同時其成本隨著時間經驗的累積提高。這個特性在海運承攬運送這個行業尤其明顯，因爲人事費用爲本業最主要的投資與經營成本。因此對人力資源的規劃與運用，必須引導提高每個人的生產力（productivity）。
2. 人是有創造力的，價值無窮，因此是企業最寶貴的資產。除了極少數頑劣份子外，大部分人都有自我要求、自我激勵、追求自我成就（self-achievement）的傾向。因此組織的設計，應創造一個因勢利導的環境。使大家能盡情發揮創意，和企業互蒙其利。
3. 每個人都有自己的意志和情緒，才能特性亦有不同。因此應適才適所，讓每人發揮其長處，以有助於其業的發展。像是有些人適合做外務，有些人則適合做內勤。因此須考慮其特性，用其所長。
4. 每個人也有不同的需求（demand），對事情的要求，往往會從自己的角度出發來解讀。同一件事情，不同人的感受與要求也往往不一樣，因此可謂人是最難管理與滿足的。領導者必須有自己的判斷與原則，但最終以達成企業整體目標爲依歸。
5. 海運承攬運送業係高度國際化且高度競爭的事業，因此人力規劃上也應考慮到這些特性與需求。
6. 對一個要可長可久且想要成就大企業的經營者，要學著用組織及制度來運作，憑個人感覺走是很危險的。部門及主管要權責分明，各職所司。管理學上有所謂管理跨距（management span）的問題，一個人的管理範圍超過管理跨距後，沒效率及管理問題就容易產生。

成功的企業家莫不約而同地強調「人」的重要性。從了解上述「人」的特性之後，經由企業文化的塑造，凝聚同事的共識與向心力；結合團隊的力量，朝向組織目標努力，這就是企業成功的關鍵。

至於大家常說的「企業文化」究竟是什麼？企業文化乃是一種無形的東西，但即使看不到，它卻影響著一個組織的運作與力量。例如當你走進到甲公司與到乙公司便可以感受到一種不同的氣氛，甲公司可能嚴肅保守，乙公司充滿溫馨卻不失其拼勁，丙公司則相當勢利短視，這都是一種企業文化的表現。施振榮先生在其《再造宏碁》一書中，對企業文化有段相當深入的詮釋，特地將其引述如下，以供參考：

「企業文化是一群人共同的價值觀。它的產生，除了要有相同的目的、願景之外，對做事的原則與方式也必須認同。它絕不是口號，而是日常的實際行動。」

施先生認爲，企業文化的建立有三個關鍵：

1. 企業文化的形成決不是單靠一個人，或是幾次精神講話就可以做到的，而是要各階層緊密相繫，薪火相傳。
2. 企業文化也決不是嘴巴說說而已，必須親身力行。不只落實到制度，更進一步地，必須貫徹到決策當中。
3. 企業文化的口號，要隨執行情況的發展做必要的調整。

善哉斯言！簡單講，企業文化是一群人共同的價值觀。當一個企業的主持人是以威脅利誘的態度領導公司的話，公司自然形成這樣的一股風氣。相對的，如果上位者是以謙沖待人，視企業如同大家庭，同事之間則親似兄弟姊妹，公司內部也會形成一種四海之內皆兄弟的氣氛，對人充滿熱情。這便是各該公司的企業文化了。海運承攬運送業因爲處在激烈的競爭環境，因此從業人員一般比較有拼勁，這樣的文化與船舶運送業有很大差異。注重整櫃貨的企業和注重併櫃貨的企業，文化也有所不同。再者，一個人在接受某種企業文化以後，往往對另一個企業的文化會有適應上的問題。這些都是企業文化雖爲無形，但卻有其神奇之處。因此在上位者必須凝聚組織成爲一股共識，造就一個良好的企業文化，這是上位者對企業所無可躲避的責任。

由於人力資源具有前述特性，因此如何讓人的潛能盡量發揮，除傳統的人事管理之外，必須有更積極的作爲。應加入組織的規劃及組織的價值觀與文化塑造等，使組織在周圍的強大競爭之下，發揮積極的力量。經由這些力量的展現，使所有同仁在朝向公司的目標努力之外，也能實現個人目標，相互成就。就依賴人力資源甚深的海運承攬運送業而言，這些觀念的建立，更加重要。對人力資源意義具有上述認知後，茲再就海運承攬運送業人員的進用與激勵說明如下：

一、人員的晉用

試著回想我們進入職場的第一份工作吧！它可能影響著一個人的一生，因此是非常重要的。不過對於未來的演變，是任誰也說不準的。曾經有一位自栩會幫人算命的朋友談到算命的「學問」，他說算人的過往事情比較準確，但算人的未來則因會受到其他因素的影響改變，大多不甚準確，僅能參考。其實由於未來的不可預知，也正是人生的趣味和挑戰，否則將失去生存的動力。新人的進用，可分成有經驗的和無經驗的兩類，兩者各有其優缺點，茲分析如下：

㈠有經驗的

1.優點

⑴加入企業以後可立即上線，可在短時間內爲企業帶來貢獻，並且省卻培訓的時間與成本。有某業者自公司成立以來，便到處挖角，自己基本上不願在培訓方面做投資。讓受到影響的業者，氣憤不已。

⑵其經驗可傳承給組織內其他人，這一點在發展新業務時，尤其有明顯的效益。即使像長榮集團這麼堅持聘用新人的企業，在成立長榮航空之初，他們一樣也從其他航空公司招聘了一批有經驗的人員。只是來自不同企業文化背景的人，要相互融合在一起並不是件容易的事。如果企業沒有特別注意這方面的問題的話，同事

間可能會產生摩擦，導致很多人無法久留。原先雙方的美意，結果成為一場空。

(3)可將原有人脈關係，包括：客戶、船公司、同業，甚至國外代理等帶進公司，迅速拓展公司的發展空間。

因此有經驗的人員是有不少優點，不過缺點也不少，列述如下：

2.缺點

(1)企業對有經驗的人員通常必須支付較高的代價，這就是一般稱之為「高薪挖角」或國外常有所謂簽約金等的由來。這些有經驗的人，可能在跳槽時，對頭銜及價碼的要求都越叫越高，造成公司沈重的負擔；甚至跳槽成為習慣，擾亂公司正常運作。

(2)各個公司企業文化上的差異在所難免，常使有經驗的人員在新單位產生適應上的一些困擾。只要在融入新環境時遭遇困難而有所不滿，且在他的優點尚未得到發揮之前，往往又會再次萌生離職的念頭。對組織不但沒有帶來好處，反而產生更多的困擾。

(3)造成舊同仁對其適應不良的問題，產生所謂空降部隊的效應，反而打亂了公司原來的氣氛。

因此使用有經驗的人固然有其好處，但負面的問題其實也不少。企業如果選擇這一途徑的話，內部必須營造一個讓有經驗的人能夠發揮的環境，否則缺點恐怕是大於優點。

(二)沒有經驗的

也就是聘用社會新鮮人，讓其到企業從頭學起。使用其優缺點分析如下：

1.優點

(1)社會新鮮人剛起步，因此人事成本較低。

(2)社會新鮮人年輕、充滿活力與幹勁，可帶給組織朝氣。

(3)社會新鮮人無舊組織的包袱，可塑性高，比較容易自然融入公司的企業文化中。

2.缺點

(1)組織對社會新鮮人需施以培訓，增加企業的成本。

(2)在人力緊縮的組織中，對社會新鮮人的訓練常使現有人員在正常事務之外，增添負擔，容易招來抗拒。

(3)社會新鮮人因缺乏經驗，容易發生作業錯誤，造成公司困擾與公司負擔。

(4)培訓完成後，可能會被其其他公司挖角，形成公司的資源浪費。有人就開玩笑地說，這種公司是訓練班。

由以上的分析可知，不管晉用有無經驗的人員，均各有其優缺點。一般而言，對新公司或新業務，可考慮聘用有相關工作經驗的人，俾收事半功倍的成效。但對已穩定成型（well established）的公司或業務，採用無經驗的社會新鮮人，施以適當的培訓以後，往往可以收到很好的效果，不妨多考慮。沒經驗的社會新鮮人固然需要企業給予一段時日栽培，但當其融入公司文化，並且體會到工作要領之後，往往可產生不錯的效益。不過由於時代變遷及社會觀念的改變，新人類往往抗壓性較差。如今海運承攬運送這個行業處在高度競爭環境之中，讓社會新鮮人進入這個行業備受辛苦，確實值得體諒，因此不要對他們太過苛責。而有經驗的人則往往求好心切，力求表現，會要求公司資源的配合，容易造成現有組織的混亂，因此不見得會對企業帶來好處。儘管如此，如何取其平衡，並非易事，有賴經營者的智慧。

二、對人員的激勵

根據管理學的理論，人隨其在組織中不同的層級，會有五種不同需求。因此針對不同階層的人員，應有不同的激勵方式，不過這不是本書所要探討的重點。本節擬說明組織規劃及業績獎金，並舉一實務操作之案例，以供參考如下：

(一)組織規劃

所謂「人往高處爬，水往低處流」，任何人在進入一個組織以後，莫不希望可以發揮所長、一展身手，並獲得逐步往上爬的的機會。有些主管或經營者認為只要薪水可以說得過就行了，頭銜不重要，這樣的想法並不正確。固然有人不想當主管，只想做業務人員，顧好自己業績，但這必定是少數人。頭銜象徵組織對個人能力的肯定，是非常重要的。故對組織的規劃，應朝向讓個人適才適所獲得成就的方向設計。此外每個人的能力均各有所長和所短，因此應該善用其長處。在協助個人達成公司目標之外，也要能滿足個人的成就慾望，組織自然能夠平順運作。最後組織系統應將權責規劃清楚，切勿造成指揮系統的紊亂，尤應注意避免有權無責或有責無權的現象。

組織的運用在一個企業內部確實非常重要，這就好比一個作戰部隊，必須指揮系統清楚，部隊才能發揮戰力，企業組織也是一樣。組織並沒有放諸四海皆準的原則，但核心理念是要讓組織有清楚的系統及組織目標，使組織成員知所適從。至於組織好壞的判定原則是以能否讓企業成員盡情發揮，滿足自我成就（self achievement），並達成企業目標為準則。

其次要視企業目標與規模來規劃企業組織。以海運承攬運送業而言，如果公司規模不大的話，可能在業務單位方面設立營業部（business department）及作業部（operationdepartment）就足夠了。但當業務逐步擴大之後，單是營業部及作業部可能不足以符合業務需要，這時須進一步將重點航線如北美、歐地、亞洲等獨立出來，以加強作戰能力。一般來說，本地的海運承攬運送業多未涉及實體操作的部分，因此組織架構也比較單純。

不過組織架構是一回事，如何發揮組織功能，執行與落實企業的決策才是重點。你要採用集權式或民主式的管理模式？兩者各有優缺點，這是企業經營者必須仔細考量的事。不過其選擇受到各種因素的影響，往往只能意會，不能言傳。所以說一位好的管理人才是天生的，不是靠後天學習的。我國海運承攬運送業者多屬中小企業，因此經營者多習慣凡事一把抓。結果把自己弄得相當辛苦之外，也留不住人才，公司格局也就無法坐大。例如有一位業者朋友就相當感慨他的公司還不能邁進中國大陸，因爲公司似乎沒有可以擔此大任的人才，必須等到他才18歲的兒子長大，並加入他公司以後才能進行中國大陸的布局。這樣的想法顯得太保守，會影響到他的業務發展，並不足取。總的來講，經營企業絕對不是表面上所看的那麼容易，經營者也不總是那麼輕鬆自如。

㈡業績獎金

海運承攬運送業的行業特性，基本上是以利潤爲導向的，也就是所謂業績掛帥。除少數公司採固定薪水者外，多採業績獎金制度。即在基本薪資維持基本生活之需外，另訂有根據業績提成制度。使個人努力得到適當的回饋，以激勵士氣，這是海運承攬運送業與船舶運送業在薪資結構上最大的差異之處。後者多採固定薪資制，前者則多訂有業績獎金制度。所以一位傑出的海運承攬運送業務人員，薪資加上獎金而月入20到30萬元，在這個行業比比皆是。海運承攬運送業的業績獎金之計算，由於營業成本很明確，因此業績毛利的計算很容易，故每月業績獎金的計算一點都不難，和一般的服務業一樣。

業績獎金的制定原則如下：

1. 業績獎金制度應有引導全體員工朝向更高目標追求的功能，不應僅視爲基本薪資以外的另一份薪水。因此在企業組織方面，應運用整體資源取得有利條件，協助業務人員達到業績目標，領取獎金。例如加強與船公司的關係，以取得艙位與好的運價成本；或建立好的國外代理關係，取得良好服務與退費金額和指定貨等。這些有利條件企業必須以整體實力，始能爭取而來。這就好比公路監理單位必須把道路鋪好，車輛才能夠走得平順。相對的員工也須體會自己能有好的業績表現，是企業整體團隊和運價條件的體現，不能恃寵而驕，甚至有貳心。其次，業績目標不能高不可攀，否則將很難達成。目標難達成的話，便容易流於形式，失去激勵作用，人員就會流失。經營者須體認到員工固然得到高額獎賞，其實企業也是贏家，因此不用擔心員工拿到高所得。員工收入越高，公司受益也就越多。曾有某位業績突出的從業人員說自己結婚生子、買車子、房子，都是公司所給予的，所以他非常感謝公司對他的栽培。其實公司更應該感謝他才對，因爲有他的付出，公司才能成長茁壯。這樣的結果是非常值得期待的，畢竟海運承攬運送這個行業需要的就是這種同心協力的工作伙伴。

2. 組織目標的達成係全體員工共同努力的成果，因此各部門的貢獻程度縱然有所不同，但業績獎金的設計應將各部門的努力都列入考慮。不論第一線第二線的同仁，都一樣致力於達成公司目標。因此應該要訂定一個力求平衡的制度，讓各部門都能夠分享成果。才能使大家同心協力，發揮團隊精神，Work as a team。

3. 業績獎金運作不當的話，很容易遭致反後果。因此，制度本身應相當透明，讓當事人了解遊戲規則，自己就可以大略計算。此外何時支付業績獎金，哪些原因會暫時扣發等，也都必須規定清楚，以免誤解。金錢是所有人都很敏感的，要避免沒必要的誤解。業界某公司雖然訂有業績獎金制度，但該制度似乎只有老闆夫婦知道。常常每次發放都要看老闆心情，時多時少。弄得公司人才大量流失，實在是得不償失。

4. 無業績獎金制度而採單一薪俸的話，恐不容易留住好的人才，會有劣幣驅逐良幣的問題，應予注意。

㈢業績獎金制度之實務操作

依據前述原則，茲就實務經驗，探討不同部門的業績獎金制度，以供參考如下：

1. 業務獎金

業務獎金是針對業務人員所訂之獎金制度，以其個人業績額爲計算基礎。一般原則是設定基本回饋額度，超此額度以後，開始提成給予業績獎金。達成業績越高，獎金比率也越多。須訂基本回饋額度的原因是爲維持公司營運，企業經營者必須提供營運資源，管銷費用也相當可觀，例如辦公室費用、管理人員薪資、貨主欠費等。因此業務人員必須對公司適當回饋，企業才能維持下去。儘管如此，在營運不佳的時期，仍不免有公司尙處虧損狀態，業務獎金卻仍須照發的情形。不過制度若已制定，企業即必須遵照辦理，才能建立互信。舉例言之，假定某業務人員的底薪爲3萬元，基本倍數爲4的話，則其基本回饋目標即爲12萬元，超越此目標的部分可享20%的業務獎金。如其業績達成15萬元的話，則超出爲3萬元，故此業務人員可享受30,000×20% = 6,000的業務獎金。有些公司是以單一比例爲計算方式，例如一律15%；也有分級距（tier）者，例如超過基本數12萬元後的第一個10萬元爲16%、10-20萬元爲18%、20-30萬元20%、30-40萬元爲22%，之後爲24%等等，分級制度便具有鼓勵同仁追求更高境界的激勵作用。也有些業者爲了挖角，提供到40-50%的業務獎金，有點類似分紅的方式。不過這樣高的業績獎金比例並不正常，業務人員必須知所判斷。一個公司的業務獎金比例高低，往往和公司可用的資源及獎金計算方式有關，前者例如公司所提供服務航線範圍大小及所拿到船公司運費條件好壞等，後者則如是否包含國外退費等。應該要解釋清楚，以免造成誤解。由於海運承攬運送業的營業成本明確，因此計算業務人員的業績金額並不難。報給貨主的賣價扣除向船公司取得的買價之後，就是毛利，每月再將各比貨載毛利用電腦累加就能得到業務人員的當月業績了。不過對業務人員的業績獎金之支付，倒有四點值得提出說明：

⑴獎金的支付時機應在所有運費都結清之後，因爲實務上存在有運費月結的做法，因此獎金應在裝貨完成之後2到3個月內支付。

⑵實務上普遍有讓客戶欠帳的慣例，因此遇有客戶倒帳情事時，應將倒帳金額自利潤計算中剔除，才屬公平。如果先前已經發過業務獎金，則事後於倒帳確定後，應該將先前已發之業務獎金追回，才算公平。

(3)由於現階段市場行情相當差，業務能否維持，往往視國外的退費（refund）高低而定。對退費當然也應於計算業務人員業績時，一併考慮。否則業務人員的業績目標，在目前的市場之下，恐無法達成。則獎金制度將只是畫大餅，最後流於形式，不具意義。

(4)有特別推廣某些航線或某種業務時，可以再提撥額外的業務獎金。前者例如在一段時間內主打歐洲線時，該期間可特別提高歐洲線業務獎金；後者例如特別強調併櫃貨時，則對達到某個米數時，特別再加發獎金等。

2.運務及文件部門獎金

此部門給付業績獎金的計算方式較多，舉例言之：

(1)以部門（team）業績爲計算標準：整體達成目標時，即予提撥適當獎金給各位OP及文件人員的方式。例如假設部門目標爲新台幣50萬元，當達成此目標時，每位運務（OP）及文件人員各可享若干業績獎金。

(2)以開櫃量爲計算標準；爲鼓勵OP多開併櫃，可採此方式。比方每個20呎櫃，獎金新台幣300元；每個40呎櫃，獎金新台幣700元。再由部門同仁依級職分配之。

(3)以做提單的單量爲計算標準：例如每張提單獎金爲15元的話，如果當月單量爲2千張時，獎金爲3萬元。再由部門同仁依級職分配之。

上述方法各有千秋，以能激勵員工士氣爲目標，應予仔細規劃與設計。

3.支援部門獎金

前面說到，公司的業績乃全體人員共同努力的成果，故對業務及OP以外的支援部門，包括：會計、財務、總務、人事等，亦應列入業績獎金的制度，才不致顧此失彼，造成部門間的矛盾。至於其給付方式之一，可參照前述兩項獎金總額爲基礎，由公司依此提撥某一比例，如15%，作爲支援部門的獎金。部門人員再依級職高低分配之。這樣所有部門的利害就相互關聯，形成爲一個休戚與共的生命共同體了。

4.部門主管獎金

對部門主管以領導部門同仁達成部門業績目標爲職責，因此也應依部門難易度和市場規模條件，制定部門目標。當達成部門業績目標時，主管可獲發若干獎金，以期部門主管能花心思和時間在部門的管理工作。若沒有這個機制的話，將產生主管的待遇較屬下爲低的現象，這樣的話有誰願意認眞領導部門。也有些公司將業務獎金制度適用到部門主管階層，這樣的好處是主管不至於脫離市場，但缺點則容易造成主管與屬下相互爭取客戶，且主管可能不願花太多心力在部門管理上，以免影響到業績的表現，這樣絕非公司之福。

5.管理階層獎金。

管理階層是以整個企業經營爲職責，因而獎金制度應以整個企業的經營成果爲基礎。當達成某個整體目標時，他們可以依企業毛利或淨利的若干比例領取他們的業績獎金。

總之，將公司所有成員都納在各自的獎金制度之下，以使大家的努力都獲得該有的報償，是制定獎金制度的目的。這樣將使同事當自己的老闆，以刺激發揮人力資源最大效果。這樣的觀念應該值得所有以人爲本的服務業考慮，海運承攬運送業亦然。

第二節　海運承攬運送業的組織

第一節係就人力資源的基本概念所做說明後，本節擬就海運承攬運送業的組織做探討。海運承攬運送業因不同業務性質，各公司組織或有不同。但如予做大分類的話，海運承攬運送業的組織一般會有國外部、營業部、運務部、文件部、專案部、行政管理部等，茲分別說明其功能如下：

一、國外部（overseas department）

國外部負責國外代理往來事務。國外代理是海運承攬運送業經營的要素之一，因此國外部負有重要功能。歸納之，本部功能如下：

1. 國外代理合作條件的洽談、訂定合作協議等。海運承攬運送業一般只和國外代理簽立簡單的合作協議，甚至只是電子郵件往來確認，便開始合作關係。因此合作期間訊息的掌握，更形重要。
2. 與國外代理合作期間關係的維持，包括相互客戶的聯繫、買價與賣價資訊的交換、市場資訊的交換及與代理互訪時的接待等。
3. 和國外代理合作有異常情況時的處置。國外代理生變時，最重要的是相互帳款的結算支付和穩住客戶的關係。合作的開始比較容易，合作的結束反而是比較困難的事，尤須注意。

國外代理是海運承攬運送業的重要資產，因此這項工作多由主要幹部負責。

二、營業部（business department）

營業部門的主要功能是負責對客戶業務的招攬與服務事項，因此其功能涵蓋以下內容：

1. 與進出口客戶也就是所謂的直客接洽，即所謂做零售（retailer）的業務。根據吳清泉先生以前所做過的研究結果顯示，客戶使用某個海運承攬運送人的主要原因是由於滿意業務人員服務的緣故。因此業務人員，即所謂的sales是營業部門內重要的成員。舉凡對客戶的服務如報價、船位訂艙、欠費、遞送提單等等，都由營業人員爲之。因此他們與客戶的關係相當密切，客戶也常跟隨營業人員異動而更換公司。公司爲激勵營業人員，業界多設有業績獎金制度。不過由於海運市場競爭極爲激烈，新進營業人員必須更加倍努力才能跨越業績門檻。但只要跨越過去，往後的路就會越走越寬廣。
2. 同業之間有關於營業事項的參與，包括市場運價的維持、相互合作條件的洽談等。不過同業之間的合作，可謂恩恩怨怨，亦敵亦友。由於各公司的經營理念不同，航線重點有異，以致同業之間就維持運價所做的努力，成效有限。惡性競爭的結果，導致海運承攬運送人的報價普遍偏低，利潤微薄。

3.新航線及新業務的推動。隨著公司的發展，業者也會延伸服務至新航線或提供新的業務。屬於業務的部分，當然有賴營業部門的參與推動。

4.新進營業人員的培訓，對一些社會新鮮人，資深員工的悉心教導，往往可以讓新人迅速進入狀況。因此應該對他們耐心指導，也讓他們早日發揮生產力，分擔工作壓力。

在此擬對社會新鮮人提供一點過來人的建議。由於傳統產業出走，台灣市場有日漸萎縮的現象。因此一個新人在進入這一行之初，必須經過一段調適的時間，確實不容易。開始的半年到一年大概是一個關鍵時刻，很多人在熬不過這段時間就放棄了，所述理由大多是沒有興趣或另有生涯規劃。人各有志，倒也無須「惋惜」。不過如果能撐過半年或一年，再來考慮是否轉換跑道應該是比較理智的做法。進入一個新環境，特別是剛步出校門的新鮮人，環境的適應和工作訣竅的掌握都需要一些時間。因此在短時間內就下定論，爲時太早。在此提供幾個思考方向，以供參考：

⑴這個行業的給薪制度，如前面所述，一般都是基本薪以外，另外再依業績成果，給予業績獎金。因此表現出色的業務人員，年薪百萬元以上比比皆是；此外因爲業務接觸，也可以有較爲廣闊的人際關係。所以這是一個可以向自己挑戰的職業，絕對值得年輕人投入。

⑵這個行業的激烈競爭是事實，但在台灣有哪個行業不辛苦呢？因爲這是台灣的基本問題：地方小、人口密集、產業經營成本高。因此競爭的現象，普遍存在於各行各業，並非本業所獨有。這是目前任何產業都無可迴避的問題。

⑶海運其實是相當有趣味的一個行業。若與其他行業相比，它至少

有兩個特性更加適合年輕人，一是變動性（dynamic），二是國際性（international）。前者指隨著大環境的變化，隨時有新情況、新挑戰。因此隨時都要做好心理準備，並調整因應；而內部因為組織職務的調整，也需要有不同的做法。因此即使長時間在此行業任職，依然不會有無趣（boring）的感覺。很多人終身其中，依然興趣盎然，就是這個原因。

(4)進一步而言，客戶之所以選擇使用某海運承攬運送業公司，根據某研究報告顯示，主要是因為業務人員良好服務的緣故，因此海運承攬運送業的客戶多與業務人員保持緊密關係。在這個行業裡，誰有客戶、有貨量，誰就是老大。而且當與客戶建立長期良好關係以後，業績的維持事實上並不是件困難的事。

(5)再說拜訪客戶又何嘗不是一件快意的事？當一個客戶來往一段時間之後，大家就成為老朋友了。平常的訪問，通常只有閒話家常，或交換一下市場情報，生意源源而來，是何等愉快之事？一天只要走訪幾個客戶，一下子就過去，應該是很輕鬆愉快的工作。

(6)而海運承攬運送業只需資本額新台幣750萬元，這也是讓年輕人日後有自立門戶當老闆機會的工作。由於目前海運船東的門檻極高，要創業當船東是難有機會了。

(7)如前面所說，本業的客戶比較會跟著業務人員走，因此業務人員要轉換跑道其實不難，可以說將永不失業，不過可也別被這一句話誤導而隨意換工作。一個公司的資源是否足夠對一個人的職場發展很重要，公司資源的涵義，包含了公司規模、企業形象、國內外關係等等。因此在轉換工作時，應三思而後行。不要在換到另一家公司後，才發現新公司更讓你壯志難伸，後悔莫及。有些公司的外在評價一定有其原因，別天真的認為那些事不會發生在自己身上。

對新鮮人而言，先到海運承攬運送業磨練一陣子是一個不錯的選擇。

因爲海運承攬運送業的業務人員必須較船東的業務人員更加努力及更有滲透力，才能爭取到客戶的青睞。因此在本業可以練就一身武功，終身受用不盡。至於做爲一個好的業務人員的訣竅其實很簡單：要態度誠懇、服務良好、更加勤勞，如此而已。業界有一句話：「同一個客戶別人一個月跑一次，你一個月跑三次，你就有贏的機會。你眞心幫人家三分，人家可能還你五分」，成功業務員的竅門，就是「勤勞」和「誠懇」而已。

至於營業部門的組織還可以依公司規模及業務內容而做不同規劃，例如：

(1)公司只設一個營業部，負責所有地區與航線的營業事項。這樣的組織只適合小規模的公司，並不適合中大型公司。

(2)依航線劃分部門，如北美部、歐地部、亞洲部、紐澳部、香港部、大陸部等，適合規模較大的公司。

(3)依業務功能分，如出口部、進口部、三角貿易部、物流服務部等。

二、運務部（operation department，一般稱為OP）

運務部對海運承攬運送業有無比的重要性。可以說僅有業務人員而無運務人員的話，海運承攬運送業無法營運；但只要有運務人員，他們就可以發揮整合船公司、國外代理及同行等關係的能力，即可運作。事實上業界中有些業者是只有OP而沒有sales，公司照常營運得好好的，足爲證明。有位資深業界人士將業務人員和運務人員做了很好的比喻，前者好比是在外採買食材原料的人，而後者則是負責做菜的廚師。菜燒得好不好吃主要是看廚師的手藝，不完全是材料的問題，一語道破了OP的重要性。以下就從各個角度來看OP這個角色：

(一)OP的定位

爲海運承攬運送人組織基本功能之一。前面說過海運承攬運送人的組織可以依不同功能編組，OP即是其中之一。OP的功能如下：

1.擔任相當於一半的業務人員（sales）功能。大部分海運承攬運送人都將與同業之間的合作聯繫所謂co-load的任務，或所謂批發（wholesale）的工作，交由OP負責。此外業務人員在外面跑客戶（稱爲retail）時，內部的聯繫也多是OP在協助，因此OP具有準業務人員的功能。部分業者即將OP和sales編組在一起，業務人員外出時就可以找同組的OP協助。

2. 公司業務推動的協調中心。OP通常負責向船公司詢價、取得S/O號碼及訂艙，因此內部的協調工作，也是由OP來做。

3. 人才培育的搖籃。OP通常須具有相當經驗者始能勝任，因此OP也要協助公司人員的培訓。

㈡OP的工作功能

1. 連絡船公司。由於海運承攬運送人普遍都沒有營運船舶，因此所需船位必須向船公司取得。運務人員的主要工作之一就是向船公司詢價、取得S/O號碼及簽訂船位，如果沒有這些資源，業務人員就形同沒有營利的工具，因此運務人員在這方面的能力是絕對重要的。

2. 連絡貨櫃場。與櫃場聯繫的主要工作是在於通知櫃場貨量，並取得貨物體積重量以擬定裝櫃計劃。遇有特殊貨載和特殊作業需求時，也須事先和櫃場溝通。在擬定裝櫃計劃方面，海運承攬運送人必須充分利用每個貨櫃的空間，才能增加利潤。因此運務人員須和櫃場相關人員密切聯繫，製作裝櫃計劃（container loading plan）。如果自己無法最有效利用貨櫃空間時，要考慮請同行拋貨（co-load）進來，或自己的貨拋給同行如第4.點所述，以達到最大營運效益。這些都是OP的工作。

3. 連絡貨主或其報關行。業務人員在外時，公司內部的事情一般都是以運務人員爲代理人。因此運務人員必要時也和客戶（貨主或報關行）連絡，客戶也可能主動與運務人員聯繫。

4. 連絡同行。同行之間爲達最大營運效益，實務普遍存在相互拋貨（co-load）的做法，整櫃和併櫃都有需要。因此同行雖然是競爭對手，但也是相互的客戶。而同行的合作既以拋貨爲主，因此同行的連絡也是由運務人員負責。

5.發送裝船通知。貨物裝運之後，OP必須發送裝船通知（pre-alert）給國外代理，以便預做準備。

6.領取及核對主提單。向船公司或同行裝運後，領取提單並核對提單內容。如係進口貨則須寄發到貨通知及換領小提單。

7.製作國外對帳單。對進出口貨的帳務結構也是OP最清楚，實務一般出口帳單是由出口端製作，進口端核對。因此貨物出口之後，OP須製作對帳單給財會部門，憑以向國外代理收款。這項工作的重要性不言可喻，如果收款帳單未產生的話，應收款必然漏失。

8.提供貨量統計。運務人員對部門的貨量情形，應該瞭若指掌。作爲公司管理階層之參考及與國外代理洽談合作關係之依據，貨量統計都是非常重要的。這些數據，也是由運務人員提供。

由以上對運務人員工作功能的分析，可知運務人員對海運承攬運送人的重要性。

㈢OP操作上應注意事項

1.注意船公司船期的變動。隨時注意船公司船期的變動，以便通知業務人員及客戶，做出即時的調整。

2.注意艙位的掌握。在船位緊張的時期，誰有艙位誰就是贏家，因此運務人員應該注意艙位的掌握。

3.注意批價。一方面要業務人員確實批價，另一方面也要注意其正確性，避免事後的困擾。

4.電報放貨應小心把關。電報放貨的通知發出之後，國外代理即將據以放貨，因此必須在確實收回正本提單之後，始得爲之。除運務人員自己要注意之外，也要教育相關人員。

5.注意核對提單內容的正確性。事前的核對，可以避免在提單已寄達國外代理之後，還要修改，徒生困擾和費用。

6.配櫃應追求最大利潤。配櫃要設法裝到最大量，能配到40呎櫃，就不要用20呎櫃；能配超高櫃或45呎櫃，就不要只用40呎標準櫃。總之在櫃的量之外，尤其要注意配櫃的質，才能爭取最大利潤。

7. 文件的寄送必須準時與正確。尤其對航程短的航線，文件一定要準時而且確實地送出，以免影響到國外的提貨作業。

8. 與國外代理做帳與對帳必須準確並依時辦理，才不致使企業權益受損。否則業務做的再多，大家都將只是白忙一場而已。

總之，運務人員就好像公司的守門員，是非常重要的角色

㈣OP的組織編組

1. 依航線功能編組。也就是依不同航線而配置，這當然是要航線完整的公司，才有此必要。此種編組方式的優點是各有專責航線，因此權責分明。但也有組織重疊，且彼此替代性較低的缺點。

2. 不分航線而綜合編組在一起，換句話說，運務人員要同時負責好幾條航線。此種編組的優點是運務人員之間的替代性高，但因爲同時負責幾條航線，因此會有權責不清的問題，削減戰鬥力。

綜合以上所述，可知運務人員在海運承攬運送業組織中的重要性，是有過於業務人員而無不及的。但以整體性考量，每個部門的重要性都是一致的。

三、文件部（documentation department）

文件部的工作始於客戶簽S/O，至提單製作完成交與客戶，並將相關文件寄送國外代理爲止。說明如下：

1. 客戶簽S/O也就是訂船位，文件部應該將船位簽訂情形通知船公司。同時應該把S/O基本資料建檔，俟貨櫃及裝櫃資料出來以後，再補上去，即可準備印製提單。

2. 製作提單。提單是海運最重要的單據，並且因託運人之請求而簽發。因此文件人員在相關文件都完備以後，於貨物裝船之後即應將提單印製並備妥，供客戶領取。

3. 將相關文件寄發國外代理，以供國外客戶提領貨物。

文件人員一般都是初階人員，也就是進入海運承攬運送業的第一步。於熟習文件作業之後，可再逐步晉升爲運務人員，即可學習配櫃，進而和船公司、同行連絡等運務技巧。

四、進口部（inbound department）

進口部的作業和出口部有相當大的不同，近年來台灣地區由於經濟結構的轉變，出口量有停滯甚至衰退現象，進口量則持續增加，因此海運承攬運送業者的進口業務比重有日漸增加的趨勢。設立進口部的話，則前述營業、運務及文件的功能必須都具備，分別說明如下：

1. 營業：接洽進口商，將裝貨消息通知國外，提供sales lead或routing order；或請客戶直接在買賣合約或信用狀上指定（nomination），這些資料對加強與國外代理的合作關係都有加分的效果。
2. 文件：接收國外的裝船文件、寄發到貨通知給進口客戶、到船公司換領小提單及向客戶收取運費和相關費用等。
3. 運務（OP）：和國外代理對帳、與同業聯繫到貨和提貨事宜等。

進口業務在台灣業者不得自營倉儲作業的特殊環境之下，其利潤空間有限。不過其優點是貨主提貨時，必須繳清運費及相關費用，比較少欠費的問題；並且對加強和國外代理的合作關係，甚有幫助，因此仍應積極開拓。

五、法務部（legal department）

法務部主要執掌是運送人責任保險、貨損理賠及對外法律文件的審核等。海運承攬運送業涉外業務很多，因此設立專責部門處理前述事務，除可以維護公司營運利益之外，也有助於提升企業形象。

六、企劃部或專案部（project department）

企劃或專案部負責某些特殊專案（project）的承接和跟監。這些專案或許需要專業資源或技術，因此可以跳脫正規組織，另外設立特別部門處理或給一般業務人員支援。專案貨載因為需要高附加價值的服務，因此利潤空間較大，值得成立這樣的部門專門負責。

七、管理部（administration department）

行政管理部門是財務、會計、總務及人力資源的綜合稱法，雖然可能不是直接在第一線上，但其重要性決不亞於第一線部門。分別說明如下：

1. 財務會計。財務對企業經營的成敗肯定非常重要。海運承攬運送業一般並沒有太大的資金調度之需求，但當組織逐漸擴大，特別是進入國際市場之後，財務的規劃運作更是相形重要。其中有兩方面尤其要注意：

   (1)與國外代理的清帳必須要非常確實，不得有遺漏，尤其要注意國外代理異常付款的情形。海運承攬運送人的國外代理欠款，往往難以追回，因此在有蛛絲馬跡之初期就採取行動，才可以避免損失。

   (2)匯率有變動時期，應注意避免匯率變動的損失。此外與國外之匯款，也應該注意銀行的手續費（banking charge）等之支出，盡量將成本控制在最低。

2. 總務及人力資源。前者看似不重要，其實一個企業內部要運轉平順，總務和人力資源都是很重要的因素。尤其人是海運承攬運送人最重要的資產，因此要注意塑造一個讓大家都能夠揮灑的環境，發揮人力功能。

   茲綜合以上說明，試擬一組織圖如下（見圖4-1）：

組織的運用對一個企業經營之成敗具有關鍵性的作用，因此絕對必須善加規劃，並將指揮系統定義清楚，才能發揮組織的最大功能。

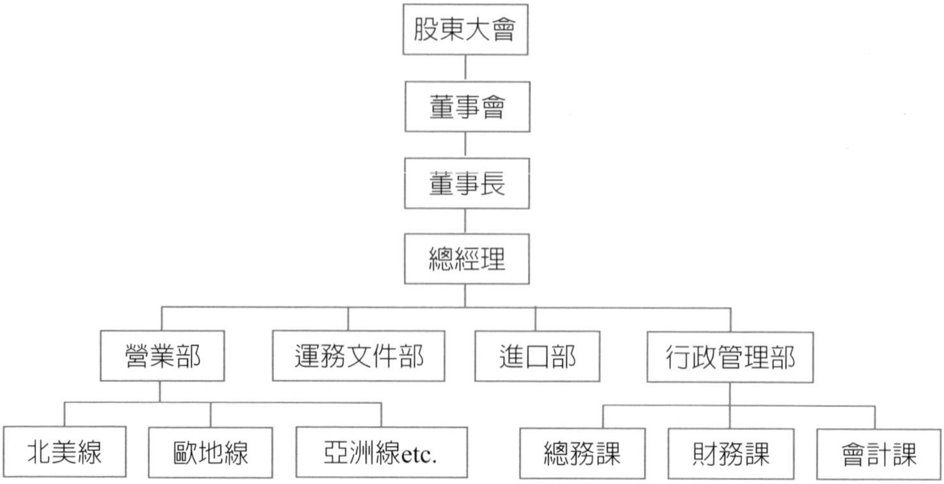

圖4-1　組織圖

問題與討論

1.請說明人力資源的特性和重要性。

2.公司晉用新人時，用有經驗和沒經驗的優缺點爲何？

3.請說明業績獎金制度的重要性？如何制定？

4.請探討企業組織的重要性。

5.請說明各部門的功能。

第五章

海運承攬運送業的進出口作業程序

本章摘要

本章分成三節說明海運承攬運送業有關的作業程序，依序爲出口作業程序、進口作業程序和貨櫃場作業程序，以流程圖方式做重點式解說。

海運承攬運送業的進出口作業先以圖5-1來顯示貨主、海運承攬運送人和船公司三者間的關係，其中路徑1爲貨主和船公司直接往來，路徑2則爲經海運承攬運送人介入提供服務的流程。基本上兩者的進出口程序並沒有差異，只不過路徑2由海運承攬運送人取代船公司的部分作業而已。

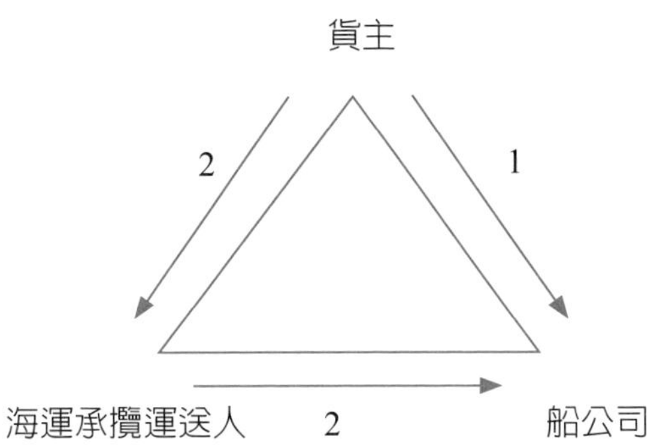

圖5-1　三方業務關係

第一節　海運承攬運送業的出口作業程序

海運承攬運送業的出口作業流程爲如圖5-2所示：

一、出口作業流程

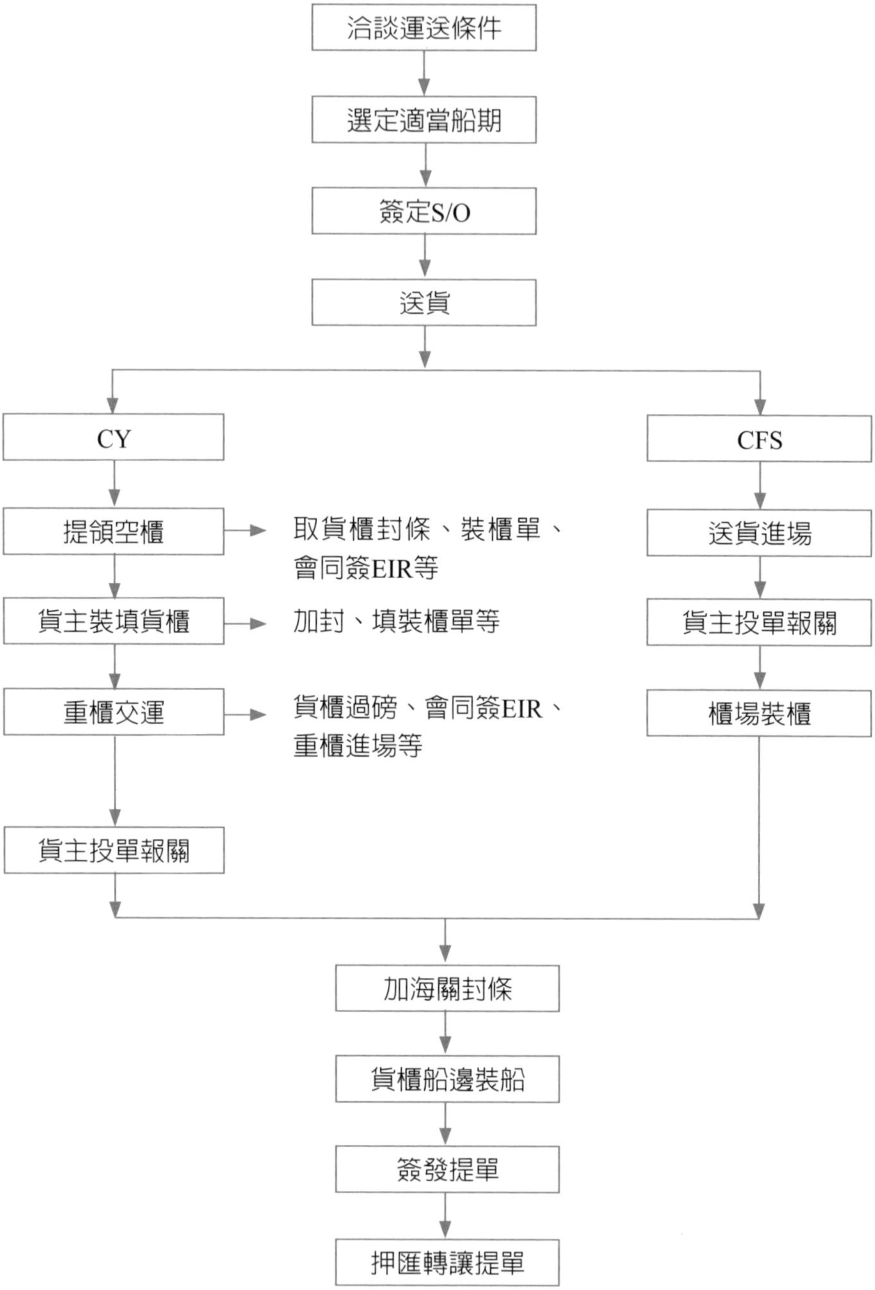

圖5-2　貨櫃出口作業流程圖

茲就圖5-2之作業程序重點解說如下：

1. 洽談運送條件。所謂運送條件是指貨主使用運輸服務或運送人提供運輸服務的要求，必須兩者的條件一致，運輸契約才能成立。貨主對各種運送條件的重視程度，根據一項研究顯示，依序爲：運價（freight rate）、貨物運送時間（transit time）、船期密度（frequency）、運輸設備（equipments）、文件製作品質、人員服務品質等。當前各家海運承攬運送業者所提供的運送條件已經非常接近，亦即所提供產品的差異性不大。因此從貨主立場而言，所謂運送條件的洽談，主要是指運費報價和接受欠費時間的長短。運價的高低，是較具體可以做比較的。在運費之外，才考量其他條件。從運送人立場而言，則考量貨主是否會作長期配合？貨量如何？貨主現配合運送人爲何？運價多少？市場走向如何？是否簽定服務契約？公司的政策如何？須判斷的因素甚多，以致造成業務人員的壓力。一般而言，貨主選用某海運承攬運送人，是以對業務人員的印象及其服務爲主要考量。亦即貨主選擇使用某海運承攬運送人的原因，主要是來自業務人員的介紹，這在今日尤其重要。由於海運市場高度競爭的緣故，貨主幾乎每天都會受到船舶或海運承攬運送業者的電話與拜訪。因此，業務人員的認眞介紹，和客戶建立密切關係，成爲爭取得到業務的重要因素。不管如何，業務人員的勤勞與良好服務還是航運業成功的重要因素，經營階層不能忽視這個信息所傳達的意義。運送條件的洽談，如果是透過海運承攬運送人的話，對貨主將是一大便利。因爲海運承攬運送人同時與數家船舶運送人往來，因此船期及運價都更具彈性。貨主於是可就需要的航線、運價及船期等，提出需求。海運承攬運送人將樂於安排合適的船隻承運，滿足客戶需求。

2. 選定適當船期，簽訂託運單（shipping order簡稱S/O）。簽S/O實務稱爲訂艙（booking），也就是定船位的意思。貨主要出貨，當然要先訂船位。訂船位的動作可由貨主自行爲之或由報關行代勞，或者透過海運承攬運送人代爲安排。貨物要離開一國國境之前，必須先完成海關手續，要向海關辦理報備，故稱之爲報關。而船公司爲讓貨主辦理報關手續，同時也讓船舶抵港之前，預留足夠的作業時間，故結關日（closing date或cut off date）一般是在船到日（ETA：estimated time of arrival）之前2天，遇到星期例假日時，再酌予提前。以前簽S/O都必須到船公司簽託運單（shipping order），現在由於網路通訊發達，因此透過網際網路或電子資訊交換系統（EDI：electronic data interchange）即可爲之。至於海運承攬運送人則因與船公司間的關係密切，船公司常授與密切配合的海運承攬運送人一些固定的S/O號碼，彼此再透過電腦聯線訂船位，簡化許多。故經由海運承攬運送人直接安排，也相當方便。

簽訂S/O之後，實務上有一問題即事後貨物因船位不足被退裝時，貨主可否要求運送人賠償損失？

貨主順利出貨與否，對其具有重大商業利害關係。如果貨物被退裝的話，可能對貨主造成極大損失與不便，包括：信用狀到期，訂單可能被取消或扣款、無法取得貨款而工廠又等著要付款等，故要求運送人賠償損失，應屬合理的期待。其次，根據我國民法規定「一方爲要約，一方爲承諾，契約即可成立」。如依此作解釋的話，則運送人接受簽訂S/O，即已構成契約成立的條件。因此，貨物最後仍遭退裝時，貨主似有權要求運送人賠償損失。第三，所謂shipping order的「order」一字，似可解釋爲「訂單」的意思。運送人既接受訂單，似應視爲契約已成立。凡此均指向運送人如接受S/O，似應負保證船位的責任。

唯事實上，船舶運送人對此所持之態度是不認爲其應負責任，值得貨主注意。海上運送人所持理由爲在接受簽訂S/O時，一般在S/O背面均有如下的保留條款：「運送人保留得不予裝船的權利」。此爲海上運送人於確實無法裝船時，得不予接受而退裝的主要根據。事實上船舶的實際裝櫃量與造船設計裝櫃量往往會有差距，因爲實際裝櫃量會受到貨物重量、船舶裝卸港順序及船舶積載等因素之影響。而造船設計的裝櫃量，則是在理想情況下的容量，兩者當然有差距。實際裝櫃量的最大限度是船舶的安全，這是不能妥協的。所以在船舶已達到可裝載的安全警戒範圍時，船長可拒絕再裝貨。因此在旺季時期，業務人員和船長爲艙位起爭執，是船公司常有的事。運送人基本上不會無緣無故地在事後任意拒裝，此爲其一。其次，運送人通常主張：貨主簽訂S/O後，屆時他不履行契約的話，運送人通常也不對貨主追究。是以運送人因故無法履行S/O裝船時，理當無須向貨主負責。最後，shipping order一詞，運送人亦有解釋爲「裝船指示」者，也就是公司部門發給船長的指示（order），要求他據此將本貨物裝船。如果船長確實是爲了安全理由無法裝運時，運送人當然可不必對此負責。唯是否眞爲此理由，貨主其實很難求證。

3. 海關加封（customs sealing）。當貨櫃完成海關手續以後，除原有的船公司封條是作爲判定雙方責任依據之功能而掛上之外，在我國會再加掛一支海關封條，以作爲辨別是否完成海關手續的依據。對被核准辦理自主管理的貨櫃集散站，加掛海關封條的動作，也簡化委由貨櫃集散站人員爲之，無須等待海關人員。完成海關手續後，便可在船抵達裝貨港之前，將出口貨櫃移至船邊等候裝船，完成貨物出口的實體作業部分。

4. 貨主取得提單，完成押匯、轉讓提單手續。船運最終目的即在取得貨款，在有銀行信用介入的貨載，必須領取全套提單，透過銀行系統轉讓到國外買主，以便買主辦理提貨。至於領取提單時的運費支付，則視貨主交易條件而定。如爲CFR條件，則運費爲預付（freight prepaid）基礎，即須支付運費及當地費用，如貨櫃場作業費、提單製作費或裝櫃費等後，運送人才簽發提單。如爲FOB條件，則運費爲到付條件（freight collect），在出口地只要支付當地費用（local charges）之後，便可獲得簽發提單。但運送人簽發提單是應託運人之要求，因此如果貨主不需要正本提單的話，是可以不要簽發的。

第二節　海運承攬運送業的進口作業程序

進口看似爲出口的另一面，表面似乎如此，但實際上進口是另有一套作業程序，茲一樣以流程圖（見圖5-3）表示如下：

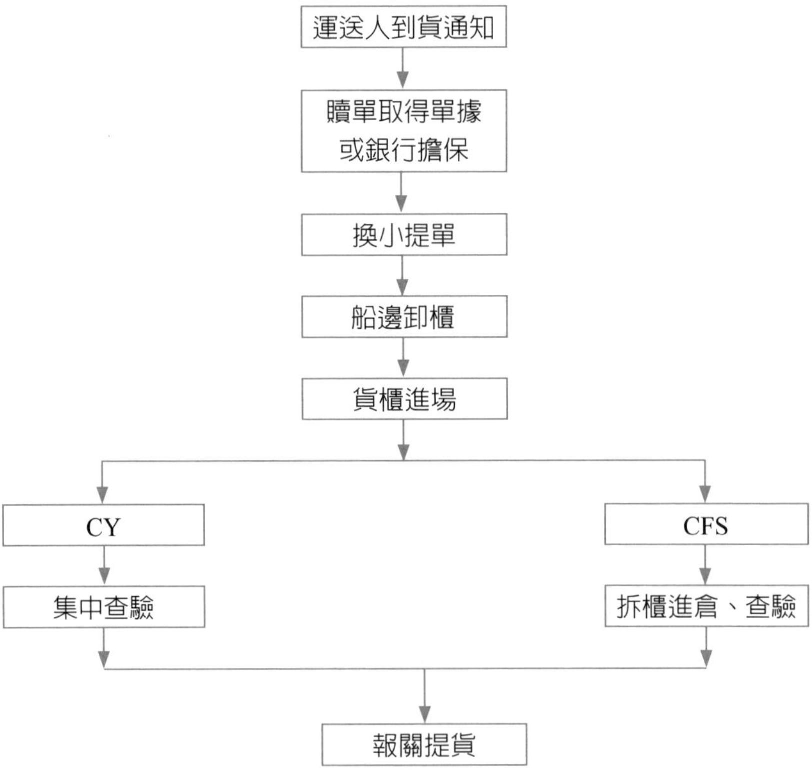

圖5-3　貨櫃進口流程圖

茲再逐一解說如下：

(1)運送人到貨通知。即在貨物抵達之前，必須通知受通知人或受貨人，以便貨主及早作提貨的準備，這點在我國海商法第50條有明文規定。實務上，過去一般都寄送書面到貨通知（arrival notice），目前為求快捷，多改以傳眞或電子郵件（e-mail）代替郵寄。因此對提單上的受通知人（notify party）欄，運送人均要求託運人必須提供詳細資料（complete name and address）及傳眞機號碼的緣故。拜科技發達之賜，對常來往的進口貨主資料多已建檔，因此到貨通知可自動由電腦發出。

(2)換領小提單（D/O：delivery order）。D/O應稱為提貨單，但一般都慣稱為小提單，進口商提貨是憑小提單提貨，而非正本提單。至於我國的做法因為海運承攬運送人不能提領貨櫃至自己的場地拆，因此是由其到船公司領回D/O，貨主再拿正本提單到海運承攬運送人處換領回船公司所發的D/O，至船公司指定之貨櫃場提領貨物。國外則多由海運承攬運送人將貨櫃提領至自己的場地拆卸，貨主直接到其場地提貨即可。實務上也常有正本提單尚未收到，貨物卻已先到達的情形。遇此情況，如交易有透過銀行信用介入者，則可以請銀行提供擔保提貨書（bank's guarantee），先行辦理提貨。實務上也有為方便進口商趕辦報關手續而聲明「只准報關、不准提貨」者，均屬權宜措施。至於銀行擔保提貨書的保證內容是「銀行保證事後將正本提單追回交還船公司，否則銀行將向運送人負其責任」。因此其約定字義是：因正本提單尚未收到，故請求運送人准予先憑本擔保提貨書放貨，銀行保證事後收回正本提單並交還，否則任何後果均由本銀行承擔之。茲特別強調：以擔保提貨書放貨，屬運送人的權宜權利而非義務，故運送人有權拒絕。因此貨主有此需求時，應以情商的方式請運送人幫忙，切勿以高姿態指示其配合。至於公司擔保提貨（company guarantee）則只適用於極少數信譽卓著的大公司，可說是絕無僅有。不過在海運承攬運送業的情形，國外代理常有憑他們與貨主的交情，不顧我方責任而擅自交貨的，造成無單放貨的問題，業者應特別注意。然而不管是用那一種方式提貨，總須在支付相關運費或費用後，始可換取小提單，辦理提貨。

(3)報關提貨。在完成報關程序後提貨時，如尚有櫃場產生的費用，如：倉租或延滯費等，亦須繳清後櫃場始會放貨。至於進口報關是否須查驗則視貨品性質、貨主特性等而定，分為免驗、直接通關進口（C1）、書面查驗（C2）及抽驗（C3）三種。進口CY櫃若經抽驗，須卸至集中查驗區，由倉庫理貨員配合驗貨關員取樣驗貨，並於查驗完畢以後，加封海關封條。進口CFS櫃及CY申拆櫃則卸至進口倉庫，由理貨員指示工人拆卸貨物，然後點收件數並將貨物堆放至安排之儲位，由海關官員就定點進行查驗。貨物經查驗放行後，即可點交貨主提領出倉。提領當時，如貨櫃發現有污染或發生貨櫃留滯逾期時，須繳交相關費用以後，才可提櫃及還櫃。以前所徵收之押櫃費（deposit），如今也不再收取了。

第三節　貨櫃場作業程序

貨櫃運輸在貨櫃場交接貨物，故本節擬再進一步說明貨櫃場作業，並分就進口及出口程序加以說明：

一、出口程序

出口程序始自於向運送人訂艙（簽S/O：shipping order），之後即進入準備出貨的階段。此時又可分成整櫃（CY）與併櫃（CFS）兩種作業：

1.整櫃

整櫃一般稱為CY（container yard）。CY事實上是貨櫃場內供存放空重貨櫃的場地，因貨主貨量較大，於是自行使用整個貨櫃。因此自CY提領空櫃回工廠或倉庫進行裝櫃，於裝櫃完成後重櫃回場，

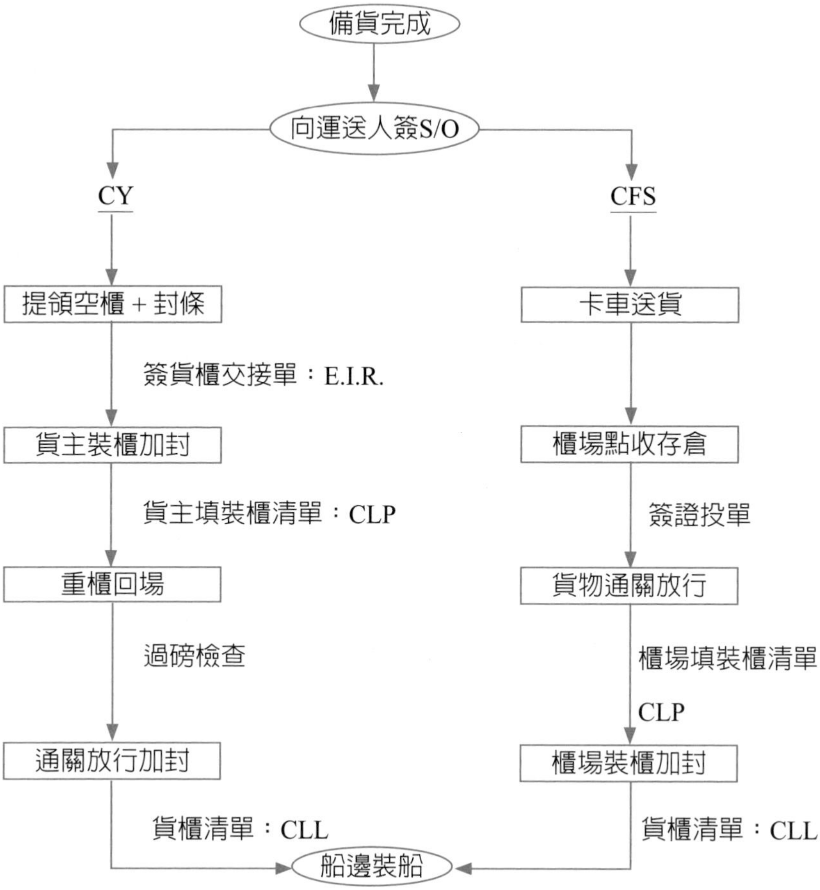

圖5-4　貨櫃運輸的出口流程圖

還是進到CY。因爲這樣的作業方式都在CY進行，故這種作業方式乃慣稱爲CY。事實上，從貨櫃使用的角度看，稱之爲FCL（full container load）較爲合適。

整櫃出貨的作業程序，在貨主簽S/O之後，以前還要向船公司取得領櫃單，再持領櫃單至指定貨櫃場提領空櫃（見圖5-5）。不過目前船公司都和貨櫃場電腦連線，因此程序已經簡化，拖車司機只要向櫃場管制站報S/O號碼即可。經櫃場管櫃單位核對資料無誤之後，即開吊櫃准單，至場內（即CY）提領空櫃。空櫃出場之前，要到管制站（見圖5-6）做檢查，由貨櫃場管制站人員與拖車司機一起就貨櫃裡外表面確認無瑕疵後，雙方會同在EIR（equipment interchange receipt，如附錄八）上簽字放行（見圖5-7）。基本上，空櫃提領出場，櫃況都應該完好無缺，否則空櫃即不該提領。貨主除提領空櫃之外，將同時拿到裝櫃清單CLP（container loading plan，如附錄七）和船公司貨櫃封條。CLP是供貨主裝櫃完

圖5-5　貨櫃場CY櫃管制站

圖5-6　空櫃提領做外觀檢查

圖5-7　檢查完成會簽CLP

成時自行填寫，以作爲申報裝櫃內容資料及櫃場收櫃根據。貨櫃封條則於裝櫃完成時，由貨主自行加封，作爲日後運送責任認定之重要依據。

當貨主在其工廠完成裝櫃以後，應將貨櫃立即以船公司封條加封並填寫裝櫃清單（CLP），於結關前開始收貨時將重櫃拖回貨櫃場。貨櫃回到貨櫃場管制站時，將進行貨櫃過磅、檢查封條及櫃況外觀檢查無異常後，會同拖車司機簽EIR（見圖5-8）。但如檢查發現有貨櫃損壞時，須在EIR上做註記，以爲日後判定貨損責任之依據。當這些檢查都完成之後，即可開吊櫃准單，由櫃場（CY）單位憑准單吊櫃，完成貨櫃進場作業，然後簽貨主裝櫃清單。報關行持裝櫃清單第一聯連同其他文件，進行投單報關。等到報關手續完成後，會再加掛海關封條。至此整櫃貨的出口程序全部完成，等候裝船。

對CY櫃運送人收取吊櫃費（THC：terminal handling charge）。

2.併櫃

併櫃一般稱爲CFS（container freight station），指的是貨主因自己貨量不足以使用整個貨櫃，於是由貨主以卡車將貨物送至貨櫃場

圖5-8　重櫃過磅檢查

出口倉庫（CFS）（見圖5-9），由櫃場代爲和其他貨主的貨物合裝在一起。因這種作業都在CFS發生，所以這種作業方式慣稱爲CFS。不過若從貨主貨量不滿整櫃而言，應稱爲LCL（less-than container load）較合適。

併櫃貨卡車司機於進入櫃場前須在CFS貨管制站換證，並獲告卸貨倉庫（見圖5-10）。到指定倉庫時（見圖5-11），還須辦理貨物進倉申請（見附錄十），才可開始卸貨。卸貨是由貨車司機將貨物卸裝至貨櫃場提供的棧板（pallet）上，此時貨櫃場的理貨員（tallyman）將代表貨櫃場在旁點算貨物件數及檢視貨物表面情況（見圖5-12）。於貨物件數及表面狀況均無異常時，即由理貨員註明棧板儲位，再由堆高機駕駛員將貨物送至定位（見圖5-13）。完成收貨時，理貨員將簽貨物進倉單，由報關行持向海關投單報關。因此倉庫作業單位，於每天開門第一件事即就當天進倉的船名編定儲位，以便收貨進倉作業。貨物進倉以後，公証行（measurer）則負責對貨物材積進行丈量，以確定貨物體積和重量。以上程序都完成後，負責裝櫃計劃部門即據以上資料編製裝櫃清單（container stuffing plan）（見附錄九），預備裝櫃。等到貨物海關放行以後，裝櫃單位即可著手進行裝櫃作業。在裝櫃時，理貨員一樣必須監督作業進行，逐批檢查貨況及計算件數，並在裝櫃清單做裝櫃紀錄（見圖5-14）。由於數位相機使用方便，翻製成電腦檔案亦很容易。建議貨櫃場於裝櫃時逐櫃逐批貨拍照，對日後釐清裝櫃責任，將非常有幫助。每櫃裝妥之後，要加封船公司封條及海關封條，並將重櫃送回CY等候裝船，即完成併櫃貨的出口程序。

圖5-9　CFS貨管制站

圖5-10　CFS管制站換證

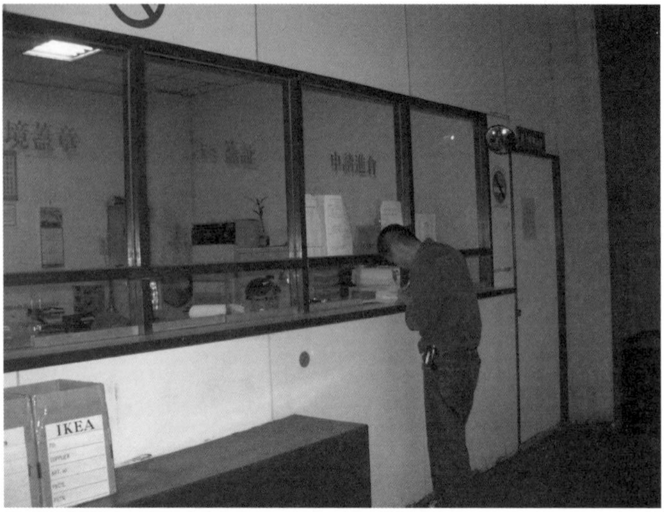

圖5-11　CFS進倉申請

圖5-12　CFS卸貨及理貨

圖5-13　CFS貨物存倉

圖5-14　CFS貨裝櫃及理貨

CFS運送人收取的是裝櫃費（stuffing charge）。

最後就CY和CFS或FCL和LCL排列組合，貨櫃作業方式（service types）可有以下四種，係以出口地和進口地的作業方式來分別：

(1)CY/CY或FCL/FCL

(2)CFS/CFS或LCL/LCL

(3)CY/CFS或FCL/LCL

(4)CFS/CY或LCL/FCL

二、進口程序

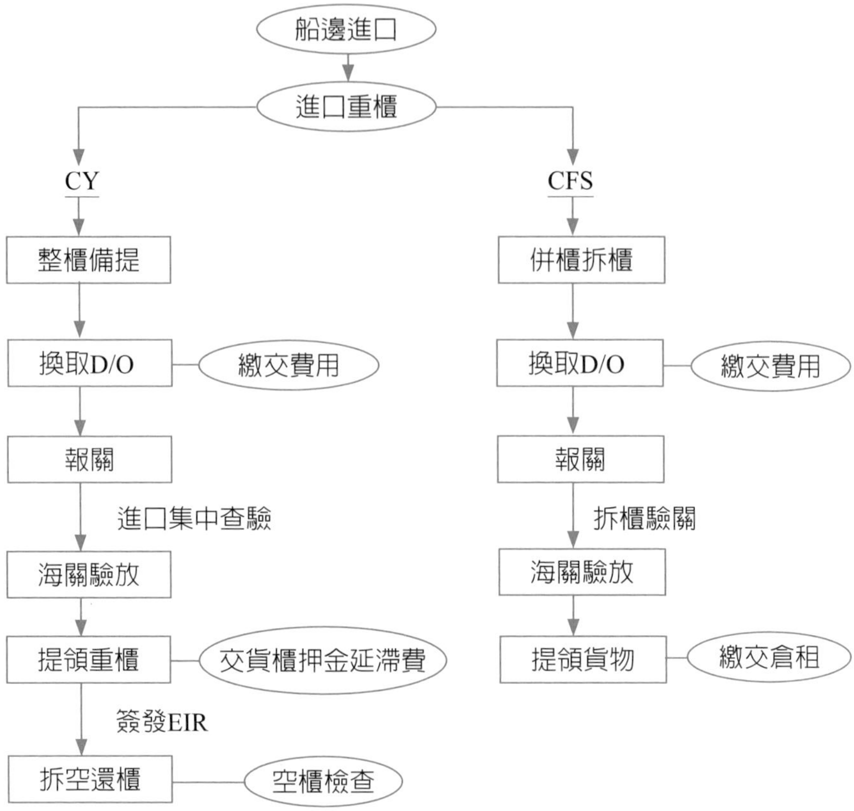

圖5-15　貨主進口程序流程圖

進口程序從貨物自貨櫃船卸下來開始。貨櫃自船上卸下後，即在船邊加上海關封條，從此時開始即置於海關監管之下。如果貨櫃場位在船邊的話，貨櫃即直接進場儲放。如貨櫃場位於內陸，則貨櫃必須再轉送往內陸。轉運貨櫃，必須開立貨櫃運送單（container note），憑以自船邊轉送內陸貨櫃場，貨櫃場方面則憑以收櫃。貨櫃進場以後，作業程序一樣有整櫃貨（CY）和併櫃貨（CFS）之不同：

1.整櫃

整櫃貨櫃在進場時，在管制站先核對貨櫃運送單及貨櫃封條無誤，再檢查貨櫃外觀櫃況，並繕製貨櫃檢查單之後，由管制站開具吊櫃准單，由櫃場單位吊卸至進口貨櫃儲位區，等待貨主提領。

進口貨主提貨之前，須持正本提單先至運送人處換領小提單。正本提單未到前，如為信用狀交易情形，以銀行出具擔保提貨書亦可辦理。在有海運承攬運送人服務介入的情形，則由承攬運送人至船公司換回小提單，待貨主前來換領。換領小提單前，貨主須先繳清運費及相關費用。取得小提單後，接著可辦理報關。遇貨主文件未齊或手續不全前，運送人亦可變通在小提單上蓋「只准報關，不准提貨」章，方便貨主先行辦理報關手續，以利其及時提貨。進口整櫃貨的驗關，係在貨櫃場的進口貨集中查驗區進行。被抽到須驗關的進口貨，須將貨櫃吊上車架，拖至集中查驗區查驗。查驗完畢後，再送回貨櫃存放區。因此被抽驗到的貨櫃，會額外發生吊櫃費用，其因即在此。

以上手續完成後，海關即會蓋章放行，此時貨主便可以辦理提貨了。提貨時，如再有於貨櫃場發生的費用，如：貨櫃延滯費等。這是貨櫃在貨櫃場內，逾免費期間，應提而未提，船公司所收取的貨櫃延滯費用。須於現場繳付之後，才會開具吊櫃單，吊櫃放行。貨櫃出場前，一樣須再作櫃況檢查、簽具EIR。待程序完成後，貨櫃即可放行出場（見圖5-16）。貨櫃經貨主提領後，一般容許五天的免費期，作為貨主的拆櫃作業時間。逾此免費期後，會被收取貨櫃留滯費（detention charge），這是應還而未還所產生的。最後，貨櫃經貨主拆卸後，須將空櫃送回貨櫃場，再於管制站會同檢查並簽EIR。如無異狀，即可結算相關費用，完成進口整櫃貨提貨程序。

2.併櫃貨

進口併櫃貨於貨櫃進場後，因同時裝有數家貨主的貨載，一般貨櫃場均會儘快拆櫃進倉，以方便貨主提領。且進口貨係自貨物進倉日起，以每三天為一收費基礎，計算倉租（storage）。因此越早拆櫃，對貨櫃場越有利。至於併櫃貨的驗關，係在進口倉就地進行。

圖5-16　重櫃出場檢查封條

當海關手續完成後，海關即在小提單上簽章放行。如有須再做其他檢驗者，則另行辦理。最後，貨主至櫃場財務單位繳清倉租等相關費用後，即可辦理提貨。並以卡車拖運至貨主場所，完成進口併櫃貨的提貨程序。

三、貨櫃集散站爲貨主代理人或運送人代理人的問題

本疑問之所以產生在於當貨物在貨櫃場發生貨損時，究竟應該向哪方提出索賠？如貨櫃集散站爲貨主代理人，則貨主應向貨櫃集散站提出索賠。如其爲運送人代理人，則索賠應向運送人提出。舉例言之，桃園地區即曾因某貨櫃場的一場大火，而燒出這個問題來。貨櫃場方面主張其爲運送人代理人，因此，受有損害的貨主應向運送人求償，再由運送人向貨櫃場求償，此外並企圖主張適用海上運送人單位責任限制權利。然而，運送人方面則主張，貨主原應將貨物送到船邊，因此貨櫃場僅是運送人代表貨主安排，如今出了問題當然應由貨主逕行向貨櫃場索賠，貨主於是成爲夾心餅乾。相同的疑問會發生於：內陸貨櫃場至船邊的拖車，是貨主代理人

或運送人代理人？而貨櫃場發生火災之外，於颱風季節的暴風雨所帶來對在場內貨物所造成的損害，應向運送人或貨櫃場索賠？

首先，貨主必須瞭解：不管是運送人或貨櫃場，其所負者僅是運送責任。因此，對貨物本質及不可抗力的因素所可能產生的風險，運送人依法可以免責，由此種因素所造成的損害，運送人並不負賠償責任。所以貨主就貨物運送途中的風險，最好向保險人投保貨物險，以降低交易之風險。

其次，貨櫃場或拖車公司的責任，均不致因是運送人的代理人或貨主代理人而改變。因爲較輕的海上責任，在現行國際複合運輸法律制度下，只適用於海上運輸的階段，尚不致因是其運送人的輔助代理人而有所改變。故貨櫃場如從希望適用海上運送人單位責任限制權利爲觀點，而主張其是運送人的代理人的話，也不見得能如其所願。

使用某一貨櫃場通常是按照運送人之指定，並由其與貨櫃場簽約，因此貨櫃場是運送人的履行契約輔助人（sub-contractor），爲運送人的代理人。貨主並未與貨櫃場簽訂代理合約，欲解釋貨櫃場爲貨主代理人的話，實在難以成立，對貨主亦顯失公平。

問題與討論

1. 請說明海運承攬運送業的出口作業流程。
2. 請說明海運承攬運送業的進口作業流程。
3. 請說明貨櫃場的進出口作業流程。

第六章

海運承攬運送業的收費

本章摘要

本章分成三節，第一節討論海運費（ocean freight），海運費爲海上運送人提供海運服務的報酬。本節先討論運費的制定原則，其次討論運費的項目內容。運費從過去的單一費率，逐步演變爲加收許多附加費，以因應市場的臨時變化，本節即就各種附加費內容做探討說明。海運費之外，第二節討論費用（charges）。費用和運費的性質有別，隨海運市場的演變，費用項目亦有越來越多的趨勢，因此本節一一加以說明。第三節則討論海運承攬運送業者的收入（income）。業者所能獲得的收入隨提供服務項目而異，在本節中有詳細的說明。

第一節　海運費（ocean freight）

一、運費的制定原則

海運費（ocean freight）是指貨主使用運輸服務，所付予海上運送人的代價，也就是海上運送人提供運輸服務的報酬。我國民法對運輸事業所作之定義爲：「提供旅客及貨物運輸服務，而受報酬之人。」運輸事業經營者所受之報酬便是運費。運費是構成貨物成本的重要因素之一，依貨品之不同，比重一般從25%到40%，很多貨品的比例甚至更高。因此知道運費的性質，對貨主而言當然非常重要。而就運送人而言，運費是他們的營運收入，當然更須瞭解。

首先討論運輸費率的制定。運費的制定，國內運輸和國際運輸有所不同。兩者的基本原則都是先訂每筆貨物或旅客的最低收費（minimum rate），以作爲運送人提供運輸服務的基本收入。因爲運送人提供運輸服務有其基本成本，故必須有基本收費。舉例言之，例如台北市的計程車資起跳的基本費爲第一公里70元；或航空貨運費率的M級（M class）運價價等皆是。超過基本收費以上再按運送里程數累加，這便是延人公里或延噸公里的概念。再以台北市的計程車資爲例，超過基本費率以後，每三百公尺再累加5元；香港轉大陸華南地區的卡車費爲前五公里基本費率2,900港元，之後每公里再累加100港元；空運則在M級以上再有N級（N class）或Q級（Q class）費率。在確定費率之後，再依貨量多寡，以每噸或每貨櫃等爲基礎相乘，即得出應付之運費（freight）。以公式表示：運費＝費率×貨量。計費基礎依貨量多寡有所不同，有依重量、體積或整批[1]計算者。基本原則雖然相同，但實務運作則依國內和國際運輸，大有不同。

國內運輸常因有涉及國內民生的考量，且屬一國主權可管轄範圍，因此其費率的訂定，多有政府政策干預的因素，其中尤以涉及旅客的大衆運輸（mass transportation或public transportation）爲然。舉例言之，例如：好幾年前瑞聯航空公司在開闢北高航線之時，爲了製造話題，以收廣告效益，打出一塊錢的賤價。此舉除引起輿論嘩然之外，也立刻引來主管機關的關切。不過航空事業最注重的是飛航安全，瑞聯這樣的訂價策略固然能夠轟動一時，快速打開知名度，但也引起飛安的疑慮，主管機關於是加以介入調查，而消費者更不願拿寶貴生命來做賭注。因此瑞聯航空的存在只是曇花一現，旋告倒閉，不足爲取。再如台北市的公車票價及計程車費率調整之議定，幾成市政府交通局與業者間定期上演的戲碼，這都是有政府政策干預的例子。貨運方面，在一國之內的運輸，政府通常規定一個基本費率表（standard tariff），貨運業者再依照標準費率表給貨主若干折扣。

1 依運輸方式之不同可分為：整車、整櫃、包盤、包櫃、租船、包機等。

雖然競爭在所難免，至少國內運輸的運費基本上是受到某種規範的，不過這種規範在國際運輸基本上是不存在的。

國際運輸的運價基本上是依照經濟學的供需原理，因為國際運輸是一個自由競爭的市場，在目前國與國之間的經濟界限越來越少之下尤其如此。亦即國際運輸費率的制定，除考慮貨物本身對運費的負擔能力及運送人運輸成本之外，主要依照市場競爭態勢而定。當運輸服務供給超過需求時，為爭取貨主的青睞，運送人大多採降價的策略，運費自然下跌。但當貨物對船位需求大過於船位供給時，運送人就趁機調升運價，運費於是上漲。這就是為什麼國際運輸費率會有循環（cycle）的原因，也是經濟學供需原理的體現。以海運為例，從2005年起國際貨櫃航運市場持續了幾年的榮景，使船東對前景大感樂觀，因此紛紛訂造更多且更大的貨櫃輪，根據《國際貨櫃運輸雜誌》（*Containerisation International*）2009年8月號報導，至同年6月分為止，全球在役中的貨櫃船有4,704艘，承載能量約1,261萬TEU。其中6,000TEU以上的船有429艘。至2013年會再增加1,013艘船，共約544萬TEU，增加比率超過43%。其中6,000TEU以上的有359艘，共約358萬TEU；這裡面超過8,000TEU的就達到272艘、299萬TEU。2009年增加比率約8.8%、2010年16.2%、2011年12.5%。貨櫃承運能量大幅增加是基於對經濟前景樂觀預期，很不幸的是，2008年以來全球經濟受到以下兩個因素嚴重打擊而陷入蕭條：

1. 原油價格大漲。史上原油價格歷經三次危機都是因為中東地區局勢動盪所引起的[2]。從2007年起的投機炒作，使原油價格從當年的每桶73美元暴漲到2008年7月的每桶147美元，導致世界經濟大亂，可稱為第四次石油危機。油價大漲，貨櫃輪船的高耗油量首當其衝，燃油成本高達船公司營運成本的50%以上，為史上所僅見。雖然船公司努力加收燃油附加費來挹注經營成本的上漲，仍然無法趕得上油價的飆漲。更糟的是因預期原油將繼續攀升，因此航運公

2 分別為1973年以阿戰爭、1979年兩伊戰爭和1990年波灣戰爭。

司紛紛搶購期貨燃油。未料原油價格於2008年7月達高點後急轉直下，在短短一個月中暴跌一百美元以上，預購原油的航運公司都被套牢，損失空前慘重。

2. 美國金融風暴。美國金融風暴始自2007年的次級房貸風暴導致美國第五大銀行貝爾斯登（Bear Stearns）於2008年3月被摩根大通收購；接著2008年7月「二房」[3]危機爆發；2008年9月15日位列華爾街第三大的雷曼兄弟（Lehman Brothers）宣布破產。當今全球金融業大多和美國這些金融公司有密切往來，因而美國層出不窮的金融風暴不僅重創美國經濟，全球大部分國家也難逃受牽連之命運。國際經濟受重創，消費者購買能力當然也大受影響。其中受創最深自非以歐美國家莫屬，美國又是最中之最了。

貨櫃航運公司在積極擴充船隊之際，卻遇上這波經濟蕭條，以致船舶供給有嚴重過剩的現象，多數航線的運費都攔腰折半，歐美航線甚至還更低。即使如此，最慘的時期全球貨櫃輪船公司有五百多艘船閒置，導致貨櫃輪船公司在2008年到2009年遭遇有史以來最嚴重的虧損。至於散裝輪市場也一樣慘不忍睹，波羅的海指數中的海岬型指數從2007年超過11,000點跌落到2008年低於1,000點，海岬型船從日租金20萬美金跌到低於4千美元。這樣的變化完全依照市場法則，政府無力也沒必要干預。我們航業法雖有第25條關於運價表干預及第59對違反者罰鍰的規定，但其援用主管機關還是受到相當限制的。

此外，在國際航線上因航運公司的服務水準及定價策略不同，而有差別訂價。服務水準較差的公司，例如：船期不穩、船期頻度（frequency）不夠、公司形象不強或航行時間較長等，為爭取貨主的支持乃採較低的報價策略。基於競爭力考量的差別訂價策略相當常見，也沒見哪個國家干預。因為國際運輸一國之出口便是另一國之進口，必須遵循國際規則，才不致引發國際爭議。故對國際運輸而言，市場的供需態勢才

3 「二房」指房地美（Freddie Mac）和房利美（Fannie Mae）兩家公司，主要為解決美國中低收入階層的住房問題。

是運送人制定運價時的主要考量因素。因此國際海運運費起起落落是常態，政府管不到；而國內運費則限於一國之內，各國政府多少可以干預，因此較爲穩定。

綜合以上所述，國際海運運費的制定可用以下圖形說明之：

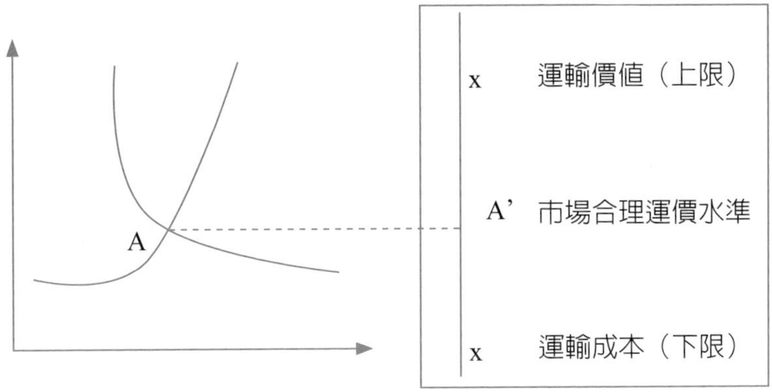

圖6-1　國際海運運費的制定原則

依圖6-1所示，運價水準有上限和下限，上限爲運輸價值，下限則爲運送成本，而正常運費則介於兩者之間（圖6-1右圖）。運輸價值是指貨主使用本運輸服務所能得到的價值，也就是運輸服務對貨主產生的價值。依照國際貿易比較利益原理，運輸價值應該是和其他國家的邊際競爭條件，也就是加上運價成本後還能具有競爭優勢的差數。如貨主使用運輸所得到的價值，低於所支付的運費時，他的產品在國際市場上將不具競爭力。因此，除非還有其他目的，否則貨主將無法使用該運輸服務，運輸需求也就無法存在。一般而言，當貨物價值越高時，使用運輸的價值往往也越高，例如珠寶、美鈔的價值很高，體積又小，運費所佔貨物成本比例很低，因此這類產品的運費負擔能力強。相對的大理石及農產品的價值不高，體積重量又都比較大，運費所佔貨物成本比例比較高，因此這類產品的運費負擔能力就差。因此運輸價值又稱爲貨物對運費的負擔能力，貨物價值越高，運費負擔能力越高；反之越低。運費負擔能力差的產品，對運費高低的敏感度也高。在正常情況下，運輸價值應爲運費的上限。

至於運費的下限，則是運送人爲提供某項運輸服務時，所發生的變動成本。當市場運費水準低於變動成本時，表示運送人連因提供運輸服務所增加的成本都無法收回。這樣的運價水準，在正常情況下，運送人應該不願意也無力長期提供，故運輸服務將無法存在，但有例外的情況。例如：新進業者爲打入新市場，最常用的策略是低價競爭；而原有業者爲了與新進的業者競爭，也可能刻意將運費以低於成本價報出，讓後者無利可圖，知難而退。俟其退出以後，再回復運費水準。立榮海運公司在1986年開闢中東新航線沒多久即被既有業者圍剿，導致市場運價下跌至變動成本以下；過去運費同盟的競爭策略之一也是聯合圍剿，壓低運價。不過這樣的做法，只能短期爲之，無法長期持續。立榮海運所面對的那次戰役，因爲挾雄厚的實力和母公司長榮海運的加持，勇敢迎戰。後來同業衡量這個對手並不是容易屈服的，繼續競爭下去的話，大家都要受創。因此在不到一年的時間後，大家就相互妥協，坐下來談判，一起將市場運價拉回合理水準。立榮海運在獲得喘息機會後，自此站穩中東航線，同業之間也相安無事。除前述情形之外，於市場狀況不好時期，市場運價水準低於平均運輸成本也是常有的事。海運事業具有經濟學沉沒成本（sunk cost）的特性，資本投入容易收回難，船位必須盡量塡滿，才能降低平均單位成本。因此在運價高於變動成本，但低於平均成本時，船公司仍須接受貨載，以期至少回收部分的固定成本。這便是2008～2009年期間航運業者所面臨的問題。不過如果長期下去的話，部分體質較差的業者還是會退出，從過去已有很多貨櫃輪船公司倒閉或遭併購，足以證實。部分船公司退出，使市場供需達到均衡，運費於是再次回升到合理水準，市場週而復始循環。總之，合理的運費水準應該介於運輸價值和運輸變動成本之間，高於運輸價值或低於運輸成本的費率水準都不是常態，無法長期存在。

至於實際運費則依市場供需而定，如圖6-1左圖所示。依照市場法則，自由競爭之下，價格係由貨品的供給和需求決定；兩者達到平衡時，市場價格也達到均衡。國際航運市場具有自由競爭的特性，因此也一樣依循此法則。因此當供需達均衡點A時，市場運價也定於A’。2008～2009年期間因全球經濟不景氣，需求緊縮；但同一時間正好是新船交船高峰期，導致船舶供給嚴重過剩。以致海運市場運價慘跌，所有船東於這兩年期間都發生巨額虧損。

綜合以上所述，合理的運價應介於運輸價值和平均運輸成本之間；而實際運價則由船舶供給和需求決定。

至於實務上的定價法則爲何？過去運費同盟強盛時期，運費同盟是運價的領導者（price leader）。某航線運價係由運費同盟帶頭訂定，有運價變動時亦然，其他非運費同盟公司再參照訂定報價。長期以來基本上循此法則運作，因此運費同盟的費率具有指標和穩定市場的作用。不過各航線的運費同盟如今多已式微，歐盟更是於2008年10月起正式停止運費同盟運作，使運費同盟走入歷史。如今則多由各航線的非正式運費協定（informal rate agreement）組織取代，市場運價設定亦由其主導，例如北美航線即由TSA（Trans-Pacific Stabilization Agreement）帶頭，亞洲區間航線則由市場佔有率較大的三家國人經營的船公司萬海、長榮和陽明主導，其他公司再依競爭差異訂定運價；至於歐洲航線則因運費已經解體，取而代之的ELAA（European Liner Affair Association）並不具有訂價功能，因此運價結構因船公司而異，市場有點混亂。

最後再說明海運承攬運送業的報價原則。海運承攬運送業因運輸服務作業多委外爲之，因此合理的報價原則爲：費率＝成本＋利潤。也就是應將本求利，以取得成本加上合理利潤後賣給貨主。航運公司爲免引發海運承攬運送人間惡性競爭，造成複雜，因此實務上一般會選擇幾家業者稱爲主要代理（key agent）[4]或A級客戶，深入配合。給予優惠報價和船位，甚至固定S/O號碼等，使他們能直接接受貨主定艙。各主要代理所拿到的條件應該相同或非常接近，大家成本應相去不遠。實在犯不著低價求售，犧牲利潤以增加貨載量。如果大家都能依照此報價原則的話，市場自然能夠維持穩定，對貨主和海運承攬運送人都有好處，可惜事實並非

4 此處所謂代理是指攬貨代理（booking agent），和船務代理的概念不同。

如此。由於台灣市場小，業者家數又太多，加上同行（co-loader）到處兜價（shopping around），以致業者之間惡性競爭。經營艱苦，叫苦連天。實務上有一怪現象，在船公司調漲報價時，海運承攬運送人不但沒跟著調漲，報價甚至還下跌。此舉給外界不良印象，謂之為買空賣空的行業，業者應該深自檢討。

二、海運費的內容

海運運費內容可做各種分類，藉以了解其性質。以下茲分別加以說明：

1. 依運費計算基礎分：從量費率（volume rate）及從價費率（ad valorem rate）

   所謂從量費率是以交運的貨物數量作為計算基礎，可分為計噸費率（by ton rate）及計櫃費率（by container rate或per box rate）兩種。計噸費率又可再分為重量噸（weight ton）、體積噸（measurement ton）兩種。計噸費率視貨物比重（體積與重量之比）而定，有些貨品的重量較大，例如：螺絲、鋼板、鋼筋等，即以其重量作為計費基礎。重量噸是以一千公斤（一公噸）做為一個計費單位，例如：US$80/1,000公斤。而一般工業產品、消費品都是體積大於重量，即以體積噸計收運費。體積噸是以一立方公尺（CBM：cubic meter）作為一計費單位，例如： US$50/CBM。一立方公尺是長寬高各為一公尺的物體之體積。不論是重量噸或體積噸，最後取以作為計費基礎的噸量，又稱之為計費噸（R/T：revenue ton）。至於未達最低收費標準時，則會收取一個最低定額運費，稱為最低收費（minimum rate）。

   至於在整櫃貨的情形，除非是特殊貨品，一般是以每隻貨櫃作為計費基礎，而不問貨主實際裝載的噸量多寡，這稱之為包櫃運費（per box rate）。例如：US$1,000/20'、US$2,000/40'、US$2,100/40'HQ、US$2,200/45'HQ等，都是包櫃運費。

以整櫃作爲計費基礎的話，平均每噸費率應較低廉，對貨主較有利。因此買賣時，應盡量以整櫃量爲交易單位。由於併櫃的作業較爲瑣碎，須同時面對多家客戶。而船公司一個航次須承攬數百甚至數千個貨櫃，攬收併櫃貨對船公司而言並不經濟，因此大多船公司對併櫃貨都興趣缺缺。但對海運承攬運送人而言，併櫃貨除了運費以外，還有併櫃費、提單製作費、國外代理退費（refund）等收入，因此併櫃貨是部分海運承攬運送人利潤的主要來源。出零星貨量的貨主，選擇和海運承攬運送人搭配的話，一般可以得到較佳的運價與服務。不過攬收併櫃貨必須投下大量人力，因此以併櫃貨爲主力的海運承攬運送人，大多人員衆多。

至於併櫃貨的報價，在海運承攬運送人惡性競爭之下，可謂全然失序。費率爲零或負存在於多數亞洲航線，2009年9月間基隆港務局以轄區主管機關介入糾正。可惜業者自律不足，主管機關亦對業者作業不夠深入了解之下，徒使這個問題化明爲暗而已。表面沒事，事實上問題卻未獲解決。這個問題業者自己心態須負最大責任。

2. 依是否按貨物類別報價分：品目運費（itemized rate）及不分品目運費（FAK：freight all kind）

品目運費顧名思義，即依不同貨品訂定不同的報價。不分品目運費則是報價時，除特種貨品，例如危險品、冷凍貨等之外，其餘不管貨品種類，一律適用相同運費。兩者定價方式都各有理論基礎支持：前者是考量貨物對運費負擔能力之不同，故報以不同的費率，以平衡貨主負擔並增加運送人收益；後者則認爲，船位成本應該是一樣的，沒必要因不同產品而差別定價。不分品目運費普遍存在於美國航線以外的大多航線上，例如：亞洲、歐洲等等。在這些航線上，除對一些特殊貨品，例如：冷凍貨、危險品及超大貨等除外，各種貨品的運費都一樣；至於品目運費則用於美國航線。美國航線的運價表上依法須向美國聯邦海事委員會（FMC：Federal Maritime Commission）報備生效，才能適用。否則即屬違反美國航業法行爲，將被處以重罰。運價表（tariff）則含費率（rates）和報價規則（rules and regulations）兩個部分：報價規則爲費率基礎說明和報價法則等，費率則爲費率金額和計價基礎，乃依不同貨物品目而異。因此，美國航線的運價表，都是厚厚一大冊，相當複雜，這是美國線在報價上與其他航線最大的差異所在。

3. 依運費是否加成分：基本費率（basic rate）及加成費率（extra rate）

傳統雜貨輪因受限於其機具起重能量的緣故，對超大的貨品，於超過某尺寸（體積）或某一單件重量時，會在基本運費之外，另外加收超重、超寬、超長及超高等，統稱超大件附加費（over gauge surcharge）。但就貨櫃運輸而言，所考量的因素則有所不同。貨櫃可承載貨物重量及尺寸，本來就較大，原來並無加收超大件附加費的問題。不過由於貨櫃所裝載貨物重量會影響船舶承裝貨櫃數量，因此船公司過去兩年（2008～2009）開始拒收超過每櫃某噸數（例如14公噸的貨載）或需加收較高運費。

貨櫃的外部尺寸，一般寬度爲8呎，高度爲8呎半、9呎半等，長度則有20呎、40呎、45呎等。如果貨物尺寸超出以上大小，或者貨物性質不便使用標準貨櫃的話，這時便須使用一些特殊的貨櫃，如：開頂櫃、平板櫃或平台櫃了。這些特殊貨櫃使用多爲單向性（one way），也就是說只有去程貨而少有回程貨的，且使用頻率也不若標準貨櫃，因此運送人一般都限量供應，報價也較標準貨櫃高。另外如果貨物尺寸超出貨櫃的長寬高尺寸時，則會佔用到該貨櫃上部或左右的空間，也就是說會佔用到鄰近櫃位（slot），故運送人會再以所佔用的櫃位數，加收運費，報價自然較高。因而就船公司而言，特殊櫃的報酬較佳，不容忽視。

因此報價基礎如無加成計費時，稱爲基本費率。如有額外加收時，爲加成費率。

4. 依是否簽服務契約分：表訂費率（tariff rate）及契約費率

（contract rate）

這是就契約費率與非契約費率的區別。對有實力與運送人簽訂服務契約的廠商而言，通常可就運輸相關條件與運送人協商，以取得較優惠的條件如運費費率、船位、貨況資料等等，因此是優惠費率（special rate）之一。船舶運送人每航次需要相當大貨櫃量的支持，才能維持穩定的服務，因此必須掌握一些基本貨源，以服務契約來確保基本貨源是重要的行銷策略。在美國航線，根據其1998年航業改革法之規定，爲維持一公平自由競爭的環境，允許船貨雙方簽定服務契約，但必須向聯邦海事委員會FMC（Federal Maritime Commission）報備。服務契約內容也不必對外公開，保持服務契約的機密性（confidentiality），這對貨主及運送人都有利。因此國際級的大貨主，如美國的Wal-Mart、Target Store、Sears、Nike等廠商以及規模較大的海運承攬運送人都藉以和船舶運送人簽訂服務契約，來爭取有利的運送條件。根據服務契約所訂定的費率，即稱爲契約費率；未簽訂服務契約的費率，即稱爲非契約費率（non-contract rate）。未簽訂服務契約時通常就按費率表（tariff）報價，因此又稱爲表定費率（tariff rate），這也叫正常費率（normal rate）。即便如此，對密切配合的客戶還是會報以比較優惠的運價，稱爲優惠費率（special rate）。

5. 依是否外加附加費分：基本費率（basic rates）與附加費（surcharges）

基本費率爲基本的運價計算基礎，如前面第三點所述。實際運費則依國際情勢之變化，可能臨時再外加各種不同的附加費。最常見的附加費則有以下五種：

(1)燃油變動附加費（英文稱法有三種EBS：emergent bunker surcharge、FAF：fuel adjustment factor或BAF：bunkering adjustment factor）

燃油消耗是船舶運送人最主要的成本項目之一，因此在國際油價高漲期間，船舶運送人的燃油支出會大幅上揚。因爲燃油價格時常變動快速，若在基本運費做調整往往緩不濟急，對貨主也不見得公平。因此爲平衡高燃油價格時期的支出，船舶運送人常會在此期間加收燃油變動附加費。至於其金額之多寡，則視油價變動幅度而定，例如：US$20/20’, 30/40’。

(2)幣值變動附加費（CS: currency surcharge或CAF：currency adjustment factor）

相對於BAF在油價上漲時加收，CAF則係於一國幣值劇升時收取。運費通常都以美金爲計算基礎，因此當一國幣值對美元升值太多時，就會影響到運送人的運費收入，乃於此期間加收幣值變動附加費，以茲平衡匯率變動之損失。

(3)港口擁擠附加費（port congestion surcharge）

遇某港口有嚴重擁擠時，船舶裝卸貨常須等候碼頭，浪費船期。使船舶運送人營運成本大增，船期安排也爲之大亂，令船舶運送人大感頭痛。美國西岸洛杉磯港，過去常因勞資談判破裂導致罷工，造成港口壅塞，以致船舶嚴重滯港的問題；印度及巴基斯坦的港口作業效率低落，有常年性的擁擠現象。爲彌補港口壅塞所增加之營運成本，船舶運送人乃加收港口擁擠附加費。就船舶營運而言，加收此附加費絕非其目的。而是船舶滯港將擾亂船期，因此船舶運送人還是希望將停港時間縮到最短，以提高船舶營運效率，減少損失。

(4)戰爭兵險附加費（WRS：war risk surcharge）

遇有戰事發生時，國際保險公司會宣布某一區域爲戰區。進出該區域的船隻，將被收取較高的保費，船舶運送人於是將此費用轉嫁向貨主收取戰爭兵險附加費。戰事過去後，保險費率即會恢復正常，戰爭兵險附加費也應予取消。當時美國攻打伊拉克期間，前往波斯灣及紅海地區的貨載便要加收戰爭兵險附加費。

(5)旺季附加費（PSS：peak season surcharge）

這和空櫃調度費類似，只是此項費用既稱為旺季附加費，可瞭解它是發生在旺季期間艙位較緊張時才加收。目前美國航線收費為US$225/20'、300/40' STD & HQ、US$380/45'；加拿大線為US$300/20'、400/40'STD、US$450/40'HQ。2010年起因貨櫃航運市場轉旺，旺季附加費也隨時調高。

6. 依運費的支付地分：運費預付（freight prepaid）及運費到付（freight collect）

運費預付指運費在裝船港（loading port）支付，運費到付指運費則在目的港（discharging port）支付。運費在那一邊支付和貨主的貿易條件有關，因此在此先簡單介紹《國貿條規》（INCOTERMS）。

《國貿條規》又稱《交貨條件》，是由國際商會（International Chamber of Commerce，簡稱ICC）於1936年所制訂，為全球貿易業者、運輸業者、保險業者及金融業者所共同遵守使用。國際商會制定《國貿條規》的目的，在於對貿易中最通用的貿易條件提供一套解釋的國際規則，進而避免不同國家對同類貿易條件可能有不同解釋的不確定因素，或至少使其降到最低。《國貿條規》（INCOTERMS）關係到現代國際貿易發展、買賣契約訂定是否周詳。目前所使用的是INCOTERMS 2000（即2000年版），就和大家所熟知的信用狀統一慣例（UCP 600）的修訂一樣，大約每隔10年，國際商會就要對《國貿條規》進行修訂，以期能符合當前的國際貿易實務。自2000年出版使用以來，已歷經10年，又將屆修訂時限。新版預定於2010年底出版，新修訂版為INCOTERMS 2011，中文譯為「2011年版國貿條規」。

現行版本是將貿易條件分為4種基本上不同的類型共13種交貨條件，即以賣方僅在其營業場所將貨物交付買方的貿易條件開始為屬「E」類型貿易條件Ex Works；接著是以賣方須將貨物交給買方指定運送人的第二類型貿易條件為屬「F」類型貿易條件，有FCA、FAS及FOB共3種。

接著，則為賣方須訂立運送契約，但不負裝船後或發貨後貨物毀損滅失的風險，或所發生事故而生的額外費用的第3類型貿易條件為屬「C」類型貿易條件，有CFR、CIF、CPT及CIP共4種；最後第4類型為賣方須承擔將貨物運至目的地所需的一切費用及風險，這類型貿易條件為屬「D」類型貿易條件，有DAF、DES、DEQ、DDU及DDP共5種。

依據國際商會於2009年9月所草擬的國貿條規修訂版本（第2版本）架構，和2000年版本（INCOTERMS 2000）比較，其差異頗大，在其已修訂的版本草案中，僅將國貿條規分成兩大類型、11種交貨條件，其第1類型為使用任何運送方式為條件的貿易條件，有EXW、FCA、CPT、CIP、DAP及DDP共6種，以及僅使用於海運為條件的貿易條件的第2類型，有FAS、FOB、CFR、CIF及DEQ共5種，總共有11種貿易條件。茲將該11種貿易條件名稱的中、英文分別臚列如下：

INCOTERMS 2011	2011年版國貿條規
Terms For Any Mode of Transnport	任何運送方式條件
EXW EX Works (insert named place of delivery)	EXW 工廠交貨條件（加註指定交貨地）
FCA Free Carrier (insert named place of delivery)	FCA 貨交運送人條件（加註指定交貨地）
CPT Carriage Paid To (insert named place of destination)	CPT 運費付訖條件（加註指定目的地）
CIP Carriage And Insurance Paid To (insert named place of destination)	CIP 運保費付訖條件（加註指定目的地）
DAP Delivered At Place (insert named place of destination)	指定地交貨條件（加註指定目的地）

DDP Delivered Duty Paid (insert named place of destination)	DDP 關稅付訖交貨條件（加註指定目的地）
Maritime-Only Terms	僅海運條件
FAS Free Alongside Ship (insert named port of shipment)	FAS 船邊交貨條件（加註指定裝船港）
FOB Free On Board (insert named port of shipment)	FOB 船上交貨條件（加註指定裝船港）
CFR Cost And Freight (insert named port of shipment)	CFR 運費在內條件（加註指定裝船港）
CIF Cost Insurance And Freight (insert named port of destination)	CIF 運保費在內條件（加註指定目的港）
DEQ Delivered Ex Quay (insert named port of destination)	DEQ 目的港碼頭交貨條件（加註指定目的港）

茲再予整理簡表如下（表6-1）。

表6-1　2011年版國貿條規

Transportation method	Type of contract			
	Departure	Main carriage unpaid	Main carriage paid	Arrival
Any mode of transport	EXW	FCA	CTP CIP	DAP DDP
Maritime only		FOB FAS	CIF CFR	DEQ

資料來源：作者整理。

2011年版國貿條規修訂要點

(1)將2000年國貿條規架構的E、F、C及D共4大類型的13種交貨條件，修減成為使用任何運送方式為條件及僅使用海運為條件的11種交貨條件。

(2)刪除2000年版國貿條規中的DAF、DDU及DES共3種交貨條件，但新增加DAP交貨條件，其餘乃就原交貨條件內容做不同程度修訂。

(3)其最明顯的修訂為各種交貨條件後面加註不同的指定交貨地、目的地、裝船港及目的港，使其意義更為明確。

茲再以下圖（圖6-2）表示：

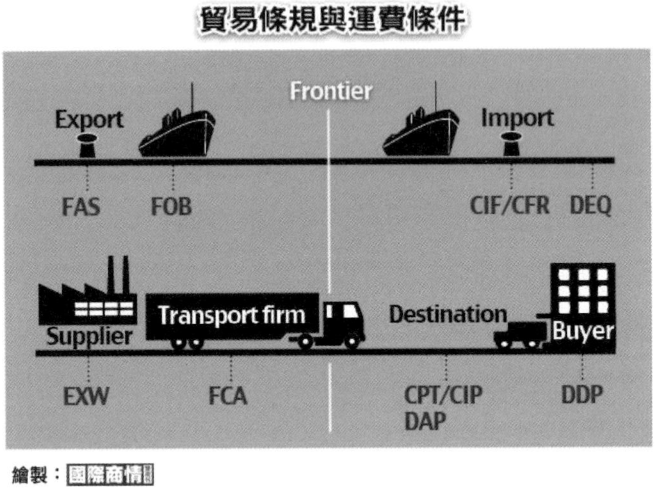

資料來源：國際商情291期，2010年5月5日。

圖6-2　國貿條件示意圖

至於貿易條件和運費支付的關係，簡而言之，E及F條件的報價基礎，賣方都在出口地交付貨物，指差一再工廠交貨或船邊交貨而已。兩類的運費都應該向買方收取，即實務所稱的運費到付（freight collect）；C及D條件的報價基礎，交付貨物地點則是在進口地的碼頭或貨主收貨地點，因此運費應向賣方收取，即運費為預付（freight prepaid）。因此貿易條件和運費支付兩者有密切關聯：簡單說，誰支付運費誰有船運決定權。E及F條件的運費既然由買方支付，船運決定權在買方。所以海運承攬運送業者在做行銷時，如果遇到E及F條件的貨運，應向出口客戶取得買方聯繫資料，通知國外代理或分公司（即提供sales leads），請他們向買方爭取使用本公司服務。獲得買方同意後，並應在買賣契約或信用狀上指定使用我們公司服務，實務上稱這種業務爲指定貨（nomination）。對指定貨，出口地只要聯繫裝船事宜即可。對這種貨載，運費收入通常較高，當然大受出口地歡迎。而C及D條件的運費爲預付，也就是由賣方支付，船運決定權在賣方。因此貨運的爭取，基本上要靠出口地的業務人員向出口商爭取。但進口地業務人員一樣也可以向進口貨主洽詢，取得賣方資料以後，一樣提供客戶資料（sales lead）給出口地聯繫爭取裝運事宜。Sales lead對出口地還時提供了重要的資訊，對業務的開發，甚爲重要。

因此運送人的營業人員在聯繫客戶之始，應先問明交易是用那種條件，是E、F或C、D條件？即業務人員必須事先弄清楚貨主的貿易條件，再依其條件決定洽談業務對象是買方或賣方，方可避免白費力氣。因此貿易條件也和海上運送人的業務條件，兩者息息相關，有經驗的業務人員不得失誤，以免白費力氣。

第二節　費用（charges）

一、費用項目內容

費用（charges）與運費不同，運費是運送人提供運輸服務所收取的報酬已如前節所述，而費用則是因提供或使用運輸服務所產生的其他相關支出。運送人通常是以代收代付的方式，向貨主收取。話雖如此，但有些費用項目的性質，並不容易與運費清楚劃分。這些年來，由於基本運費節節下跌，有些費用收得偏高，儼然是變相的運費，爲各國託運人協會團體所詬病。

以下逐一說明貨櫃運輸常見的費用[5]項目：

1. 貨櫃場作業費（THC：terminal handling charge），在美國線又稱

---

5 所提供之數字僅供參考，因為這些數字運送人可能隨時修改。實際出貨時請向運送人查詢，筆者對其正確性不予負責，特此說明。

目的港交櫃費（DDC：destination delivery charge）

貨櫃場作業費究竟屬費用或運費已便得有些模糊，值得討論。依照傳統的定期船條件（liner term），定期船運費包含貨物裝卸費，因此貨櫃場的作業費用應包含在運費裡面。早期也確實如此，不成問題。不過由於運費長期偏低，調升基本運費的努力又每每因運送人各有所圖，以及船公司的水準不一，多以失敗收場。運送人在不堪虧損的情形下，乃將此貨櫃場作業費用自運費中分離出來，另行向貨主收取，至少使運輸服務能夠維持。一般航運公司，並不將此費用計付代理佣金給船務代理公司，因此其屬費用項目性質，應無疑義。

過去幾年來，運送人幾乎將調漲運價的努力重點放在貨櫃場作業費上，已成爲變相的漲價，因此難以得到貨主團體的認同。託運人協會即認爲，必要時合理的調漲基本運費是可以接受的。但一再調漲THC，且金額已遠超過實際支付貨櫃集散站的金額，因此難以向貨主解釋，取得諒解，此爲每次調漲THC時託運人協會都要質疑的問題。事實上，亞洲很多航線的運費都已經低於運輸成本了。舉例言之，台灣至香港20呎櫃運費爲US$20，香港至台灣則爲0或US$10。這樣的運價之所以還能存在，是因爲船公司還有THC收入的緣故。不過由於台灣地區的貨主不夠團結，所以對THC的爭議一直是抱怨歸抱怨，船公司還是照漲不誤。現行台灣的收費標準爲NT$5,600/20’,NT$7,400/40’STD&HQ。至於美國的DDC，美國西岸爲US$28.1/CBM、US$370/20’、US$740/40’STD、US$835/40’HQ、US$935/45’；美國東岸爲US$31/CBM、US$535/20’、US$1,070/40’STD、US$1,205/40’HQ、US$1,355/45’；加拿大爲US$18/RT、 US$220/20’、 US$440/40’STD、 US$495/40’HQ、US$627/45’。

2. 裝櫃費（stuffing charge）與拆櫃費（unstuffing charge）

顧名思義裝櫃費針對LCL出口併櫃貨，因爲須要裝櫃服務時所收取；拆櫃費則對進口貨而言，因爲須要拆櫃服務而收取。現行收費標準均爲每噸NT$380。不過由於海運承攬運送業者惡性競爭的結果，裝櫃費在某些航線爲零。

3. 貨櫃延滯費（demurrage）與留滯費（detention）

貨櫃延滯費與留滯費，是就貨櫃使用超過免費期（free time）所收取。如果貨櫃在貨櫃場內超出免費期未提領，也就是貨櫃「該提領未提領」，即向進口商收取延滯費。但如果貨櫃爲貨主提領，但超過免費期未歸還，也就是「該歸還未歸還」，乃向貨主收取留滯費。茲再分別從出口與進口兩方面加以說明如下：

(1)出口方面：對於出口貨櫃，航運公司一般規定在結關前若干天才可以提領空櫃，且結關前幾天才可進場，有特殊需要時也常常可以特別情商，因此出口貨櫃，一般發生此兩項費用的機會不大。

(2)進口方面：自貨櫃進貨櫃場可供提領開始，至實際提領完成所佔用時間，扣除免費期後，所發生者爲延滯費。留滯費則自貨櫃爲貨主提領次日起，至空櫃交還貨櫃場止，所發生者，一樣須扣除免費期。簡單講，延滯費是在貨櫃場內發生的，留滯費則是在貨櫃場外發生的。進口櫃較容易因爲貨主提貨手續、銷售安排或生產線安排等原因無法及時提領或歸還，而發生這兩項費用。延滯費因爲還佔用到貨櫃場場地，故收費金額較高，往往也比較不容易商量打折扣。例如香港這種地窄人稠的地方，貨櫃場地的使用成本相當高昂，因此要求打折往往要大費周章。

收取延滯費或留滯費都不是船公司的目的所在，而是要用於營運獲利的。要是貨櫃被佔用的話，除考慮貨櫃租金成本之外，船公司更是損失了做生意的機會，在季節性旺季時尤爲明顯。因此對這兩種費用通常都採累進計算，其目的是要給貨主壓力，盡速歸還或提領貨櫃，避免因被佔用而影響到船公司對貨櫃的調度。貨主一定要有這樣的觀念，以避免爭議和損失。

茲舉國內某航運公司的收費標準如下：

(1)延滯費（CY cargo demurrage）

表6-2　延滯費

日期	普通貨櫃		冷凍貨櫃	
	20呎櫃	40呎櫃	20呎櫃	40呎櫃
免費期	6天		3天	
第一期（3天）每櫃每天	NT$400	NT$800	NT$900	NT$1300
以後每櫃每天	NT$800	NT$1600	NT$2700	NT$3900

(2)留滯費（CY cargo detention）自提領次日起算

表6-3　留滯費

日期	普通貨櫃		冷凍貨櫃	
	20呎櫃	40呎櫃	20呎櫃	40呎櫃
免費期	6天		3天	
第一期3天 每櫃每天	NT$300	NT$600	NT$900	NT$1300
以後每櫃每天	NT$600	NT$1200	NT$2700	NT$3900

4.貨物倉租（storage）

貨物倉租指進出口貨物使用倉庫的費用，爲從併櫃貨進倉到出倉期間計收，一樣可分出口和進口說明：

(1)對出口併櫃貨，運送人一般在所定時間（通常爲結關日前五天）內才開放收貨，因此出口貨很少會產生此項費用。

(2)對進口併櫃貨，在貨物運達之後，貨櫃場一般會盡速安排拆櫃進倉，以增加倉租收入。對進口併櫃貨同樣會因爲貨主提貨手續、銷售安排或生產線安排的原因而延遲提領，致產生此項倉租費用。這項費用通常是屬於貨櫃場的直接收入，一般不容易給予折扣。因此貨主的貨品如需存倉較長時間的話，最好先辦理提領，改存外圍保稅倉庫或普通倉庫，其收費標準便低廉許多。例如進口轎車和葡萄酒等，因爲關稅金額大，即可進存保稅倉庫，以延遲繳交高額關稅又可節省倉租。因爲貨櫃場是以配合船舶作業爲主要目的，因此除非兼營物流倉儲，注重的是倉庫空間的週轉速率。貨物如果長時間佔存的話，很容易滿倉，將影響船舶作業效率。進口併櫃貨倉租爲自卸櫃進倉當日起算，一般爲每噸每日NT$20，每一期以三日計算，不累進。因此進口貨對貨櫃場經營者往往能帶來較佳收益，出口貨則幾乎只賺個作業費用而已。

5.文件費（documentation fee）

爲運送人因製作及簽發提單所收取之費用，以每份提單爲計費單位，船公司現行收費爲每份NT$1,350。對併櫃貨，數票貨物合併裝一個貨櫃或同行的合裝貨，只發一套提單，支付一份文件費；同行則對貨主個別收取每筆貨物一份文件費，因此中間會有差價。不過同樣由於海運承攬運送業者惡性競爭的結果，文件費也大多爲零。部分航線的主要業者透過共同努力，希望將文件費至少維持在每份提單NT$300。期盼業者能眞心合作，維持合理收費。

6.進口換單費（D/O fee）

進口換單費顧名思義是對進口貨主換領D/O時所收取之費用，現行標準爲每份D/O收費NT$1,650。進口換單費類似於前述的出口文件費，不過由於海運承攬運送業被海關定位爲「使船舶運送人運送貨物而受報酬」，因此海關只接受船舶運送人申報艙單。以致每次在船到之前，海運承攬運送人須將併櫃貨的詳細資料提供給船公司，由其更改和申報艙單，造成作業的困擾，且容易產生錯誤。應該由船公司自報其艙單，上面以海運承攬運送人爲受貨人；再由海運承攬運送人申報併櫃貨倉單，以及憑海運承攬運送人D/O提貨，簡化進口貨載的文件作業。

7.電放費（telex release fee）

託運人爲便利其受貨人提貨且避免寄送提單遺失的問題起見，乃在裝貨港即將全套正本提單歸還給運送人或不領取正本提單。運送人即可以正本提單已收回爲由，通知國外代理逕行放貨給指定的受貨人。過去此是以發電報通知，因此稱爲電報放貨。爲支應因此增加的聯繫（通常為副本提單的傳真或e-mail）成本，乃收取電報放貨費用，現行標準為每份提單收費NT$200；歐洲線收NT$300。

8.外港附加費（out port surcharge或arbitrary）

係貨主要求在裝卸港外之外地收交貨時所加收的額外費用，例如：船公司的船靠舊金山，但貨主要求貨送至附近的Sacramento時，加收US$80/20”，US$120/40’即是。在台灣，通常船公司對桃園地區結關的貨運報價，每櫃加收US$30；船只靠高雄時，對基隆每櫃加收US$300、台中每櫃加收US$150等，都屬於此種附加費。

9.選擇卸港費（optional charge）

貨主於交裝當時尚未決定卸貨港，乃請求運送人將貨櫃安排裝載於可選擇卸港的位置。由於這樣的安排，會增加運送人裝卸作業上的不便，因此要求加收選擇卸港費用。最後選定之卸貨港，必須在船舶抵達第一個卸貨港之前告知知運送人，以作安排。

10.翻艙費（shifting charge）

貨主臨時性要求更改卸港時，運送人必須翻動押在上面的貨櫃，因此將加收翻艙費用。一般收費是按移動貨櫃的動作數計算，如幸運只有將該櫃調上碼頭，再調回船上，則可能只發生兩個動作，費用可能不高。但如果貨櫃擺的位子不好，可能必須翻動很多櫃子，則翻艙費可能很高。翻艙費也會因翻艙作業港口之不同，而有不同收費標準。有此需要時，必須先向運送人查明。

11.空櫃調度費（EPS：empty positioning surcharge）

此為近年以來，船公司為應付歐美航線貨櫃進出嚴重失衡，必須調度空櫃回需櫃港口。EPS即為挹注空櫃調度成本而加收的附加費用。美國航線明顯的是進多出少，因此空櫃必須運回遠東，否則遠東將無櫃可用。歐洲航線亦然，只是不像美國航線那麼嚴重。因此船公司又在基本運費之外，收取此項費用。

12.預報艙單費（AMS：advanced manifesting surcharge）

911恐怖攻擊事件發生以後，美國為防止恐怖事件再發生於美國領土，因此要求貨物在裝船之前，必須預報艙單以便篩選可疑貨載，拒絕裝運。運送人必須逐筆傳輸預報貨載，因此加收預報艙單費每份提單US$25。

13.快速通過費（ACC：Alameda Corridor Charge）

是美國洛杉磯轉運內陸點的貨，爲避開市區塞車，再造一條快速道路，名爲Alameda Corridor，因使用這條快速道路所加收的過路費。目前收費爲US$16/20’、 33/40’STD & HQ、 US$37/45’。

14.港口安檢費（ISPS Charge）

國際海事組織所倡導，爲加強港口安全而實施安全檢查，因此港口有在醞釀收取此項費用。雖未成定局，但恐勢在必行。就目前所悉，香港港口將收近洋航線每重櫃HK$20、遠洋航線每重櫃HK$50，空櫃及中轉櫃免收。這是爲防恐怖攻擊事件，全球所必須支付的代價。

如果有涉及轉運時，則費用的項目將更多。尤其自香港中轉大陸的轉運，所發生費用項目甚多，例如：水位費、公躉費、查車費、清潔費、轉關費等等，本文不擬再一一列舉說明。

總之，運送人所收取的費用林林總總，乃隨市場變化及客戶要求而有不同的收費，且收費標準與名目也隨航線之不同而異。說船公司巧立名目也罷，事實上有其不得不爾的苦衷。以上所舉只是常見的一些項目而已。欲知詳情者，可向船舶運送人或海運承攬運送人查詢。

二、貨主應如何節省運費

1.注意貨物的包裝

一般雜貨仍以貨物的體積爲計算運費的基礎。因此講究包裝除了具有對貨物保護的意義外，更可節省運費及費用的支出。特別是在貨櫃運輸的情形下，更可配合貨櫃的尺寸，特別設計包裝。對一些體積龐大的貨品，如：家電產品、傢俱等，更應注意。筆者即曾經驗過某一出口玻璃飲料瓶的廠商，因爲善加計算單位包裝的尺寸，使得在支付相同的運費下，可多裝約百分之十的瓶量。由於運費佔此種貨品的成本比例甚高，且其年度櫃量龐大，因此百分之十的額外裝量，一年可爲該公司節省數十萬美元的運費。因此注意貨物的包裝，對其深具意義。

2.與運送人建立長期配合關係

如能與運送人建立長期配合關係，則運送人在運費及相關費用方面均較願意給予特別考量，可望取得較優惠的運送條件。筆者即曾因對某一長期客戶報以特別優惠運價，提高其競爭力，使其銷售量大幅成長。而筆者同樣也受惠於其貨量源源不斷的支持，達成公司業績目標成長，是長期配合、互蒙其利的例子。這樣的長期關係，在船位擁擠期間，尤其有價值。當別人訂不到船位時，你卻能如期出貨。其對競爭力的提升，甚至有過於運價的差異。

3.儘量以整櫃交運

如能以整櫃交運的話，不僅在運費可節省外，其他相關費用，如：裝拆櫃費、拖車費、報關費，甚至貨損失竊機率等，都可降低，買賣雙方因此均可望得到利益。當然能否累積爲整櫃，亦視交易量而定，無法強求。順帶一提的是當前併櫃貨的運費費率看似比較低廉，實則不然。否則衆多海運承攬運送人豈不是無以爲生？

4.與運送人簽訂服務契約

貨量較大的客戶，可考慮與運送人簽訂服務契約（service contract）。服務契約是船貨雙方就運送條件進行談判，貨主藉此取得好的運送條件，運送人則取得基本貨載，互蒙其利。服務契約的簽訂，恐唯有中大型客戶有此實力，例如Wal-Mart等國際級大客戶，便可談判到很好的條件。服務契約雖然在其他航線也有可以使用，但主要還是美國航線的做法。依美國1998年航業改革法第3條第19項對服務契約所做定義：「服務契約爲託運人與海上公共運送人所訂之書面契約，託運人承諾某一特定期間，提供某一數量之貨載；而海上公共運送人則承諾給予特定運費或費率，以及一定之服務條件，例如：確保艙位、運輸期間、港口順序、或其他類似之服務。服務契約亦得訂明關於契約當事人不履行契約時之罰則。」美國航線的海運承攬運送業者也藉服務契約的簽訂，向船公司取得船位及運價。以此爲基礎，向貨主提供海運服務。在運價波動的時期，條件好的服務契約，常常可以帶給海運承攬運送人不錯的利潤，是營運的一大利器。

5. 中小型企業可選擇與海運承攬運送業配合

中小型企業一般缺乏與運送人簽訂服務契約的實力，因此如選擇與海運承攬運送業配合的話，藉由專業實力與服務，他們往往可自船舶運送人處取得良好的運送條件，分享予中小型客戶。對中小型企業而言，不失爲一有效的途徑。特別是對併櫃貨，海運承攬運送業一定可以提供遠較船舶運送人爲佳的運費與服務。唯應注意慎選信譽良好的業者，作爲合作對象。

6. 在報價時爭取船運決定權

船運決定權從國際貿易報價基礎而言，如前面所說明，即進口以FCA、FAS或FOB條件購買，出口則以CFR、CIF、CPT或CIP條件銷售。早期可能因國人對船運並不熟悉或因我國船運不發達的緣故，對外貿易時，習慣性地把船運決定權讓國外對手決定，不論進出口皆如此，坐失可以節省運費的機會。其實，目前船運消息取得相當便利，國人所經營的航運公司，在主要航線上均有良好的信譽與服務。再加上衆多海運承攬運送業可供選擇，船運安排其實是非常容易的事。如能爭取由我方決定船運，則在出貨或進貨當時，還有機會爭取運送人在運費上再作優惠，確爲節省運費支出最有效的途徑，貨主應多予運用。船貨雙方爲了調漲貨櫃場作業費，而有所爭執時，交通部即曾建議貨主應盡量爭取船運決定權，以增加與航運公司談判的籌碼，即爲此意。站在依法論法的立場，交通部對運送人所做調漲THC的行爲，不應做過多干涉，而這也是國際運輸的重要原則之一。因此貨主若要節省運費支出，只有靠自己多加努力了。

第三節　海運承攬運送業的收入（income）

一、海運承攬運送業的收費

前面已說明海運收取的各種運費和費用，海運承攬運送人的收費方式雖然大致相同，但仍有其特殊性。本節擬再就海運承攬運送人的特殊角色，探討其收費方式。

海運承攬運送人對貨主的收費，依其對貨主服務的內容而異。前面已討論過，他可爲貨主的貨運代理人，也可爲運送人之本人，全看他是否承擔運送責任而定。依其角色之不同，收費內容也不一樣，茲分別說明如下：

㈠為貨主的貨運代理人時

當海運承攬運送人是以貨主貨運代理人身分提供服務，例如訂艙、代安排保險、代爲製作單據等時，其所收取的報酬稱爲服務佣金（commission）或服務費（service charge），爲此國外也稱這樣的海運承攬運送人爲佣金代理（commission agent）。舉例言之，當海運承攬運送人代貨主報關或更簡單只代爲安排報關服務時，則會在報關規費之外加收適當比例的服務費；如果幫貨主製作單據時，也是一樣收取一點服務費。但這樣的服務方式，並不太具有技術性或專業性，從事者衆，因此收費也相對低廉，幾乎只是收取一點代辦費用而已。唯有提升服務的附加價值，才能夠獲取較好的收益，否則空間有限。

㈡為運送人之本人時

當海運承攬運送人是以運送人身分替貨主提供服務時，其所收取的是運費和費用，也就是前面所說的運送人因提供運輸服務，所應得的報酬，和船舶運送人沒有太大差異。不過大部分的海運承攬運送人都是以運輸經理人的身分將運輸資源加以整合，提供全程運輸服務[6]，但並不介入運輸實體的操作，因此其收費有以下幾個方面應予以說明：

1. 因爲海運承攬運送人不介入實體的操作，因此所需資金投入大爲減少。故業者可以迅速擴大服務網絡和規模，經營風險也比較小。但相對的，其承擔運送責任的能力比較差。有鑑於此，各國包括台灣、中國大陸、美國等都有要求業者繳保證金或購買提單責任保險的規定。因此業者承擔運送責任的能力，依照法律要求，應該不是問題。
2. 海運承攬運送人服務的實體操作部分多委外（out-sourcing）給履行輔助人（sub-contractor）執行，因此其直接成本很明確。簡單來說，他的被委託人的報價就是他的直接成本，例如船公司的報價爲每20呎櫃500美元的話，這500美元便是他的直接成本。所以當貨主要價低於此水準時，理性的海運承攬運送人應該要拒收該貨載，以免虧本經營；而船公司如果調漲運價時，海運承攬運送人也應該水漲船高，一併跟進漲價。因此理論上講，海運承攬運送人的經營風險應該不高。不過事實情況卻是近幾年雖各船公司宣布各種方式（例如GRI、調漲BAF、CAF等）的漲價，但海運承攬運送業者卻不跟進，甚至還降價，自行吸收漲價成本。以致業者的利潤越做越微薄、風險則越做越高，大家都成輸家。

當海運承攬運送人是以運送人身分爲貨主提供服務時，其收取運費的本質和船公司並無兩樣。簡單講，船公司怎麼向他們收費，他們在加上合理利潤以後，一樣向貨主收費。不過海運承攬運送人的操作方式和船公司還是有異，因此收費的基礎也有不同，茲分析如下：

(1)整櫃貨（full container load，FCL）的操作是海運承攬運送人向船公司購買船位，再賣給貨主的行爲。所以在整櫃貨的情

[6] 就此中國大陸稱為一體化運輸。

形，海運承攬運送人是以運送人的身分報整櫃運價（box rate）給客戶，以外的費用（charges）例如貨櫃場作業費（terminal handling charge，THC），及附加費（surcharges）例如燃料附加費（bunker adjustment factor，BAF）、幣值變動附加費（currency adjustment factor，CAF）、旺季附加費（peak season surcharge，PSS）、空櫃調度費（empty positioning surcharge，EPS）等均再外加，和船公司報價結構基本上沒有兩樣。不過因爲自己也招攬整櫃貨載，船公司不希望海運承攬運送人成爲自己的競爭對手。因此對整櫃貨的報價，除非是有簽訂服務契約（service contract），船公司一般不會給海運承攬運送人太大的差價，以免影響到自己的攬貨。

簽服務契約還是脫離不了向船公司購買船位的本質。服務契約是把運輸協議中最重要的運價、船位及貨量等承諾，從口頭形諸文字。對有大貨量的客戶包含直接客人和海運承攬運送人，船公司會從鞏固基本貨載（basic cargo）爲考量，而給予較佳的運費。海運承攬運送人則以擁有船位及運價承諾爲基礎，才得以對貨主進行銷售，因此這樣的合作是互蒙其利的。舉例而言，假定某貨品從基隆到洛杉磯，向船公司取得報價爲每20呎櫃1,700美元（其他附加費及費用外加），經加上US$100的利潤，報給貨主US$1,800。貨主即使直接向船公司訂艙，所得到報價大概也是US$1,800，因此海運承攬運送人便產生了獲利空間。在市場變化較大時，其空間有可能縮小但也可能擴大。市場大漲時期，船位不足，船公司以自己直接客人爲優先，和船公司也沒有多少議價空間。影響所及，海運承攬運送人的獲利於是大幅縮水。但如果市場行情是下坡走勢時，海運承攬運送人的獲利空間勢必擴大。至於未與船公司簽服務契約或無法得到理想報價的業者，實務上多把貨拋（co-load）給同行。運輸服務照樣可以進行，只是利潤會被稀釋（share）掉。不過本身實力不足以直接向船公司取得理想的報價時，拋貨未嘗不是一種可行方式，甚至還可以保證利潤，規避一些風險。

(2)併櫃貨（less-than container load，LCL）：併櫃貨雖然也是向船公司購買船位再賣給貨主的行為，但因併櫃貨的貨主貨量較小才須和別人併裝。因此每個貨櫃均裝了有好幾個客戶的貨，船公司每航次須要裝運大量的貨櫃量，故接受併櫃貨的話，對航運公司並不符經濟。此外併櫃貨的成本也和國外代理退費（refund）有關，航運公司沒有國外代理的支援，併櫃貨的競爭力絕對不敵海運承攬運送人。因而船公司對併櫃或一般缺乏興趣和競爭力，使得併櫃貨絕大部分是在海運承攬運送人手裡。

併櫃貨的報價成本，一般是將一個整櫃運費平均分攤到每一噸貨。假如一個40櫃成本是US$1,800，每櫃以裝55立方噸平均的話，每噸的平均成本約33美元。如以此作為賣價成本，則裝越多時，平均成本也越低，例如裝60噸時，平均每噸成本即降至30美元，獲利空間也就越大，這也是為何海運承攬運送人要想盡辦法把貨櫃塞到爆滿的原因。不過目前大多數航線對同行都有多寡不等的回退，例如基隆香港線退US$15/CBM、基隆上海線退US$30/CBM等，完全脫離航運理論正軌，令人難以理解。因此開櫃的莊家已經很難從收取出口運費獲利，而須仰賴國外代理退費（refund）來挹注。由於市場報價低落，做莊開櫃的業者若開櫃質量不佳時，很容易虧損。

對併櫃貨的收取，還有以下幾點值得海運承攬運送人注意：

(1)併櫃貨牽涉到大量貨主及同業的聯繫與服務，因此專做併櫃貨的大莊家（master co-loader）往往必須維持較多人力。故公司是否要以收取併櫃貨為重點，這幾乎是公司的企業文化，因此在政策上必須早做決定。

(2)併櫃貨的貨載，除了直接客人外，同行也是重要客源。不管對直客或同行，如今都面臨業者激烈競爭的問題。以致報價都遠低於開櫃成本，其中對同行的報價尤其悽慘。例如亞洲線多數港口的運費報價多為零或負10或20～30美元，若非業界人士，恐難以理解；歐洲線有報每噸18美元者，而美國也只在每噸33美元左右。開櫃業者如沒有國外代理的退費（refund）支援或其他配合如指定貨和進口貨的話，這樣的併櫃業務是不可能存活的。如果裝載的質量不好或同行貨比例太高的話，往往辛辛苦苦併出來的貨櫃，結果卻是虧本。聽來可能有點荒謬與不可思議，但這是千眞萬確的事實。所以在目前的市場環境下，併櫃貨不是業者說要做就可以做的，而是要在公司形成一個併櫃的文化，再加上國外代理並肩作戰，才有可能做得好。

(3)其他特殊貨載，例如散裝貨、專案貨物（project cargo）、平板貨櫃、倉儲物流服務、整廠輸出、移民搬家、國內外會展等等。對這些特殊貨物，儘管海運承攬運送人自己並沒有運送設備及運輸工具，他們一樣可以外包的方式來服務客戶。而特殊貨載的運送，往往難度較大，但獲利空間也比較大。

總之，海運承攬運送人可以針對貨主不同的需求，將運輸服務資源做適當的整合，提供全面報價給客人。當然報價隨著貨主所需服務服務內容而有所不同，故海運承攬運送人的服務是量身訂做的。

二、海運承攬運送業的獲利來源

海運承攬運送業獲利的來源有多種渠道，可歸納為以下幾項：

1.運費差價

2.國外來貨的理貨費（handling charge）

3.相互指定貨的利潤分享（profit share）

4.當地收費的的相互回退（refund）

5.其他收入

逐一簡單說明如下：

1.運費差價

運費差價是指買價（buying rate）和賣價（selling rate）的差數（difference）。海運承攬運送人以其較大的貨運量或對貨主提供特殊服務的緣故，往往可以自船舶運送人處取得較佳的運費條件，因此買賣之間有運費的差額，構成海運承攬運送業主要的獲利來源之一，此亦爲國際的慣例做法。例如前面所述取得成本爲1,700美元，而賣價爲1,800美元時，則獲利空間爲每櫃100美元；或者併櫃貨的平均每噸成本爲30美元，而賣價（含國外退費）爲35美元，則每噸產生5美元的利潤。船舶運送人藉著與海運承攬運送人的大量貨交易，以確保其基本貨載。而海運承攬運送人則須船公司在運價和船位的支持，雙方互蒙其利。部分船舶運送人即維持約三分之一的船位與海運承攬運送人合作，其餘三分之一與低價位的直客來往，留下三分之一與較高價位的客戶合作，藉此維持航線服務的穩定。部分外國航商爲了將內部人力減到最低，將和海運承攬運送業配合定爲公司行銷策略之一，使和海運承攬運送人合作比例提高。而過去刻意與海運承攬運送人保持距離的船公司如今也適當調整政策，即可證明這是一種互相有利的關係，也是一種趨勢。差價來源可再分爲以下幾個方面說明：

⑴併櫃貨：併櫃貨的運費差價構成某些做莊家海運承攬運送業最主要獲利的來源，併櫃貨一般也比較沒有和船舶運送人產生業務衝突。海運承攬運送人自船舶運送人取得包櫃運費，如能妥善併櫃的話，常能產生不錯的利潤。而未開櫃的業者從往外拋貨，往往反而保證利潤。因此同業之間互相拋貨（co-load）的行爲，相當普遍。此舉無非是爲了要達到高係數的裝貨，以獲得最佳利潤，不足爲奇。一個公司增加併櫃貨的量，也有益於帶動公司全面的貨量，因此必須盡力爭取。

⑵整櫃貨因爲是船舶運送人本身的業務重點，因此除非是對特殊貨載如下段所述，或是在美國航線與船公司簽有服務契約，在市場變化時可能產生額外差價者外，一般差價的空間都不大。但因可

以增加與船舶運送人的業務量，促進關係，因此仍須全力爭取。在歐美航線則因有國外指定貨的緣故，其差價可能有較大變化空間。

⑶特殊貨載差價：承辦須使用到特殊櫃（project cargo）的貨載時，如：開頂櫃、平板櫃、冷凍櫃等，因船舶對這些特殊貨櫃多是限量供應，故往往可使海運承攬運送人產生不錯的利潤。有些業者即因擅長處理這種特殊貨載，享有較高利潤。

⑷其他特殊貨載：如特殊目的地、危險品或傳統散雜貨等，亦均有可能產生較佳利潤。

⑸併櫃費（CFS charge）及貨櫃場作業費（terminal handling charge，THC）差額。併櫃費差額顧名思義，即為向貨主所收取的裝櫃費，於扣除支付給貨櫃場的裝櫃費和船公司的貨櫃場作業費之後的餘額。由於受到我國法令及場所之限制，海運承攬運送人一般並不自行裝拆貨櫃，而跟隨使用船公司指定的櫃場。這樣的結果，除了使其利潤受限外，在貨物短損的處理上亦常遭致諸多不便，業者對此雖經據理力爭，但迄未獲得合理解決。解決之道或許可以經由公會出面，整合所有業者共同使用某些貨櫃場，如此既可節省併櫃成本，提高集體談判的力量，亦可使業者間的拋貨（co-loading）更容易進行，拉大獲利空間，實具有多重意義。

⑹文件費（documentation fee）

在併櫃貨的情形，海運承攬運送人係向數個貨主收取文件費，但可能只須支付給船舶運送人一份提單的文件費，因此可產生一些文件費的差額。

⑺進口換單費（D/O fee）

這是針對進口貨的另項收入，為對受貨人更換小提單所收取的服務費。進口貨往往沒有運費差價，拆櫃費雖有部分船公司允許以某定額支付，終究是利潤空間有限，進口換單費幾乎是處理進口貨的唯一收入。

2.國外退費（refund）

對有併櫃至國外時，因當地代理可得到拆櫃等相關收入的利潤，加以國內的報價多已低於成本，為鼓勵爭取增加併櫃貨，國外代理常提供多寡不等的退費。有些航線退費已高到不可思議的程度，這是以前所無法想像的情景。可惜的是因為惡性競爭的結果，這些退費幾已全數計算到運費成本裡，故對海運承攬運送人的實質利益有限。

3.代理來貨的理貨費（handling charge）

也就是國外代理將貨物送請代為處理交貨事宜和服務時，若沒有其他收入的話，代理之間會約定一定的理貨費，以作為進口地的報酬。理貨費一般以每貨櫃或每提單為基礎，支付若干報酬，例如US$25/20’、40/40’或US$45/B/L等。

4.相互指定貨的利潤分享（profit share）

這是針對指定貨（nomination or routing cargo），分享給國外代理的利潤。指定貨，國外代理不免發生爭取客戶的支出；而對指定貨往往可以賣到較佳的運價，因此會給對方分享利潤，以相互激勵與支持。Profit share通常是約定利潤各半分享（50-50 basis），或相互給一賣價成本（selling rate），一方的利潤已加在賣價裡面，另一方多賣的就保留為自己利潤。前種方式看似公平，但合作雙方事實上往往會對眞正利潤懷疑；因此採後一方式即可避免此問題，不失理想。

5.其他收入

承攬運送人可以依照貨主之需求提供多樣性的服務，從這些服務可以再賺取其他收入，例如：

(1)報關費

(2)卡車費

(3)倉儲費

(4)保險費等等

綜合以上所述利益來源，茲虛擬[7]一例說明如下。

假設條件：

1. 台灣至香港：海運成本每四十呎櫃10美元
2. 每櫃併裝十筆貨，每櫃裝五十五材積噸貨，每噸賣價0美元
3. 文件費每張提單NT$1,100，向貨主每單收NT$300
4. 向貨主收取併櫃費每噸NT$100，貨櫃場每噸付NT$100，船公司吊櫃費每櫃NT$5,600
5. 國外退費每噸US$10

表6-4　併櫃利潤試算表

	買價	賣價
海運費	US$10	US$0
文件費	NT$1,100	NT$300×10 = NT$3,000
裝櫃費	NT$100×55 = NT$5,500	NT$100×55 = NT$5,500
吊櫃費	NT$5,600	
國外退費		US$10×55 = US$550
合計	US$10 + NT$12,200	US$550 + US$8,500
差價	US$540 - NT$3,700	

由上例可悉併櫃貨的獲利來源，而這部分亦可避免和船舶運送人衝突，而相互合作。其實這是受到本地法令限制的緣故，否則海運承攬運送業的角色其實有更大的發揮空間。

問題與討論

1. 請說明運費（freight）和費用（charge）的差別。
2. 請說明運費的制定原則。
3. 請說明運費的項目內容。
4. 請說明費用的項目內容。
5. 海運承攬運送業可以獲得哪些營業收入？

[7] 這是筆者虛擬的，只供作參考。

第七章

海運承攬運送業和國外代理

本章摘要

本章分成四節，第一節討論如何與國外代理建立合作關係。本節說明國外代理的關係，依照合作深淺程度，關係也有不同；其次說明如何找尋國外代理，建立合作關係。要找國外代理並不難，但要找到好的代理則不是件容易的事，本節中加以說明。第二節先討論國外代理的合作內容，代理是很重要的商業伙伴，因此須了解相互合作內容；其次與國外代理之間的合作關係是互惠互利的，故本節討論從商業合作可以得到哪些實質的報酬。第三節討論與國外代理合作的風險。海運承攬運送業對國外代理的挑選及合作關係的建立，一般不像船公司有嚴格的程序，因此潛在某些商業風險，本節就此加以分析。本章最後討論當和國外代理合作關係生變時的對策。由於各種因素，很難保證長期的合作關係。當此關係生變時，應如何處置？本章第四節中即就此加以討論。

海運承攬運送業成功的最重要因素為第四章所討論的人力資源，而作為國際物流業者，如何建構國際服務網絡（service network）則又是另外一個重要因素。若無強的國際網絡，欲經營海運承攬運送業是行不通的。而國際網絡的建構，又是困難重重。如果人力、財力足夠的話，自行設立國外分支機構當然是理想之路。不過由於國外環境和國內有很大的差異，因此到國外設立分支機構絕對不是一條平坦的道路。在這樣的困難之下，尋求和國外代理合作，應該是比較穩健可行的做法，至少在成立初期是如此。不過與國外代理的合作，所需要考慮的問題很多，本節即擬對此一一加以探討。

第一節　國外代理關係的建立

國外代理就是一個海運承攬運送人的策略聯盟伙伴（strategic alliance partner），他們在當地有良好的關係，我們則在本地有良好的關係，彼此策略聯盟結合在一起，共同創造一個雙贏的合作局面。不過海運承攬運送業和國外代理合作關係的建立，不像航運公司那麼嚴謹。主要是因爲代理大的船公司的話，往往可以帶來巨大利益，因此有多家業者競爭。例如2010年3月初萬海航運在篩選中南美代理時，據知同時有5、6家代理競爭；而長榮海運、陽明海運的各地國外代理後來都成爲當地大企業，經營者無不飛黃騰達。再從航運公司觀點言之，國外代理在當地代爲經管運輸設備，代收大量運費及費用，並且代爲簽發提單，最終運送責任要由船東負責。因此船公司指定國外代理都非常審慎，除要求與國外代理簽訂正式代理合約外，一般也要國外代理出具銀行保證之類的承諾。但海運承攬運送人和其代理之間的關係，一般不像船舶運送人與其代理那麼緊密。海運承攬運送人與國外代理關係的建立，往往只憑電話或電子郵件聯繫就開始合作往來了，因此很多代理彼此是素昧平生的。這樣子雖然很容易建立國際網絡，但也潛藏著許多風險。幸運找到好的代理的話，固然可以爲你帶來甚多利益。但如果遇到不好的代理時，則後遺症甚多。因此尋求與國外代理的合作時，還是必須非常小心。在此擬就與國外代理間的關係及如何尋找國外代理，分別加以說明如下：

一、和國外代理的關係

和國外代理的關係，簡單講兩者是事業夥伴或策略聯盟。一般說「代理」總含有主從（principal & agent）的味道，所以船公司稱其國外伙伴爲代理是相當合理的，因爲後者之營運機會是前者所給。但海運承攬運送業者和國外代理則是對等的關係，彼此是以各自在船公司及貨主間的關係，以及所提供服務的內容等等資源，相互合作，互蒙其利。因此海運承攬運送業與國外代理應以「商業夥伴」（business partner）相稱較爲恰當。在某些航線上，因爲貿易習慣由國外貨主指定船運，因此國外代理努力爭取指定貨，或者發本地貨運客戶的資料（sales lead）給另一方，憑以聯繫裝載。從這些往來業務，海運承攬運送人之間即可互蒙其利。此外一方之進出口貨載能否得到妥善照料，也是未來生意可否持續，以及是否避免運務糾紛的重要因素。最後國外代理是否準時付款，則更是海運承攬運送人能否獲利的關鍵。因此好的國外代理是一個成功的海運承攬運送業者必備條件，無好的國外代理的話，當然無法提供國際運輸服務，或事後陷於一堆糾紛中。因此國外代理絕對是最重要的事業夥伴，必須緊密攜手合作。兩者關係如下：

1. 商業伙伴。在業務拓展和服務提供方面相互支援，以期擴大業務量。特別在多數航線的併櫃貨運費如今都已到負數的水準，若無國外代理回退部分當地收費支援的話，幾乎無法承接生意了。因而彼此肯定是最重要的商業伙伴，必須緊密結合。
2. 互爲交貨代理（delivery agent）。實務上提單係由出口端簽發，並記載進口端代理爲交貨代理。代爲交貨給受貨人，完成運送責任。若無進口地代理的話，這樣的業務勢將無法承接。將只能轉發船公司提單，不但利潤空間縮小，貨主資料也會曝光。但如果國外代理不夠專業而任意放貨的話，將置提單運送人於無單放貨的風險中，必須注意。

至於和國外代理關係形式有以下幾類：

(1)第一類：操作代理（handling agent）

操作代理僅代爲操作進口貨或聯繫裝運出口貨。一般是國外代理在本地已另有代理，在不違反原代理關係的前提下，代爲操作我方貨載。國外代理可因此增加營業收入，我方也解決當地沒有代理的問題。

⑵第二類：非獨家代理（non-exclusive agent）

非獨家代理是指雙方已建立正式代理關係，但繼續保有和其他代理合作關係。海運承攬運送業可謂是比較現實的產業，在未確定獨家代理好處之前，一般都是非獨家代理關係，以保有合作彈性。實務上有所謂「玩代理」，是指我方貨量足以和數家國外代理同時合作時，乃將貨量分散給這幾家國外代理，以期同時得到這幾家代理的貨載。不過這樣做的話，必須特別注意分貨，避免將國外指定貨送錯對象。

⑶第三類：獨家代理（exclusive agent）

獨家代理指在一地只用一家代理。達到獨家代理境界時，進出口貨、指定貨和客戶資料（sales lead）都只給對方，這是最理想的合作關係。但如果以為這樣就高枕無憂，那就錯了。一方面別的代理會來搶，使代理生變；另一方面代理會另外成立關係企業，建立另一代理合作系統。例如本地業者沛華就成立了沛華、沛榮、沛宜三家公司；萬達也有萬達、萬泰和鴻泰三家關係企業；後起之秀超捷也在營運不久之後，很快就再成立耀捷。各關係企業都各有國外代理系統，以發揮彈性運用之利益。本地業者如此，國外代理何嘗不是如此？因此毋須為怪。

總之國外代理對海運承攬運送人開拓國際業務絕對重要，因此必須善加經營合作關係。

二、如何尋找國外代理？

坦白說要找個國外代理並不困難，只要買一本國際海運承攬運送業者名錄，上面就有世界各地的業者資料了。但在名錄上面列名的業者大多都是業績平平，有實力的合作夥伴不能靠這種資料尋找。可以這麼說，大多數好的業者都已各有合作的夥伴了，無須在名錄上做廣告。此外某些國家地區如印度、巴基斯坦和孟加拉等地的業者也經常性在各地找尋合作對象，不過他們是招搖撞騙的居多。因此要找到好的國外代理，並不容易。這樣的困難，對新成立的業者而言更是如此。茲嘗試提供幾個思考方向，以供參考：

1. 新成立的業者，很多是從舊公司另起爐灶的，因此開始時的國外代理常常是從舊公司「挖」過來的。基於過去的交情及合作經驗在，彼此比較容易建立合作默契，因此這是一條不錯的途徑。這也是爲何這個行業的國外代理多由股東自行管理，不願下放的原因。不過國際海運承攬運送業者的相互配合，還是以現實利益考量居多。因此如欲建立長期的配合，最重要的還是要趕快把業務衝上來，展現實力讓國外業者另眼相看。否則如果他們覺得和你繼續下去沒什麼好處時，蜜月期很快就會結束了。
2. 如果因爲實力不足，無法要求雙向配合時，可以先請對方當我方的操作代理（handling agent）。從這樣的合作關係起步，一般比較容易。有了操作代理以後，至少就可以開始接受貨載，提供服務了。之後再培養自己的實力，逐步提升貨量。等到貨量做起來以後，和對方的合作自然就水到渠成了。到這個時候，我方的談判籌碼當然就大不相同了。
3. 請國外代理介紹。國際海運承攬運送業除綜合服務業者（integrated service provider）外，大多是國際網絡合作關係，各有各的代理關係。雙方只要來往一段時間並建立良好合作關係以後，請代理介紹他的國外合作夥伴，一般都會樂於幫忙。能達到這一步時，其網絡綜效（network synergy）就將顯現，公司發展將可加速。
4. 再進一步可以和國外代理形成投資伙伴，共同成立公司。則其關係已不僅是商業伙伴，而是已進展爲事業伙伴了。不過從商業伙伴發展到成爲事業伙伴，需要考慮的因素很多，必須深思熟慮。在涉及國與國之間的文化差異時，跨國的結合，其實並不是一件容易的事。不過也不是不可能，在最後決定結合之前，應該設法多相互了解。最後一定要把彼此權利義務規範清楚，則未來的爭執問題可減到最低，成功機率也相對提高。

總之和國外代理的合作主要靠的還是自己的實力，只要把業務做出口碑後，就算自己不尋找，國外業者也會自動上門要求合作了。

第二節　國外代理的合作內容與報酬

一、與國外代理合作的內容

和國外代理的合作內容甚廣，歸納言之可分成以下幾類：

(一)相互代理（mutual agent）

即一方以另一方爲代理。出口的一方通常簽發提單，成爲運送人（carrier）或運送人的代理人（agent for the carrier）。出口方必須發裝貨通知（pre-alert）給進口地代理，告知客戶貨到時間、接受客戶查詢、放貨作業及收取運費等。對文件的傳遞則必須快速準時，以使受貨人能順利提到貨，此點在亞洲區間航線尤其重要。因爲亞洲區間航線水路短，因此文件必須在最短時間內送出，否則一有延誤即可能影響受貨人的提貨。所以從事近洋航線服務的業者，需花甚多成本於趕製文件的加班費和文件的傳遞。遠洋航線則因水路長，時間的壓力沒那麼大。在運送責任關係上，進口地代理稱爲交貨代理（delivery agent）。雖然不必對貨物毀損直接負責，但仍須代爲受理。

(二)共同拓展業務

即雙方必須各在進出口端共同開發業務，爭取貨主的支持。兩端都必須提供良好的服務給客戶，才能維持和貨主長遠的關係，使業務順利開展。對開發到的客戶，要請其在買賣合約或信用狀上指定（nomination）或提供客戶導引（sales lead）給國外代理，由其聯絡裝船。

㈢向客户收取運費和其他費用，或支付運費給船公司

須按照雙方約定，按時相互製發帳單、對帳，並按時支付帳款。帳款的支付在代理合作上是非常重要的，任一方都必須嚴肅看待、嚴格遵守約定，才能維護合作的精神。準時結清帳款是好代理的必要條件，爲貪一時便宜而破壞良好合作關係是絕對不值得的。

㈣相互提供市場消息，並在運費條件上支援對方

例如美國航線即不乏由一方簽訂服務契約，再提供給費率給另一方使用者；也有提供空白提單給代理簽發者。雙方也常常交換市場資訊，互通信息。此外遇有貨損情事時，也要協助處理理賠並提供必要之文件。遇有貨物短少情事時，也應通知出口地代理。其他特殊要求如代墊關稅、安排轉運、安排貨物存倉，以及互訪時的接待等等。

總之業者與國外代理是非常密切的商業伙伴，必須相互支援，才能雙贏。與國外代理合作，也應盡量著眼在長期的配合。必須相互多加了解，最好建立商業以外的私人友誼，拉近彼此的關係。

二、代理間的相互報酬

與國外代理既然是伙伴關係，因此合作一定要基於互利。必須有利益分享的觀念，合作才會長遠。至於海運承攬運送業與國外代理間關於報酬的分享方式，一般有以下方式：

1. 進口貨互相免費處理（free handling）。進口一方通常可以從處理國外進口貨上獲取利潤，因此不再要求分享出口方的利潤。這種方式常見於出口方的自攬貨（free hand cargo），以鼓勵出口方多爭取貨量。
2. 收取定額的理貨費（handling fee）。如國外代理在當地沒有其他費用可收取時，通常會無論出口一方的利潤多少，均按定額向國外代理收取，例如每20呎櫃25美元、40呎櫃45美元；或依每張提單收取若干美元等，作爲進口處理的服務費。由於這些年來的運費差價有限，已經沒什空間給付處理費了，因此實務是朝向雙方相互免

費服務（free handling）。

3. 利潤平分（profit sharing）。即買賣價差額所產生的利潤，由雙方平均分配。一般是在貨運是依進口方所提供的指定貨或客戶導引取得時適用之。這個方式往往會讓代理之間相互懷疑對方的賣價，會否蓄意將成本灌水？或虛報賣價？

4. 相互給予成本加利潤價，另一方即不須再要求分享利潤。雙方都不必過問另一方的賣價，這個方式確有其可取之處。但如一方的利潤抓太高時，往往讓另一方沒有競爭力。

5. 國外退費（refund）：由於市場惡性競爭的結果，承接併櫃貨所向貨主收取的的運費及費用，已經遠遠無法支付成本了。所以如果沒有其他的支援，單靠出口方的努力，其報價在市場上將毫無競爭力。但併櫃貨可使國外代理獲得拆櫃等各種收入，故爲鼓勵收取併櫃貨及面對激烈競爭，不少國外代理可提供部分的退費。退費的多寡，和國外當地收費及本地公司攬貨實力有關。例如台灣及泰國，海運承攬運送人一般都使用公共倉庫，利潤有限，因此能給的退費有限，大概每噸在3-5美元；但對菲律賓、印尼、新加坡、香港等，則收費和支付的成本差價空間甚大，因此每噸可退到20-30美元。有的國外代理的約定甚至更細，例如20呎、40呎櫃、每櫃裝噸量、每櫃客戶數及歐洲常見的每櫃的重量等等，均有不同的退費標準。這都是被時勢所逼的結果，也是業者生存之道。如果不是有這樣的退費支援的話，出口方是不可能有競爭力的。此外對同行的併櫃貨，一般在國外的當地收費（local charge）標準比一般直接客人低，奇怪的是在出口地對同行貨的退費金額通常又比較高，致使接同行貨多爲虧損。再者對轉口貨，國外代理往往是服務性質，故大多約定不退費。總之，併櫃貨的退費原無一定標準，全看自己攬貨實力及談判而定。不過必須謹守互蒙其利的原則，才可維持長久的合作關係。不過好不容易才向國外爭取到較高的退費，卻又爲因應市場競爭而提高給同行報價的倒退金額，白忙一陣，令人無奈。

6.其他：代理契約本即是自由的契約，因此兩方仍可在上述以外，斟酌個別情況，討論另訂利潤分享方式。

三、代理間帳款的處理

代理之間帳款的解決原則上是互相協議訂定一個製作帳單、查對帳單及結清帳款的日程與付款方式等，以做爲相互的處理依據。例如這個月分的帳，要在下月15日之前相互製作帳單，20日完成查核，並於25日前完成結帳。但如果考慮到帳款太高，容易產生資金的壓力與經營風險時，可考慮約定於達到某定額時即支付，而不必受限於月結之約定。此外如有特別要求代墊某種款項，例如代墊關稅等時，這些支出須即刻歸墊，不能以月結帳處理。但相對的如果金額太小時，若也要逐次支付時，恐怕光是銀行手續費就相當可觀了。因此可累積到下一次再結付或以沖帳方式處理，以節省銀行手續費。不過如要以沖帳方式處理時，最好先取得對方的認同，否則易產生不必要的誤會；另外也要視船公司是否接受運費到付（freight collect）而定。

至於帳單由誰印製的問題，簡單原則是由出口端的一方製作，並提供給對方查核，舉例言之，從台灣到日本的運務，帳單由台灣製作；從日本到台灣，則帳單由日本代理製作，再相互提供給對方核帳。爲確保每筆帳都能收到無遺漏，製作帳單要格外注意。帳如有漏掉，款也就漏收，則公司同事的努力就白費了。

代理間帳款的處理還有兩個問題：

1.爲節省銀行費用，可否沖帳[1]？

2.國外代理有分支機構或次代理（sub-agent）時，是否可合併結帳？

兩者要做之前，原則上都須先和對方溝通清楚，並取得同意，以免誤會。對第2項，即使經對方同意合併結帳，但對帳還是要個別爲之。對一

[1] 沖帳指house B/L做freight prepaid，master B/L做freight collect，以便將應收應付款沖銷掉，避免銀行匯款。其實也有避免讓國外代理欠費太多的用意。

些較小據點或國外代理的次代理（sub-agent），因我方對其不夠了解，因此這項做法有其值得參考之處。

第三節　與國外代理合作的風險

一個好的國外代理，如前面所說的，可協助海運承攬運送業維持良好可靠的服務，特別是歐美日方面，好的國外代理往往可以提供大量的指定貨，也提供可靠的服務給貨主，使業務的發展，達到事半功倍的效果，因此具有重要意義。但鑒於跨國的緣故，除時時注意維持一個良好的夥伴關係外，與國外代理合作的風險主要存在於下述幾個方面：

一、無單放貨

無單放貨（release cargo without original B/L）是指未收回正本提單、無銀行擔保或未收到我方通知，國外代理因某種原因，即擅自把貨交給買方提領，例如買方和國外代理有良好關係等。這種情形之產生問題多是因為貨主有買賣糾紛，賣方因此仍將正本提單留在手中，並未轉移貨權。通常買方在取得貨物以後，就開始不和賣方合理處理糾紛，也忘了他在提貨時對國外代理的承諾。最後賣方只好以正本提單還在手裡為由，要求我方負責，甚至提起訴訟。使原來只要按照程序處理的即可以不涉入買賣糾紛的運送人，如今反而無辜（unnecessary）成為被告了。但若從貨主角度而言，若不是因為海運承攬運送人擅自把貨物交付，他在面對買方的無理要求時，仍可主控。最壞情況時，還可以將貨物另做處理或運回。因此也是海運承攬運送人讓他頓失主控權的，當然前者必須負責。

首先，這樣的放貨行為，因為海運承攬運送人是簽發提單的運送人，因此無法逃避責任。而通常此種情況發生時，開始時國外代理還會積極共同處理。但當買方藉故拖延或刁難致產生困難時，國外代理就開始逃避甚至相應不理了。最後讓海運承攬運送人獨自面對貨主，最近即有某家國內業者替貨主安排一批從上海到荷蘭陸特丹的貨載，國外代理無單放貨，該業者因而被貨主控告索賠3萬多美元。法院審理之過程，顯然海運承攬運送人是有過失，必須負責。經多方催促，其荷蘭代理起初還到台灣了解情況。但後來可能因爲事情的解決不是那麼容易，該代理後來就一直相應不理，讓我國該海運承攬運送人一籌莫展，不知如何是好。即使想到國外去告他們，但在國外訴訟談何容易，費用也極爲可觀，並且曠日費時。筆者公司澳洲代理也有因爲信任其某受貨人之保證，在未獲得裝港代理確認或收回正本提單之下，就擅自放貨給受貨人。未料貨主買賣雙方的商業糾紛比想像的複雜，以致無端捲入貨主的爭議之中。此案幸因該代理在澳洲當地是赫赫有名的公司，在我方賠償給託運人之後，也還算順利向受貨人收回賠款。可見這類問題在業界是屢見不鮮的。

面對這樣的風險，愼選國外代理是避免這種糾紛的最好辦法。但除非你做得非常謹愼保守，否則這種風險恐怕並不是可以完全逃避。對這種因國外代理的疏忽或過失行爲所可能造成損失的風險謂之error & omission（簡稱E&O），應該以購買保險來轉移。所應注意者，這種糾紛將被視爲是運送人的重大過失，國內保險公司的保單未予承保。國內保險因爲國內保費低，因此予以排除，其原因是可以理解的。有鑑於此，建議我國業者應向國外保險公司投保，其保費當然高於國內保單。不過站在公司永續經營的目標之下，這項費用是不能節省的。最後茲以一案例，以說明這一問題之嚴重性：

案例：XXX海運承攬運送公司V.S. Hongkong & Shanghai Insurance Limited

船名：APL Turquoise 049-1/051-1

裝／卸港：Keelung / Minsk, Belarus

貨品：2x40' polyester fiber、1x40' siliconized polyester

裝／卸船日期：Nov. 3, 2001/Dec. 29, 2001

託運人：Far Eastern Textiles Ltd.

本案係國外代理並未收回正本提單或接到裝貨港通知就逕自放貨造成的，受貨人在提到貨之後，即開始對應付賣方貨款相應不理。由於正本提單還在賣方手裡，在與買方聯繫不得要領之下，因此轉而向運送人求償。國外代理的過失非常明顯，提單簽發人根本無抗辯的餘地，幸好本案有向保險公司投保。經保險公司與貨主談判後，由保險公司理賠US$39,500，海運承攬運送人則依投保之自負額，負擔其中US$3,500。

本案例啓示：

1.國外代理往來，的確須要多加瞭解，甚至應加強聯繫與互訪，以確保合作的安全性。特別是對開發中國家或地區。

2.對國外代理沒有把握的地區，寧可發船公司提單，避免因小失大。

3.最後方案就是向保險公司購買此類保險。

無單放貨是海運承攬運送人經營上最大風險之一，且屬於重大過失，不受責任限額的保障，因此業者必須非常注意。事實上欲完全避免並不容易，因為國外代理既非操之在我，對方亦未押存任何財產或銀行保證。因應之道只有向保險購買保險一途，將風險移轉給保險公司。國內海運承攬運送責任基本保單並未含這一項保險，必須另行加保，業者須格外留意。

二、倒帳的風險

帳款無法順利收回，這是海運承攬運送業與國外代理合作的另一重大風險。由於在當前海運市場生態之下，海運承攬運送業所賺取的利潤相當微薄。因此如有被國外代理倒帳，對公司經營來說是一件很傷的事。與國外代理的帳務，是一件合作上的重大事項，因此雙方都要有誠意，並嚴格依協議處理，合作才能長久。但國際之間也不乏有騙取國外代理帳款企圖的業者，不能不防。例如有一美國代理被進口貨主欠費，由於帳款回收緩慢，因此他們對應支付給我方的帳款4萬多美元，也一再藉故拖延。即使經嚴辭以告，依然不得要領；也有某葡萄牙代理，有約12,000美元的帳款惡意拖欠，一再催討，依然相應不理。上述帳款說大不大，根本不可能到國外請律師解決。但說小也不小，必須做大量生意，才能補回來。對此風險，不太可能提出絕對有效的對策來因應。但還是做幾點建議，以供參酌：

1. 在合作開始前，除係知名公司以外，應透過各種管道，多加瞭解對方底細，並且將相互帳款處理原則溝通清楚。以台灣而言，一向出口量大於進口量，因此國外代理欠我們帳款的機會較大。除正常每月結帳一次之外，也可以約定於有特殊大量貨載，或特殊要求代墊大筆費用時，可要求個案結算；或者帳款在達某一額度，比方US$5,000時，可要求先行結帳；或要求國外代理同意我方機動沖帳，以避免帳款累積等等，均屬實務常見的做法。
2. 要多與國外代理互訪，了解其經營規模和理念。互訪還可以建立更密切的合作關係，提升彼此業務量；產生問題時也才知道找誰談判，所花的旅費絕對值得。因此與代理互訪，一定要做。
3. 欠費的一方往往會有能拖就拖的心態，故公司內負責國外帳的人員，應不厭其煩地緊盯國外代理付款。無法得到滿意的答覆時，立即報請上級處理，及時採取行動。國內某業者的老闆，遇國外代理拖欠帳款時，都由他親自和國外聯繫。必要時甚至不惜破口大罵，轉移貨載。
4. 再無法獲得滿意解決時，只好威脅扣留對方的指定貨。不過這樣做的成效也往往不彰，一方面他不見得有指定貨；就是有，恐怕早也先轉走了。另一方面，扣貨也不能執行過當，否則有遭致貨主要求賠償損失的風險。
5. 對沒有把握的國外地區，可考慮發船公司提單。可能少點利潤，但也少點風險。
6. 印度、巴基斯坦、孟加拉、埃及、非洲等地區很多代理在要求合作之前，能言善道，很多是誇大其實的陳述，尤其須加留意。

總之業務做得再好，如果收不到帳款的話，一切努力都是空的，因此必須非常注意。

三、向客人不合理的收費

所謂不合理的收費是指未按一般業界標準向客戶收費的意思，這種情形在印度、巴基斯坦、土耳其等地經常發生。當今市場資訊都很透明，國外代理一收取較高的當地費用時，很快客戶就會有反應了。因此很容易影響到出口地代理的形象及我方與客戶的良好關係，不能忽視這問題的殺傷力。不過在發生這種問題時，在與國外代理反映之後，通常很快就可獲得改善。如果代理還是不願正常收費的話，應考慮是否繼續合作關係。

四、國外代理轉移合作對象，搶我方客戶

前面已說過，海運承攬運送業和國外代理之間的關係，並不像船公司與其代理那麼穩固。因此代理的更換，是本行業經常會發生的事。遇此情形時，則原來的商業伙伴，將成為對頭，相互競爭。而原合作代理已有客戶資料，因此回頭搶我們的客戶也是必然與無奈的事。遇到此情況時，第一要務還是要將未結帳款，趕快結清收回，以免事後更難處理。如果對方還有貨在我方掌握的話，不妨考慮威脅扣留對方的指定貨。下一步則要考慮在轉換期間，如何從舊代理順利過渡到新代理，勿因而傷害到與客戶的關係。力求在最短時間內完成客戶的移轉，使傷害降到最低。

總而言之，海運承攬運送業的國外代理合作關係較不具拘束性。因此只有多加小心，注意合作上的任何變動跡象。如此才能在推動業務發展之外，也避免不必要的風險。

第四節　與國外代理合作生變時的對策

與國外代理關係產生變化的原因已如前面所述，遇此情況時要如何因應？茲提供幾個處理對策以供參考：

1.清查彼此帳款情形。如果是我方欠對方的話，則問題不大。但如果

相反是對方欠我方的話，則要立刻做帳款保全動作，這包括要相關人員立刻清理帳務、和對方討論結帳原則，並盡速做結帳動作等。總之就是要把舊帳在最短時間內，做結算。如果以上動作還不能產生效果時，便要做進一步的行動，例如精神喊話、威脅利誘或甚至親自到對方那邊收帳；甚至有對方指定貨時，也可能要考慮扣貨等。如按正規處理的話，一般海運承攬運送人間相互的帳款金額應該不大。因此如果訴諸法律行動的話，往往是得不償失，並且也曠日費時，不值得爲之。

2. 在有新代理之前，要求對方對現有貨載繼續處理一段時間，以免造成客戶的不便和流失，甚至引起運送責任及產生額外費用等問題。
3. 同時積極接洽新的代理。如果國外關係良好且知名度夠的話，應該不難於短時間內建立新的代理關係，否則恐怕要費一番功夫。不過在沒有合適的新代理之前，後續移轉貨載的動作也無法進行，在此情況之下，也唯有請原來代理再給一些時間。人之常情，通常對方是不會拒絕的，除非雙方撕破臉，不歡而散。不過在此行業，延長期間通常在半個月到一個月左右，一般都不長。其實時間過長的話，也不見得對自己有利。
4. 找到新代理之後，便可開始正式移轉合作關係。在這個階段，要請新代理積極聯繫舊客戶，我方也要將轉移到新代理的消息通知客戶，以免客戶流失。

問題與討論

1. 國外代理對海運承攬運送業的重要性如何？
2. 海運承攬運送業和國外代理關係爲何？有哪幾種合作模式？
3. 如何尋找國外代理？如何建立合作關係？
4. 和國外代理合作可以得到哪些種類的收入？
5. 和國外代理合作須注意哪些風險？
6. 合作關係若有生變，須如何處置？

第八章

海運承攬運送業的單據和責任

本章摘要

本章分成五節，第一節討論海運承攬運送業的責任。海運承攬運送人的責任依其爲承攬人抑或爲運送人有所不同，這個問題在本節有所討論，後者並說明其責任法規依據。第二節討論海運承攬運送業的單據，同樣依其爲承攬人或運送人而有所不同，海運承攬運送業所發的單據也有不同，將在本節中加以討論。第三節則就信用狀統一慣例中和海運承攬運送業有關的條文加以討論；第四節討論實務上的轉換提單問題，轉換提單於三角貿易時經常使用，但做法和正規的提單有所不同。本章最後以幾個案例說明作爲結尾。

第一節　海運承攬運送業的責任

海運承攬運送業的責任，與他所扮演的角色有關。從第一章之說明可知「承攬運送人」可以爲貨主貨物運輸之代理人，也可以爲運送人之本人兩種角色。前者是以貨主貨運代理人的身分，代爲安排貨運及相關事宜，自己並不承擔運送責任；後者則海運承攬運送人介入運送或簽發提單於委託人，成爲負擔運送責任的運送人。角色扮演之不同，所負擔的責任也不一樣。本節擬就這一重要問題加以探討。

一、代理人時的責任

所謂代理的意思是指代理人在其代理權限內，以本人（即委託人）名義向第三人爲意思表示或從第三人受領意思表示，而直接對本人發生效力。海運承攬運送人以代理人身分提供服務的情形甚多，例如船公司以某海運承攬運送人爲攬貨代理（booking agent，和船公司的船務代理的意思有別）、貨主請海運承攬運送人代爲訂艙位、安排內陸運輸及存倉等等。既然海運承攬運送人是以「承攬人」的身分提供服務，在責任的負擔方面，自然有別於「運送人」的身分了。否則豈不是讓海運承攬運送人賺取有限的利益，卻要負擔很大的責任？這有違法律的公平原則。對這一問題，尚有幾個要點可以提出來討論：

1. 依我國民法第660條之定義解釋，這時海運承攬運送人是居於「爲他人之計算」的角色，也就是「代理人爲法律效果行爲之效果應歸於本人」。所以在民法第661條規定：「承攬運送人對於託運物之喪失、毀損或遲到，除能證明其於物品之接收、保管、運送人之選定、在目的地之交付、及其他與承攬運送有關之事項，未怠於注意者外，應負賠償責任。」簡單講，當海運承攬運送人爲代理人時，對與承攬運送有關事項，不得怠於注意。該承攬運送有關事項是來自於委託人之託付，因此必須依其指示及利益之考量爲之，也就是須盡到善良管理人的責任。能盡到此，倘有託運物之喪失、毀損或遲到，海運承攬運送人可不予負責。但主張已經盡到注意之責時，應由海運承攬運送人舉證。
2. 從實務做法來看，海運承攬運送人轉發船公司的主提單（master B/L）而不簽發自己的分提單（house B/L）時，他就是以代理人身分提供服務，因此他並不負運送責任。

至此我們可以結論說，當海運承攬運送人爲運輸代理人時，除非其對委託人交辦事項有怠於注意者外，則有發生貨物毀損滅失責任時，應由實際運送人及貨主承擔之，這時海運承攬運送人所負的責任較輕。在此情況之下，委託人自然應該慎選其代理人了。而且在委託之時，應將委託事項及要求講清楚，都可有助於海運承攬運送人依據意旨執行以及日後有發生糾紛時的處理。

茲舉一個案例說明運送人與代理人的關係：

某一批貨物共34箱自基隆港出至英國弗列斯多港（Felixtowe），收貨櫃場爲怡聯貨櫃，由託運人請卡車張先生運送。貨物於進場時，貨櫃場理貨員已發現兩箱貨有外箱濕損，因此在收貨單上簽註。當天晚上怡聯裝櫃時，再發現另外10箱貨也有濕損現象。但因裝櫃作業係在晚上進行，因此在無法和貨主聯繫之下，怡聯照常裝櫃，但收貨單上補記載這10箱貨。隔天通知貨主時，貨主以其貨載不得淋溼爲由，要求退關檢查，並出具退關同意書。事後經公證檢查確實有貨損，案經貨主向保險公司求償成功。保險公司賠償約30萬元新台幣之後，轉而向承攬運送人、貨櫃場及卡車司機求償。本案經四方以新台幣9萬元和解結案。本案的關係人的相互關係，卡車司機是由貨主所雇請，因此是貨方代理人；承攬運送人爲運送人，怡聯則爲承攬運送人的履約輔助人。怡聯因爲未經貨主認可即自行加註10箱貨的濕損爲其作業瑕疵，至於承攬運送人因已取得貨主退關同意書而並未眞正成爲運送人，但因其委託之貨櫃場負有責任，他亦無法脫離對貨主的責任。最後爲免繼續興訟，於是以和解了事，避免勞民傷財。

二、運送人時的責任

海運承攬運送人欲自任爲運送人時，可依我國民法第663條自行運送，或依第664條簽發提單於委託人，即視爲運送人。不過我國航業法第48條則排除海運承攬運送人得租傭船舶，除非係船舶運送業兼營者。原因是航業法對船舶運送業資格另有規定，並非海運承攬運送業可以爲之。因此航業法基本上是將民法第663條的「得自行運送」排除了。不過因有第664條簽發提單於委託人的規定，本條應能夠符合一般海運承攬運送人簽發提單的需求。因此問題是出在航業法並未將民法第664條的精神納進來，加上我國海關在民國85年從嚴解釋海運承攬運送人的功能，以致使本業在後來的發展產生很多問題。海運承攬運送人如爲運送人時，其當然依運送人身分負應負之責任了。不過這點在前面的章節已陸續做過討論，在此不再贅述。

第二節　海運承攬運送業的單據

一、當海運承攬運送人為運送人時

當海運承攬運送人以運送人身分執行業務時，他負的是運送人的責任，而簽發的主要單據就是提單。我國民法第664條的規定，「海運承攬運送人簽發提單予委託人者，即視為運送人」，因此簽發提單於託運人是海運承攬運送人成為「運送人」的要件之一。我國海商法第53條規定「運送人或船長於貨物裝載後，因託運人之請求，應發給載貨證券」。海運承攬運送人為運送人的身分時，必須探討的問題甚多，本單元即擬先探討海運承攬運送人簽發提單的行為：

首先就「提單」一詞做說明，「提單」是我國民法所使用之名詞，在我國海商法第三章運送篇則稱之為載貨證券。後者是源自於海牙規則bill of lading一詞（簡稱B/L），是我國法律上正式用語。我國一般海運及國貿實務都稱之為「提單」，但因兩者性質相似，本書乃沿一般習慣稱之為提單。但援用相關條文時，則也可能稱之為載貨證券，在此事先聲明。提單的性質與功能在一般海運與國際貿易相關書籍大多有做探討，因此本書將予略過[1]。在此茲對海運承攬運送人簽發提單的相關問題，加以討論如下：

㈠海運承攬運送人所簽發提單的地位

關於這個問題，由於我國法令規定並不明確，有些模糊，其所牽涉的思考方向有兩個：

1.海運承攬運送人可否簽發提單？

---

1 有興趣進一步瞭解的讀者可以參閱筆者《國際貨櫃運輸實務》一書，華泰文化事業公司出版，2010年8月。

乍看提出這個問題，讀者可能覺得奇怪，大家不是都在簽發嗎？其實在前面討論海運承攬運送人的運送人角色時，我們已對本問題有所討論。如依我國民法相關規定（663、664條），承攬運送人得簽發提單成爲運送人的地位是很明確的。但因爲我國航業法的規定並不清楚，加以海關當局的曲解，才產生此問題。但如依海運承攬運送業管理規則第22條：「海運承攬運送業應將簽發的提單樣本送請當地航政主管機關備查，變更時亦同」之規定，則海運承攬運送人是可以簽發提單的，應無疑義，只是須將簽發的提單樣本向主管機關報備。因此在航業法未做明確規定之下，可依特別法未做規定者適用普通法之原則，參照適用民法第664條之規定解釋海運承攬運送人可以簽發提單。其實如果將海運承攬運送人的簽發提單的權利予以否定的話，則聰明的業者另闢蹊徑，例如拿國外代理的提單拿到國內來簽發並不困難，其所造成的負面影響反而更大；至於如果業者改用FIATA提單的話，這份全球通行的單據如不能在台灣使用，恐將成國際笑柄。從以上討論，我們首先確認了海運承攬運送人的簽發提單地位。

2. 其所簽發之提單的效力如何？

海運承攬運送人簽發提單之後，即成爲運送人。因此其所簽發的提單，具有和船舶運送人的提單同等的效力。舊信用狀統一慣例（UCP300）原有「如貨主願意接受海運承攬運送人提單時，應在信用狀上做此約定，除非是發FIATA提單」，顯然舊規則並未正式承認海運承攬運送人的提單效力。或在信用狀上做約定，或簽發FIATA提單，才可接受，因此海運承攬運送人簽發提單的效力不明確。但現行信用狀統一慣例（UCP500）[2]則採相反的規定「除非貨主另行約定，否則銀行接受海運承攬運送人以運送人或運送人代理人身分所簽發的提單」。FIATA提單也沒再特別強調其優先適用效

2 信用狀統一慣例有關條文在後節中有做解說。

力，和一般海運承攬運送人沒有兩樣。既然承認海運承攬運送人提單的效力，由於大多業者並未介入實體的經營，因此從政策管制上必須考量於有應負責之事由發生時，如何讓海運承攬運送人必須有承擔責任能力的問題。關於這一點，在我國海運承攬運送業管理規則第14條有明確規定要求海運承攬運送人要繳保證金或投保提單運送責任險。這在包括美國在內的許多國家都有類似規定，以保障貨主的權益。

㈡海運承攬運送人所簽發提單的種類

本單元將藉由對提單種類的說明以了解提單的性質：

1.就所發的提單形式分：自行印製的海運提單、FIATA標準提單及簽發國外代理的提單三種：

前者是找印刷廠印製自己的提單（樣本如附件十一）。大多數業者自行印製時，為節省費用支出大多是抄襲船公司甚至同業的提單格式和內容，很少另行找律師撰寫設計者。這樣做的話，除必須考慮侵犯著作權的問題外，更重要的是船公司的提單條款可否適用於海運承攬運送業？首先，不管是船公司或海運承攬運送人所面臨的運送問題及適用法令架構，除了後者多未從事實際運送，因此無實體操作的考慮外，都一樣。由第一單元所述可知海運承攬運送人提單和船舶運送人提單具有同等效力，因此沿用後者的提單格式及條款在提單效力上並無問題。再者自行設計提單，除了須請律師撰寫，花費不貲之外，其內容斟酌與法規的引用也是一大工程。因此找一份業界好的提單作為樣本，酌做修改之後使用，應無提單效力問題。

至於FIATA標準提單（樣本如附件十三），是由國際承攬運送業聯盟（FIATA）[3]所設計，供其全球的會員使用者。台北市海運承攬運送商業同業公會（簡稱台北市海攬公會）也是FIATA會員，也被

3 關於FIATA詳細介紹請參閱第十二章。

授權使用。這份提單經FIATA授權，因此沒有著作權的問題。而且這份提單通行全球，具有高度流通性。公會會員公司有需要者，可向公會提出申請，由公會交由特約廠商印製。過去公會有酌收一點點工本費，後來已停止加收，純粹服務會員公司，因此成本和業者自行印製應該一樣。FIATA提單之值得注意者是它是由FIATA、聯合國貿易暨發展委員會（UNCTAD）及國際商會（International Chamber of Commerce，ICC）所合作制定的，因此在提單格式上印有國際商會的標章。前段論及提單效力時已說明舊信用狀統一慣例自動接受FIATA提單，可見這份提單有較高的效力。FIATA提單必須向公會（IOFFLAT）提出申請印製，不得擅自印製，否則即有侵犯著作權的問題，要特別注意。

至於國外代理的提單（樣本如附件十四）則是在國外代理同意之下，授權本地業者簽發他們的提單。這種情形通常存在於以下兩種情況：

⑴美國航線的提單必須向聯邦海事委員會（Federal Maritime Commission簡稱FMC）報備爲海上運輸中間人（Ocean Transportation Intermediary簡稱OTI），並經核准以後才可以簽發。因此在未取得OTI身分之前，可以借用美國代理的提單來簽發。

⑵對國外代理的指定貨如有一些特殊作業要求例如做轉換提單（switch B/L）或特殊貨載時，也可能使用國外代理的提單。

至於使用國外代理或我方提單授權國外代理使用時，則必須考慮以下問題：

①依我國海運承攬運送業管理規則第20條規定，該提單正本樣本必須向當地航政機關辦理登記（第1項第5款），並且海運承攬運送人簽發該提單者，要與國外委託人負連帶責任（第2項）。因此不得任意簽發。

②簽發提單即須負運送責任，因此要注意提單責任是否已投保？

如果沒有購買責任保險的話，就應該趕快辦理，以免因某運送責任過大而損及公司經營。如果已經投保則每份提單都應有其成本，因此收取適當的代價是合理的。如果我方提單授權國外代理使用時，亦應有相同考量。

2.就所發提單的主體分爲：海運承攬運送人自己的提單（稱爲分提單，house B/L，如附錄十一）、船公司的提單（稱爲主提單，master B/L，如附錄十二）

(1)轉發船公司主提單的情形是海運承攬運送人幫貨主安排出貨後，將取得的船公司提單直接轉發予貨主，自己並不簽發自己的提單，因此只存在一套船公司的提單。海運承攬運送人如果不簽發自己的提單時，他就不負運送責任。至於轉發船公司提單的原因有：貨主指定要船公司提單、在目的地無合適的國外代理、國外代理要求收費太高，或對特殊貨載等，說明如下：

①貨主指定要船公司提單

簡單講就是買方指定要求船公司提單，這樣的要求和貿易習慣和貨物對承攬運送業給人印象有關。某些航線，例如中東、印巴等，貨主傾向於只接受船公司提單。

②在目的地無合適的國外代理

有些地區偶爾出貨，好的當地代理也不容易找尋，這時可以發船公司提單。船公司船舶所到之處必定有代理或分公司，發他們提單可降低不必要的麻煩與風險。

③國外代理要求收費太高

由於市場競爭的緣故，大部分航線的運費差價有限。如果國外代理要求理貨費太高，例如報價差數爲每櫃US$25國外代理卻要求理貨費US$25時，根本划不來。在此情況下，發船公司提單是理想的方案。

④特殊貨載

對某些特殊的貨載例如遊艇，國外代理沒操作經驗。事實上也操作不到，而由船公司直接交貨。在此情況下，發船公司提單更是理想。

當轉發船公司提單時，目的地端的服務，將由船公司當地代理貨分公司爲之。海運承攬運送人既可避免風險，也可以節省費用。但服務由船公司做，利益卻由海運承攬運送人享受，船公司不見得願意。這也是爲什麼有些船公司，不願意對往來不夠密切的海運承攬運送人簽發master提單的原因。此外轉發船公司的提單，也將暴露貨主資料於船公司眼下，這是海運承攬運送人所需考量的。最後，轉發船公司提單是否海運承攬運送人就對貨主沒有責任？海運承攬運送人因沒有簽發提單，故可免除運送責任；但作爲貨主的貨運代理人，海運承攬運送人須替貨主負善良管理人的責任。貨主於發生貨物毀損滅失時，他們還是會找將海運承攬運送人交涉賠償事宜。

⑵海運承攬運送人發自己的分提單給貨主，船公司再發主提單給海運承攬運送人，因此提單將有兩套。使用「分提單」一詞是因實務上海運承攬運送人常合併幾個貨主的貨載於同一個貨櫃（即併裝櫃），以整櫃貨交給船舶運送人，取得一份整櫃提單；海運承攬運送人再就個別貨主分別簽發提單，故稱爲海運承攬運送人的提單爲「分提單」。海運承攬運送人向貨主爭取到貨運權之後，將海上運送部分交由船公司履行。海運承攬運送人簽發自己的提單以後，就成爲運送人了。也就形成船公司對海運承攬運送人負責，海運承攬運送人對貨主負責的雙層關係。

至於船公司的主提單和海運承攬運送人的分提單有何不同？茲說明如下：

①簽發主體不同：主提單由船公司所簽發提單，分提單由海運承

攬運送人所簽發。

②船公司的主提單以海運承攬運送人爲託運人及受貨人，而海運承攬運送人的提單則以貨主爲託運人及受貨人，特別是在併裝貨的情形尤然。

③兩者的準據法有相同也有不同，此點將在後節中加以說明。

④海運承攬運送人的提單複合運送是常態，船公司的提單則往往是港對港的服務。

3.就提單所涉及之運輸方式分：單式運送提單（unimodal B/L）及複式運送提單（multimodal B/L）

僅涉及單式運輸（unimodal transportation）所簽發的提單，即爲單式運輸提單；而涉及複合運輸（multimodal transportation）所簽發的提單，即爲複式運送提單。不過提單爲複式或單式不在於其提單表面形式，而在於其是否有複合運送的事實。以FIATA提單爲例，該提單全名爲Negotiable FIATA Multimodal Transport Bill of Lading（可轉讓之FIATA複式運送提單）。因此提單本身就是複式運送提單，但一批貨是否爲複合運輸，尙須從收貨地（place of receipt）是否異於裝貨港（port of loading），或交貨地（place of delivery）是否異於卸貨港（port of discharge）而定。如果是的話，就是眞正的複式運送提單，否則還是單式運送提單。

4.以提單形式分：海運提單（ocean B/L）及海上貨運單（sea waybill）

海運提單及海上貨運單（樣本如附錄十五）在形式上並無差異，所異者在於後者屬不可轉讓的單據（non-negotiable document），其餘關於運送責任的相關權利與義務一樣。在航程短或沒有需要海運提單做貨物權利移轉時，使用海上貨運單相當方便。貨物在抵達目的港時，運送人可逕交貨於單據上記載之受貨人，無須等候正本提單。因其不可轉讓之性質，因此貨運單上所記載之受貨人即爲眞正的受貨人，這也是爲什麼海上貨運單也常被稱爲直交單（direct consigned B/L）、而運送人也要求將受貨人資料清楚記載的緣故。但就負面考量而言，也因其直接交付的性質，因此使用者必須確定無應收貨款問題時，才適合要求運送人簽發海上貨運單。

㈠運送責任的依據

依所簽發的提單形式之不同，提單責任可分爲兩個基礎：

1. 海運提單（ocean bill of lading）：如果簽發海運提單時，則海上運送階段的責任依據在國際之間，還是按照1924年海牙規則及1968年海牙威士比規則。基本上這個國際公約在制定當時，由於航海、造船及通信技術等都還很落後，海上運輸被當成是高度冒險的事業，因此海上風險必須由貨主及運送人共同承擔。在此背景之下，海牙規則有很多有利於海上運送人的規定，這是形成海上運送責任輕於其他運輸方式的原因。

   海牙規則（載貨證券統一規定公約）是國際法學會於1921年爲有關載貨證券之統一規定，在荷蘭海牙集會，並於1924年8月25日在比利時首都布魯塞爾所簽定，全文共16條，以作爲國際海上運輸責任之準據。但國際貨櫃運輸使用於商業用途是於1950年中期開始以後，這個革命性的運輸方式，和傳統海運有很大的差異。而海牙規則制定於貨櫃化運輸之前，以致在所謂運輸單位（transportation unit）的解釋，產生了很多爭議。這就導致1968年海牙威士比規則的制定，以修訂部分海牙規則之條文。該規則係於1968年2月23日在荷蘭海牙開會制定的，共17條，又稱爲布魯塞爾議定書。海牙規則實施之後，各國多將海牙規則精神納入國內法。我國即納在我國海商法，該法係在民國18年公佈實施，51年修訂過一次，88年再次大幅度修訂，現行者爲88年版。中國大陸也同樣訂在其海商法中。其他大多數國家多稱爲海上貨物運送條例（carriage of goods by sea act，簡稱COGSA），如日本海上貨物運送條、美國海上貨物運送條、英國海上貨物運送條等。惟不論其名稱爲何，其均本於1924年海牙規則的精神則都一致。國際運輸有其國際往來性，我的出口也是你的進口；我的進口則來自於你的出口。因此有一套可共同依據的國際公約，對維持國際運輸的平衡，是非常重要的。[4]

2. 簽發FIATA提單：FIATA提單和海運提單在責任準據方面有很大的差異，後者適用1924年海牙規則，已如前面所述；前者的運送責任依據則是1992年聯合國貿易暨開發委員會與國際商會複合運送單據規則（UNCTAD/ICC Rules for Multimodal Transport Documents）。該單據規則是由聯合國貿易暨開發委員會（United Nationas Commission of Trade and Development簡稱UNCTAD）和國際商會（International Chamber of Commerce簡稱ICC）所共同制定的，只要運送人與貨主約定適用此規則，就可生其效力，FIATA提單便是約定適用該規則[5]，這和與國際公約的生效程序有很大的不同。茲將該兩規則列表比較如表8-1：

表8-1　UNCTAD/ICC複合運送單據規則與1924年海牙規則比較表

比較內容	UNCTAD/ICC 複合運送單據規則	1924年海牙規則
規則的適用	在單據上約定使用本規則，即可生效	是國際公約，因此須依國際公約程序，方能生效。
單據的表面證據效力	1. 單據只具表面證據效力，但特別訂定記載「shipper's weight, load and count」及「shipper-pack container」的效力。 2. 單據經轉讓後，不得對抗善意第三人。	規定相類似，但無就的記載做規定。
運送人的責任期間	自收貨開始至交貨為止。	自貨物裝船之後開始到貨物卸船之前為止，但公約並不禁止運送人將責任延伸至貨物裝船之前及至貨物卸船以後的期間（第7條）
運送人受僱人員的責任	運送人須對受僱人員在受僱職權範圍內所為行為負責任。	可以免責。

4 詳細內容請參閱筆者另一著作《國際貨櫃運輸實務》，華泰文化事業出版，2010年8月，三版。
5 請參閱附錄十九規則全文，第1條第1.1、1.2項。

比較內容	UNCTAD/ICC 複合運送單據規則	1924年海牙規則
運送人責任	貨物的毀損、滅失及遲到	貨物的毀損及滅失，對遲到則未做規定。
運送人責任限額	1.運送過程含海上或內河航運者，每件666.67或每公斤2個特別提款權，兩者取其大為限額。 2.運送過程未含海上或內河航運者，每公斤以8.3個特別提款權為限。 3.責任發生階段的國際公約或國內法訂有較高限額者，從其規定。 4.貨物延遲責任以全程運費為限。	1.每件或每單位100英鎊或其他等值貨幣。威士比規則規定每件或每單位相當於10,000金法郎或每公斤相當於30金法郎的限額。 2.在現行網狀責任制的體制之下，兩規則的原則相同。唯並未做不含海上或內河航運時的責任限額規定。 3.未做延遲時的責任規定，海上運送人多約定免責。
運送人得免責事由	1.由於船長、海員、引水人因航海及管理船舶的行為、過失及疏忽所致之損害。 2.失火，除非係因運送過失所造成者外。	1.海上運送人的責任在於使船舶在開航前具有適航能力即可。開航之後因突發事故致喪失適航能力者，可以免責（第3條第1項） 2.共有17項免責事由（第4條第2項）
託運人責任	1.託運人對託運物的性質、嘜頭、個數、體積、重量等，像運送人負保證之責。 2.如因通知不正確或不清楚，致運送人損害時，託運人要負責任。 3.即使單據已經轉讓，託運人依舊須負責任。 4.運送人不得就其記載內容，對抗善意第三人。	規定類似。
貨損之通知	1.貨損明顯時，須於提貨當時以書面通知。 2.貨損明顯時，須提貨之後6個連續日內以書面通知。	1.貨損明顯時，須於提貨當時以書面通知。 2.貨損不明顯時，須提貨之後3個連續日內以書面通知。
消滅時效	交貨或得交貨起9個月內未起訴者，失其請求權。	交貨或得交貨起1年內未起訴者，失其請求權。

綜合言之，兩者最大的差異在於四個方面：

1. 貨物延遲責任，在海牙規則之下海上運送階段，運送人不必負責，但單據規則須負責，不過其金額也並不高。
2. 免責事項，單據規則大幅減少。
3. 貨損通知時間，貨損狀況不明顯時，海牙規則爲3天，單據規則爲6天。
4. 消滅時效期間，海牙規則爲1年，單據規則爲9個月。

因此單據規則事實上大幅增加運送人的責任，從法律公平的立場來看，似較合理。但海牙規則的制定，自有其時代背景。在目前依然以海牙規則爲基礎之下，使用FIATA標準提單，在目前的環境之下，並沒有明顯的好處。

二、當海運承攬運送人為貨運代理人時的單據

當海運承攬運送人並未介入成爲運送人時，其執行業務乃是以「他人之計算」，因此基本上他並不簽發自己的運送單據，相關運送單據都是轉發實際運送人所簽。這時他所負的責任是不得對貨主之委託事項「怠於注意」，只要他能夠證明這點，即可不負責任。因此和作爲運送人的身分，有很大不同。

至於海運承攬運送人做爲貨運代理人時所簽發的單據，視貨主之需要可以是以下單證之一：

1. 收貨收據（certificate of receipt）：海運承攬運送人於收到貨物時所簽發，常於提供集貨服務時所簽發。當履約輔助人收到貨物時，可簽發此單據。貨主可能同意憑此單據，委託銀行付款。
2. 倉庫收據（warehouse receipt）：爲倉庫所簽發，以證明貨物已經進倉。
3. 運輸收據（certificate of transport）：於有內陸運輸、卡車服務時所簽發。

三、簽發提單時應注意事項

提單既是國際運輸及國際貿易中最重要的單據，因此其使用對承攬運送人有幾點事項應加以注意：

1.提單責任是否有投保？

簽發提單便要負運送責任，因此是一種潛在的負擔。運送責任可大可小，站在公司永續經營的考量，應將風險向保險公司投保。所以要簽發自己的提單之前，要先看看提單責任風險是否以向保險公司投保。千萬別爲了節省一點保費，使公司身陷風險之中。

2.公司提單不得任意授予他人使用

提單是公司最重要的文件，因此如果有國外代理要借用提單的話，首先要看該代理的經營理念及水準夠不夠？其次還是要看保險是否有承保？如果原來的保險沒有涵蓋到該代理的話，一定要向保險公司通知加保。最後的底限是和國外代理簽個協議書，如因其簽發我方提單行爲導致任何責任時，應由其向我方保證負完全責任。

3.國外agent的素質如何？

國外代理在當地代表我們對客戶提供服務，因此其素質如何將攸關公司的經營形象與風險，因此應該要去了解其情況。此外在與國外代理的合作方面，無單放貨（release cargo without original B/L）是最大的風險，因此要向國外代理強調不得無單放貨。即使如此，依然要投保E&O（error & omission）險，以防萬一。

4.提單記載事項採文義責任制，因此應注意其貨物內容之記載。

除了要注意貨物內容的正確性之外，對一些異常狀況的處理，例如提單內容更改、要求做倒塡裝船日及貨物有瑕疵卻要求簽發清潔提單等，尤其更應注意。

5.有要求電報放貨的，應注意正本提單的收回，才可通知國外。

這一點是公司內部的人員訓練問題。實務上常有託運人繳回正本提單，而由運送人通知國外逕行放貨的情事。要讓負責人員知道此項作業的重要性與意義。要發通知國外放貨之前，務必先收回正本提單，始得爲之。茲舉一烏龍案例：某海運承攬運送公司的文件人員因不太了解在提單蓋上「全套正本提單已收回可以放貨給受貨人」的意義，以爲只是例行動作。因此某一筆至日本的運務中，在尚未收回正本提單之下，就蓋該章通知日本代理。日本代理在收到此通知後，便放貨給受貨人了。不幸的是受貨人在提到該貨之後不久即宣布倒閉，託運人在貨款求償無門之下，乃轉而以正本提單還在手上爲由，要求該海運承攬運送人賠償損失近新台幣80萬元。承攬運送人在無可推卸責任之下，只有認賠了事。這樣的錯誤或許認爲離譜，但這卻是千眞萬確的實例，業者應予注意。

最後順便一提我國民法「承攬運送」章幾個有關條文如下，以供參考：

1. 依我國民法第662條：「承攬運送人爲保全其報酬及墊款得受清償之必要，按其比例，對於運送物有留置權。」這就是實務上常見運送人對貨主欠費未兌現時，即予以扣貨，甚至對同行及國外代理有欠費時，也照扣不誤的依據。至於民法本條文是否給予承攬運送人這麼大的權利，不無疑義。分析如下：
   (1)貨物留置權之使用，乃是針對當筆貨物。實務上多接受客戶運費記帳月結，則其欠費的發生關係，就不是當筆貨物了，因此不能扣貨。事實上他筆貨物，其權利義務關係不同，當然不得對之執行扣貨。除非經向法院提出假扣押之訴，並經法院發出執行命令。因此對記帳的欠費，只有另尋其他救濟途徑了。
   (2)對同業及國外代理，因爲貨物的權利並不屬於他們，因此不得因其有欠費，而扣留其所經手的貨物。
2. 第661條爲關於承攬運送人對所承運之貨物必須盡到注意的責任，否則對貨物之喪失、毀損或遲到，應負賠償責任。承攬運送人主張已盡到注意之責任者，要負舉證之責。
3. 第666條爲關於貨損請求權爲自貨物交付或應交付起兩年內未行使

即消滅，這和我國海商法爲一年之規定不同。後者顯然欲加速海運貨損處理的速度，以免責任爭議長期懸宕，值得肯定。

第三節　海運承攬運送業與信用狀統一慣例

關於運送人責任與義務之規定，我國主要明訂在民法及海商法中[6]。至於我國航業法、海運承攬運送業管理規則的有關規定，則已於本書前面第三章中有所說明，因此不再重述。因爲國際運輸與國際貿易有密切關係的緣故，信用狀統一慣例也有不少條文與國際運輸有關。在此僅就及信用狀統一慣例之有關條文，逐一列舉說明：

1. 第30條：「除非信用狀另行授權之外，否則由承攬運送人簽發之運送單據，銀行將僅接受其以運送人或運送代理人身分所簽發出來者。」
   換句話說，承攬運送人欲簽發提單者，必須是以運送人或運送代理人身分之一，不得以其他方式。意在禁止既要簽發提單，卻又要逃避運送人責任的情形。
2. 第4條：「在信用狀的作業上，有關各方所處理者爲單據，，而非其背後的貨物、勞務或其他履約行爲。」
   這是現代所謂單據式交易的特性，在受貨人最後取得貨物之前，都是依據單據來進行貨物物權的交易與轉移，因此提單當然是非常重要的交易工具。至於提單關於貨物名稱的記載內容、數量，或其包裝種類、個數及標誌之通知，是由託運人通知，並向運送人保證其正確。其因通知不正確所產生之理賠事由，由託運人負賠償責任（海商法第55條第1項）。但運送人不得以之對抗託運人以外之載貨證券持有人（海商法第55條第2項）。在實務上，託運人是將託運物內容以託運單（S/O，shipping order）向運送人告知，承攬運

6 在拙著《國際貨櫃運輸實務》已有詳細說明，有興趣的讀者可自行參考該書。

送人便據此做記載。儘管我國海商法第54條第2項有「有顯著跡象疑其不相符合，或無法核對時，得載明其事由或不予載明」的彈性規定，但在實務上這項規定是行不通的。因為沒有載明或載明其懷疑理由的單據，其流通性勢必受到影響，因此運送人對貨物的各相關內容還是必須予以記載。而運送人做此記載之後，銀行也就信而依承攬運送人之記載做審查。這樣的程序，確有其瑕疵，而讓別有意圖者有可乘之機。但如要運送人、銀行對每筆貨的實質內容都予以查核的話，所產生的問題反而更多，所以還是要接受這看似有瑕疵的做法。因此經濟犯罪的風險，要由貨主自行注意與承擔。若對賣方信用有所存疑時，最好花一點錢，找個公證人幫忙做裝貨檢查。對自己的權益，才比較能獲得保障。

3. 第13條：「銀行審核單據時，須以相當之注意審查信用狀規定之一切單據，藉以確定該等單據就表面所示與信用狀之條款是否相符。信用狀所未規定之單據，銀行不予檢查。」
本條規定相當清楚，即信用狀所規定之單據，銀行都只要就其表面做審查，不必及於實質。且檢查的態度也只要盡相當之注意即可，而不必做到絕對之注意。對信用狀所未要求的單據，銀行也不須做審查。

4. 第15條：「銀行對任何單據之格式、充分性、正確性、眞實性等的有效性，不負審查之義務或責任。」
本條是對審查單據有效性所做的規定。換言之，單據本身是否做假等，不是銀行審查的責任範圍。銀行所審查的是在於文件的表面是否符合信用狀規定即可，因此對單據的格式、充分性、正確性、眞實性，由貨主與運送人自行負責。

5. 第23條C項：「除信用狀條款禁止轉船外，但在該海運全程責任係由同一提單所涵蓋之條件下，銀行將接受表明貨物將轉船的提單。」
換句話說，除非信用狀有明文禁止轉船的約定，於全程運送責任係由同一運送人所負時，統一慣例認可運送人保有將貨物在某一港口從一船舶卸下，重裝至另一船舶的權利。

6. 第23條D項：「縱然信用狀有禁止轉船之約定，銀行仍將接受貨物裝在於貨櫃中而有轉船的情形；或有運送人保留轉船權利之條款。」

本項明訂在以貨櫃化運輸之下，運送人可以將貨櫃在某港口做轉船，這將不被認爲是違反信用狀禁止轉船之約定。在船舶大型化的趨勢之下，以某港口爲核心進行貨櫃的接駁有越來越普遍的趨勢。但有很多貨主仍沿襲過去習慣，在信用狀上做禁止轉船的約定。因此依據統一慣例本條文之規定，這樣的約定既沒有必要，銀行也不必要接受。不過我國銀行仍常常因爲信用狀有禁止轉船之規定，而拒絕貨櫃運輸的轉船行爲，這顯然是不符本條文的精神。

7. 第31條：「除信用狀另有規定外，銀行將接受下述性質之運送單據：1運送單據雖含貨物得裝載於甲板上之條款，但並未明載貨物裝載或將裝載於甲板上，或2正本提單正面載有『託運人自行裝櫃及點算』或『據託運人所稱內裝』之文字。」

指縱然提單條款有運送人可以做甲板裝載的條款，但只要不言明該貨是裝載甲板上，即不被視爲違反信用狀的約定。事實上，在貨櫃運輸之下，將部分貨櫃裝置在甲板上屬航運習慣，這不得視爲違反禁止甲板裝載的約定。即使有裝於甲板上的事實，運送人只要不在提單上載明，即不被認爲違反信用狀統一慣例的約定。至於「託運人自行裝櫃及點算」或「據託運人所稱內裝」的記載方式，在整櫃運輸的情況是極爲普遍的。整櫃貨載，貨物是由託運人自行裝填。因此運送人對貨主所裝填內容及數量無法一一查核，否則將影響國際運輸及國際貿易的運作。但運送人對其內裝貨載的數量還是需要有所交代，所以有此變通的記載方法。信用狀統一慣例也從善如流，接受這樣的記載。不過要注意的是此記載於提單轉讓之後，不得對抗善意的提單持有人。

8. 第32條：「除信用狀有約定可以接受者外，銀行將不接受貨物及包裝有瑕疵狀況記載之提單。」

有瑕疵的貨物，例如破損（broken）、雨淋（wet）、生鏽（rust）等，對買主的權益當然很容易有損害。運送人爲減免自己的責任，理應將此種狀況記載於提單上面，以明責任歸屬。有了貨況瑕疵記載的提單，即稱爲不清潔提單。對不清潔提單，常理之下買主應該不會接受。因此如果貨主願意接受，應做明確約定。信用狀如無約定可以接受有瑕疵記載的提單，銀行將自動解釋爲不接受不清潔提單。

第四節　轉換提單（switch B/L）

三角貿易的實務，貨主常有轉換提單（switch B/L）之要求，在此特檢附國際仲介人協會所發表關於轉換提單的文章如下[7]，以供讀者參考。

一、什麼是「轉換」提單？

「轉換」提單（switch B/L）是指運送人（或運送人的代理人）簽發的第二套提單，用以替換裝船時所簽發的提單。被要求簽發第二套提單的代理人通常位於裝貨港以外的港口。提單持有人（出於某些原因）可能認爲第一套提單已不適合，而要求運送人簽發轉換提單以滿足其新要求。要求轉換提單的原因是：

1. 原提單所指定的卸貨港變更（譬如收貨人有卸貨港選擇權或貨物被轉賣），需要簽發新提單來指定新的卸貨港。
2. 合同鏈中的貨物賣方不願意讓原始託運人的名稱出現在提單上，以保持商業機密。因此要求簽發新的提單，並做該貨物賣方爲託運人。

---

[7] 資料來源：國際運輸仲介人協會通告，2004年2月。

3.貨物原先是以小票貨出運的，而該貨物的買方要求就所有的小票貨物簽發一份總合提單以方便其轉賣。相反的，也可能原先是爲大宗出運的貨物簽發了一份提單，而該大宗貨此後被拆分成多票提單項下的小票貨物。

二、何時可以簽發「轉換」提單？

簽發第二套提單是一種極其危險的做法，因爲同一票貨物有兩套提單同時流通在外的危險是顯而易見的。所以有必要簽發轉換提單時，必須遵守以下原則：

1.不僅要獲得委託人關於簽發轉換提單的書面授權，而且要獲得其對原提單內容所有變更的書面授權；
2.只有在收回全部第一套提單繳回作廢後，才能簽發第二套提單；
3.第二套提單不應有錯誤表示，比如有關眞正的裝貨港、或貨物狀況，或裝貨日期等。如果簽發的轉換提單含有錯誤表示，那麼運送人及其代理人（如果轉換提單係代理人所簽發）將面臨來自因該錯誤表示，而被受損一方索賠的風險。

三、對簽發人的提醒

實務中，「轉換」提單通常是在第一套提單外另行簽發，而不是在繳回第一套提單後再簽發的。如此操作的理由很多，譬如：第一套提單可能滯留在裝船國，或船舶可能比第一套提單先抵達卸貨港。另一個可能的理由是，貨物的中間貿易商希望在其付款給發貨人之前，先從最終收貨人處收取貨款，以改善其現金流。委託人可能請求運送人，在沒有收回第一套提單的情況下先行簽發第二套提單，並由委託人或者第二套提單接收人向運送人提供擔保函。這種做法經常導致運送人在面臨第一套提單持有人（例如，託運人、提單的受讓銀行或受讓人）索賠時，除了一份毫無價値的擔保函外，別無所依。

四、運送人應當如何保護自己？

1.首先，運送人必須考慮被要求做的是什麼，以及該行爲可能帶來什麼樣的風險。要求簽發第二套提單的委託人可靠嗎？即使委託人提供了擔保函，運送人也應當謹記擔保函能否得以履行，端視擔保函出具人本身的信用，而非擔保函本身；

2.運送人必須取得委託人的書面授權和委託人簽署的擔保函（如運送人人認爲必要，該擔保函還要由銀行背書），以保證賠償運送人因簽發第二套提單可能遭受的所有後果；

3.運送人還應考慮是否須要取得因該行爲而可能受到不利影響的其他方（如船東、託運人、或者銀行）的書面授權。如果運送人受租船人委託代表船長簽發第二套提單，那麼他還必須取得船長或船東的書面授權。否則，船東可能會以運送人未經授權簽發第二套提單而使其受損害爲由，提出有理有據的索賠；

4.如果委託人要求運送人要取得第二套提單受貨人所提供的擔保函，代理人應得到委託人對該擔保函內容及擔保方式（例如，是否需要由銀行背書）的書面認可才有保障。運送人應當將擔保函存放于安全場所，並盡合理努力收回第一套提單。如果第一套提單，比方說，在一個月內還未能提交，那麼運送人應當通知委託人，並請求其指示。

到目前爲止轉換提單所發生的問題，已造成銀行、船東和託運人對運送人的大量索賠，究其原因，都源自於運送人在沒有收回第一套提單的情況下，僅憑貿易公司或中間商的擔保函就向其簽發了第二套提單。該類案件中的貿易公司總是在將兩套提單承兌獲取現金之後就破產了。運送人善意履行其委託人請求的事實，並不能對抗受損第三方的索賠。

第五節　案例解說

本章結束之前，特舉兩個案例，以供參考。

案例一：泰安產物保險公司V.S.某海運承攬運送人

Lunar River 0400N

Keelung/Shanghai

O/B date: Mar/19/2001

Shipper: Everest Group Limited

Cause: 1 pallet broken and electric parts inside were found broken

Claim: value NT$154,509

本案是由泰安產物保險公司賠付予客戶以後，取得代位求償權，向承運之海運承攬運送人要求賠償。要求被拒以後，泰安產物保險公司於是一狀告到法院。本案雖小，還是歷經法院五次審理，最後判定由海運承攬運送人勝訴。

本案海運承攬運送人獲勝的原因有四：

1. 保險公司賠付的當事人，與提單託運人不符。雖經原告主張他們所賠付的當事人和託運人是關係企業，但法院不採納，因此當事人不適格。
2. 原告所提的出倉證明不完備，證據力不足。
3. 貨主提貨是在2001年3月30日，未在提貨當時提出破損通知，且遲至4月4日才做公證，不符海商法第56條要在3日內以書面通知的規定。
4. 尤其可議的是公證報告中關於損失金額的陳述，從原來的2,357美元更改為4,266.69美元。關鍵部分任意更改，有失公證報告的公信力。

案例二：某海運承攬運送人V.S.貨主某實業公司

訴訟標的：貨主對海運承攬運送人運費欠費近新台幣2百萬元。

本案原係一項貨主對貨損的索賠案，雙方對此主張仍多所爭議。但由於貨主對相關之海運承攬運送人有運費欠費，正好和索賠金額相當，因此貨主主張以該欠費抵償，拒付運費。經海運承攬運送人多次協商以後，貨主雖承諾至少先解決一半運費，但事後並未履行，因此海運承攬運送人乃憤而告到法庭。本案可議的是貨主對所稱之貨損，並未提出正式交涉或提告，一副有恃無恐的態度。

至於該貨損理賠案件簡單如下：

1x40'HQ

Keelung/Chittagong

B/L KECHT012021A & KECHT014021B

O/B date: Apr. 18, 2001

該貨原提單爲KECHT012021，於4月20日分割爲KECHT012021A/B/C三份，復於4月26日將KECHT012021B/C合併爲KECHT012021B，因此提單最後是KECHT012021A/B。在海運承攬運送人通知吉大港代理及船公司（K Line）過程中，代理及船公司產生一些失誤，以致船公司在遞交海關的艙單，並未修改。在與海關交涉多時之後，受貨人遲至6月7日才提到貨。後來爲趕生產及交貨，產生改走空運及趕工加班的額外費用據稱共爲約US$62,340，要求海運承攬運送人賠償。因此在未得到賠償確定之前，拒不支付先前運費欠費。

本案最後判決貨主敗訴，但等到判決下來之前，貨主卻已宣告倒閉。該海運承攬運送人因爲疏忽未事先申請對貨主財產假扣押，以致爲確保債權的努力，功虧一簣，至堪惋惜。

本案啓示：

1. 當時該海運承攬運送人通知吉大港代理的e-mail，有一點點瑕疵，以致責任有些模糊。因此海運承攬運送人的相關從業人員在通知國外代理時，務必將內容說清楚、講明白。

2.本案並非單純的延遲（如屬單純的延遲，海運承攬運送人可以主張免責），而係涉有國外代理的錯誤及過失（E&O），屬保險公司承保範圍。因此該海運承攬運送人應同時轉請保險公司處理，不過與保險公司的交涉過程，並不是很順利，以致有些耽擱，引起貨主不滿。

3.國外代理的指定，常常是海運承攬運送人的盲點，也是最大的風險之一，必須愼重。建議對國外代理的情形，要常予review。

4.對有欠費的客戶，一遇有貨損或任何爭執時，貨主都一律先扣留運費，常使海運承攬運送人處於不利的談判地位。因此在同意給客戶欠費時，應該愼重，且訂定嚴格的催收程序。

5.法院審理常常很費時，因此對有把握的案子，最好一併申請假扣押，以免白忙一陣。

總之，海運承攬運送人作爲運送人，須注意的問題甚多。海運承攬運送人對與自己權益有關的規定，應該多下工夫，才能成爲一個具有專業素養的業者。

問題與討論

1.請說明海運承攬運送人爲承攬人時的責任。

2.請說明海運承攬運送人爲運送人時的責任。

3.請說明海運承攬運送人爲承攬人時的所發的單據。

4.請說明海運承攬運送人爲運送人時的所發的單據。

5.簽發FIATA提單和自行印製的提單，兩者責任依據有何不同？

6.請討論信用狀統一慣例和海運承攬運送人有關的條文。

7.什麼是轉換提單？

8.轉換提單在實務上的重要性如何？須注意哪些要點？

9.請討論第五節中的案例。

第九章

複合運送與海運承攬運送業

本章摘要

本章共分五節。首先討論複合運送的基本概念，由於各種運輸各有所長，故可截長補短，結合使用，即爲複合運送；次節討論複合運送的經濟性，在此探討不同運輸模式之間的結合使用，以發揮經濟效益。第三節討論複合運送的責任制度，由於複合運送涉及不同階段、不同運輸的結合，在未有新的統一責任制度之前，目前是以網狀責任制爲運送責任爲基礎。第四節說明海運承攬運送業是複合運送的最佳執行者；本章結尾以海空聯運爲例，探討台灣的海空聯運機會。

第一節　複合運送的意義

一、複合運送的基本概念

複合運送是指從貨物收貨到交貨牽涉到兩種以上的運送方式之運輸模式，這樣的運輸模式如果牽涉到兩個國家以上時，即爲國際複合運送。但論複送運送的重點不僅在於其形式之結合，而是實質上由複合運送人收取全程運費，並負全程的運送責任。因此貨主自行安排的交貨與提貨行爲，並非複合運輸。

至於運輸的模式依運輸的主體，可分爲：陸、海、空及管道運輸等，詳列如圖9-1：

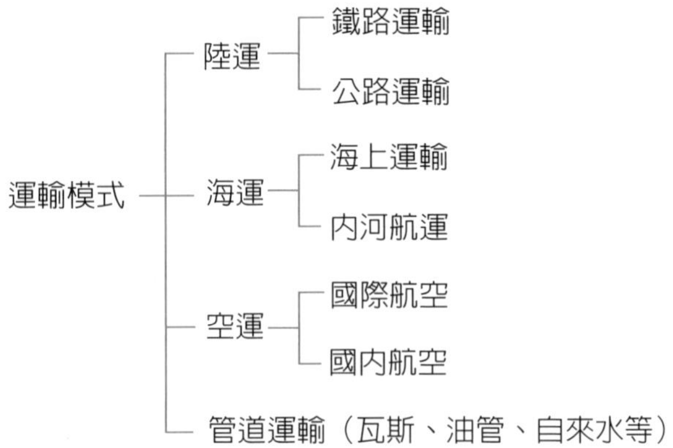

圖9-1　各種運輸模式

而每一種運輸都各有其特點，茲列表比較說明如下（見表9-1）。管道運輸雖與我們日常生活息息相關，但這並不是我們要討論的範圍，故予以省略不談。

表9-1　各種運輸的特點

運輸方式	長　處	短　處
海運	‧運量大 ‧運輸成本低廉 ‧對環保維護較佳	‧運輸季節彈性小 ‧無法深入到內陸 ‧速度太慢
空運	‧速度快 ‧安全性高 ‧可延伸至內陸點	‧運輸量不大 ‧季節彈性小 ‧容易受天候影響 ‧高度依賴支援系統 ‧政治敏感度高 ‧對貨物選擇性高
公路運輸	‧運輸機動性高 ‧初期設立資本低	‧運量小 ‧長途運輸成本有遞增的現象
鐵路運輸	‧運輸量大 ‧長途運輸成本遞減	‧初期設立成本太高 ‧運輸機動性不高

每一種運輸方式都稱為一種模式（mode），各種運輸如上所述各有其特點。因此可以將各種運輸的優點結合起使用，即成為複合運送或聯運。所以複合運送是不同運輸模式的結合，英文稱為intermodal transportation或multi-modal transportation，也有稱爲combined transportation者。如從責任一以貫之的觀點，則稱爲一貫運輸（through transportation）；大陸則稱國際多式聯運。複合運送的營運人稱爲複合運送人（multi-modal transport operator，MTO或combined transport operator，CTO）。美國則另創名詞，如係到內陸點的海陸複合運送則稱爲IPI（interior point intermodal）或微橋運輸（micro-bridge簡稱MCB）；而以美國大陸連結東西岸港口的海陸複合運送，則稱爲迷你陸橋運輸（mini landbridge簡稱MLB）。

傳統的運輸是分段式的（segmented），即各運輸階段彼此獨立，各自向貨主負責。貨主也自行聯繫各段運送人，各自洽談運輸條件。這樣的作業方式，在當時可能認爲當然爾。不過以現代眼光來看，則是既沒時間效率，所花費運輸成本也高。只是在昔日的時代背景之下，也別無選擇。

就海運而言，貨櫃化運輸是實現複合運送的關鍵。因爲使用貨櫃不但實現單位化運輸、提高運輸效率，也對貨物提供良好的保護、降低貨物短損的風險機率；同時因爲運送責任可以較明確區分，方便複合運送人提供全程運送，而保險公司也才願意對運送責任提供保險。所以國際運輸的發展可分成以下幾個階段：

1.港對港（port to port）

這個階段運送人於船邊收貨，抵卸貨港時，也就在船邊交貨，是所謂掛鉤到脫鉤（tackle to tackle）的運輸條件。這是傳統的海運方式。

2.點對點（point to point）

從傳統的在船邊交接貨物，此階段的運送人是在出貨人鄰近的城市據點收貨，並在受貨人鄰近的城市據點交貨，顯然已較傳統的港對港邁前了一大步，已具備複合運送的條件了。

3.戶對戶（door to door）

再從點對點進一步，從出貨人的倉庫或工廠收貨，送至受貨人的倉庫或工廠交貨。使貨主的便利性，又跨進一大步。

4.桌對桌（desk to desk）

桌對桌是對貨物的動態資訊而言，即貨主可隨時由辦公桌的資訊系統查詢到貨物的流動訊息，使貨主隨時隨地掌握貨物的行蹤。無疑地這是現代物流的進展，也是複合運送的高度發揮。

綜合以上所述，構成複合運送的要件如下：

(1)至少須有兩種或兩種以上不同方式的一貫運輸作業（through transportation）。如複合運輸涉及兩個國家以上時，即爲國際複合運送，否則爲國內複合運送。

(2)由複合運送人對貨主負全程運送的責任，即所謂一貫責任（through liability）。各分段運送人再以履行輔助人的關係，向複合運送人負責。各分段運輸由複合運送人組織，於有應負運送責任時，由複合運送人向貨主負責；各分段運送人再向複合運送人負責。使得各相關人員間的責任關係，相當清楚。

(3)由複合運送人向貨主收取全程運送的運費及費用（through freight），再由複合運送人向各分段運送人支付。

(4)在現代物流需求之下，資訊科技（information technology簡稱IT）非常重要，扮演整合的角色。

複合運送如再將前後段相關服務，例如：國內運輸、倉儲、報關、包裝等都予以納進來的話，即形成現代物流一體化服務（integrated service或total solution或one stop shopping）的觀念，則就更具有時代的重要意義了。

至於複合運送成爲現代國際運輸的主流的原因如下：

1.由於全球化、自由化的結果，各行各業都要面臨來自全球的競爭，而各行各業也可以到全球去角逐市場。在這樣的趨勢之下，所有行業都面臨著微利（marginal profit）的環境。爲了生存，企業必須想盡辦法，降低貨物成本，才能保持競爭力。運輸成本也是貨物成本的重要因素之一，而複合運送的無縫隙（seamless）運輸，正可以縮短運輸時間及降低運輸成本，因此符合時代趨勢的需要。

2.由於國際運輸的複雜性，因此將之交予專家全程負責，最符合經濟效益。複合運送人可將運輸資源整合起來，提供貨主一個全套的解決方案（total solution），實現戶到戶的運輸目標。既可提高運輸效率，又可降低成本，對貨主當然是最佳選擇。

3.複合運送的整個過程都在複合運送人有效管控之下，因此可實現無縫隙的運輸（seamless transportation），達到及時送達（just in time）的運送目標。既然貨到時間明確可期，則透過現代資訊系統管理追蹤，貨物的動態便可完全掌控。因此在途運送的貨物均可當作是存貨的一部分，改變傳統的存貨觀念。降低存貨成本之外，貨物的存倉成本也都大幅降低。

4.複合運送人在國際運輸之外，還可以提供具有附加價值（value added）的運輸服務，實現現代物流的深層意義。對複合運送人而言，可以擴大業務內容，提高獲利空間；對貨主而言，則將和運輸有關的部分委託專家執行，降低成本，提高競爭力。

這樣的話，貨主和複合運送人便可各自專注於自己具有核心競爭力（core competence）的部分，實現產業分工合作的目標。提高效率，降低貨物成本，增強競爭力。

第二節　複合運送的經濟性

前面已簡單述及，各種運輸方式，各有其優缺點，但各種運輸並非只能獨立行使，而是可以結合起來使用，截長補短，以發揮運輸的最大效益。如果拿海運及空運來做比較，兩者的優缺點正好是相對的：海運的速度很慢，但運輸成本低廉；空運則是速度很快，但運輸成本高，因此兩者可結合起來使用，這就是所謂的海空聯運（sea air transportation）。可用圖9-2表示：

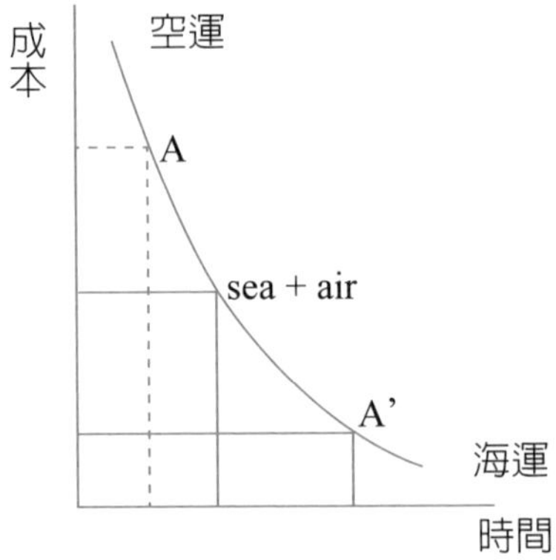

圖9-2　海空聯運

圖的縱座標爲運輸成本，橫座標爲運輸時間。顯示全部用空運如點A所示的話，雖然運送時間很短，但運輸成本則很高；相對的，如果全程用海運如點A'的話，則平均成本雖低，但速度很慢（時間很長）。因此如將兩者聯合使用的話，則其平均成本及運輸時間將介在使用單一運輸之間，於是呈現爲圖上的點sea+air。意爲：使用海空聯運的話，將可既節省運費成本，又可兼顧運輸時間的要求。例如到德國漢堡，如果全程走空運的話，每公斤運費約在新台幣90元，需時約1天；如果全程走海運的話，則每公斤運費約僅在1.5元左右，需時約22天。但如果改走海空聯運，利用新加坡轉運的話，則運送時間可縮短至一個星期左右，運費降爲每公斤新台幣50元左右，可以節省可觀的運費成本，顯示海空聯運的經濟效益。在遠東地區的香港、新加坡及中東的杜拜，都由於地處於良好的地理位置，而形成爲重要的海空聯運中心。運費及運輸時間的減少也就是貨物成本的降低，顯示兩種運輸方式結合的經濟效益。

第三節　複合運送的責任制度

複合運輸涉及不同運輸方式的結合，因此複合運送人責任的決定是一個重要的課題。對此一問題，國際之間主要是朝向三個方向：

一、網狀責任制（Network Liability System）

所謂網狀責任是指依據毀損滅失發生之階段，要適用該運送階段的國際公約或國內法律來定運送人應負之責任，例如長榮海運的提單第5C條款即約定：港對港的運輸時，適用1924年海牙規則；在美國本土的運輸時，適用陸上運送人或州際商務委員會提單條款；在歐洲各國間陸上運輸時，適用國際公路公約（CMR, 1956）或國際鐵路公約（CIM, 1961）；若在歐洲單一國家內的路上運輸時，則依據該國國內法或國際公約等等，這便是典型的網狀責任制。可用簡圖9-3表示之：

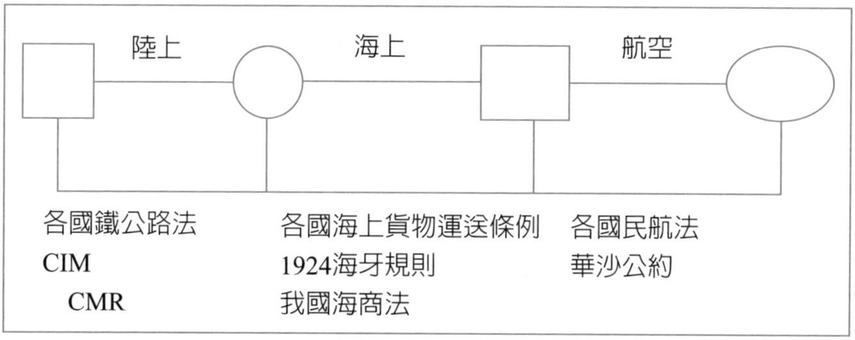

圖9-3　網狀責任制

網狀責任制是現行判定複合運送人運送責任的國際制度。因此遇有貨物毀損及滅失時，在現行複合運送責任制度之下，首先要判定貨物毀損及滅失的發生階段，才能決定運送責任。至於如何判定，有些毀損及滅失的原因是不難判斷的，例如：水濕如是海水所造成的，則判斷其發生於海上應無太大疑問。但很多情形下，毀損滅失原因並不容易判斷，例如：水濕是雨水所造成時，則究竟是在陸上時的雨水或海上時的雨水所造成的，並不容易判斷，因此網狀責任制確有不便之處。故國際之間有倡議應將各階段的責任予以統一，因此有後述的統一責任制之議。

如以台灣爲例，依網狀責任制，則複合運送應該適用圖9-4之法律結構：

運送人責任
- 公路運輸：中華民國公路法
- 鐵路運輸：中華民國鐵路法
- 國內航空運輸：中華民國民用航空法
- 國際海上運輸：中華民國海商法（海牙規則）
- 國際航空運輸：中華民國民用航空法（華沙公約）
- 國內倉儲：中華民國民法

圖9-4　網狀責任制在台灣結構圖

從圖可以看出，複合運送責任的法律結構確實相當複雜。如果能夠統一適用一個單一制度，對運送人和其履行契約輔助人、貨主及保險公司都將是一大便利。在這次我國海商法修正過程中，即有內陸倉儲及拖車業者要求以海上運送人履行輔助人的身分，適用海上運送責任制度。這個要求最後是在海商法第76條中延伸至從事「商港區域」的範圍，但仍不能全面適用到內陸階段，以兼顧到貨主的權益。

二、統一責任制（Uniform Liability System）

網狀責任制是根據現行國際及國內法的規定，不須再另外制定一套制度，固有其方便之處。但如前所述，欲明確判定貨物毀損滅失階段，往往不是一件容易的事。在此情形之下，常常使運送責任處於不確定狀態。對保險公司承保風險之估算，也往往帶來困擾。因此如果能針對複合運送另訂一套統一的責任制度，應符合國際期待，統一責任制度的構想因而產生。所謂統一責任制，指複合運送過程中，不論毀損滅失發生階段，一律適用相同的責任制度，達到眞正的一貫責任之目標。不過雖然其理想崇高，但此一制度之採行還有賴各國接受新的國際公約才能達成。可惜由於各國利害糾纏不清，以致這一理想，迄今無法實現，國際之間目前並未進化到眞正的統一責任制。足見欲制定一套全新的責任制度，在國際之間並不是一件容易的事。

統一責任制亦可用圖形表示（見圖9-5）：

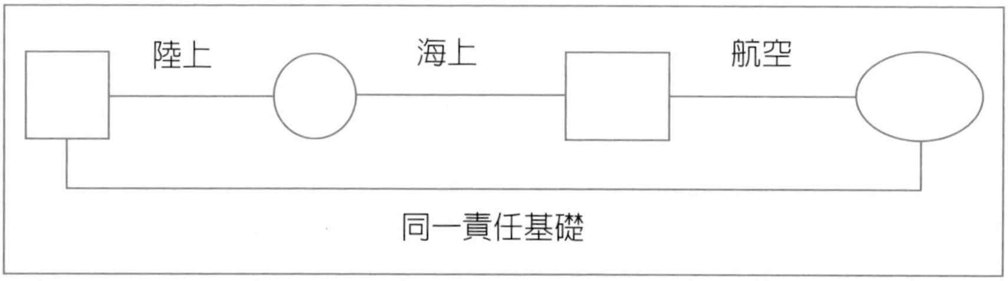

圖9-5　統一責任制

由圖所示可悉，縱然所使用之運輸方式不同，但運送人對運送物的毀損滅失之責任適用同一責任基礎。這樣的責任制度，與國際現行制度不同，因此必須經由各國共同努力，制定一套全新的制度，不過迄今還尚未達成此目標。

三、綜合或修正的責任制

如前面所述，欲就國際複合運輸另定一套新的統一責任基礎的努力，並不容易達成。1980年聯合國複合運送公約，也只作了折衷的建議：如果發生毀損滅失階段可以確定，且適用的國際單式公約或國內法所定的賠償額度高於聯合國公約標準時，則複合運送人所應負責任，即適用該階段的國際單式公約或國內法。但如發生毀損滅失階段無法確定，或該階段的國際單式公約或國內法所定未較聯合國公約高時，則一律適用聯合國公約所定標準。可謂原則適用聯合國公約，例外才用國際單式公約或國內法。我國海商法第75條第二項規定「貨物毀損滅失時間不明者，推定期發生於海上運送階段」，爲兩種制度的折衷或修正，故可稱爲綜合或修正的責任制。

綜合以上所述，關於複合運送的運送人責任，國際目前還是用網狀責任制度。毀損滅失責任階段明確時，即依責任階段的國際公約或國內法，決定運送人應負之責任。如果責任階段無法判定時，就推定爲海上運送階段發生者。

第四節　承攬運送業與複合運送

承攬運送人以其國際服務網及靈活的整合能力，可以針對個別客戶需求，提供所需之服務，因此絕對是最佳的複合運送業者，甚至可進而成爲全方位的物流服務提供者（logistics service provider，簡稱LSP）。至於承攬運送人提供複合運送及全套方案的方式，可有以下兩個途徑：

1. 自行投資設立。也就是對與物流服務有關的實體操作部分（phisical operation），都盡可能自己投資營運。至於所謂自行投資，則可以一步一步來。但這樣的成長速度太慢，因此目前很多都是進行併購（merge & acquisition），以求快速進入相關的領域，併購其實已成爲本行業的趨勢之一。

   併購的實例已經非常多，可以看得出來，爲求達到經濟規模，本行業是有一個併購的趨勢。結果使得大者恆大，不過「大」也並不保證一定成功，妥善的管理才是最重要。自行投資設立的優點是資源都置於自己掌控之下，成本較低，也容易配合企業政策，並控制服務品質。但缺點也不少，例如需要巨額投資，管理更是一大挑戰等。要做到這樣的規模，除了必須擁有雄厚的財力之外，人才更是不可或缺的因素，絕非容易。綜觀國內業者的實力，除長榮國際物流公司因爲有長榮集團的龐大實力及豐富資源支持，以及中菲行因股票上櫃，有旺盛企圖心之外，其他業者的實力有待充實才能成爲全球的LSP。其實建構一個全球的網絡並不是一件容易的事，如果政府能予以鼓勵並積極協助，培養本土兩到三家業者也就差不多了。至於中國大陸，因爲有龐大製造業爲基礎，加上幅員廣大及政府的鼓勵，他們擁有好幾家國際級物流業者，如中國遠洋物流、中國海運物流、中國外運、中國外代等，都有強烈的企圖心，以成爲世界級的現代物流業者爲目標，值得我們注意。

2. 委外（out-sourcing）。所謂委外，是所需之實體營運的一部分或全部，委託聯盟廠商執行，而不自己投資的做法。委外已成普遍趨勢，表9-2是根據《財星雜誌》統計500大企業委外的比例：

表9-2　財星雜誌500大企業委外比例

企業排名	委外比例
1-100	73%
101-200	53%
201-300	47%
301-400	33%
401-500	24%

可以看得出來，企業規模越大者，其委外比例也越高。以承接網路訂單為主的戴爾電腦為例，其在接到訂單以後，即下單給下游廠商生產。下游廠商備妥貨品之後，便交給委外的物流配送廠商，送交給買主。同樣的，最大的運動鞋耐吉（Nike）也一樣。耐吉總公司主要的任務在於策劃全球行銷策略，並且以一些知名的運動明星如Tiger Woods廣告高爾夫球用品、Michael Jordon代言其運動鞋等，以維持品牌形象與價值。至於生產之後的運輸及配送，則都委外執行。耐人尋味的是，在這樣的生產行銷鏈中，最大的贏家是耐吉和戴爾電腦，他們所獲得的利益最大。

國際運輸（或國際物流）也一樣，在物流供應鏈中，貨主所需要的服務有越來越廣的趨勢。這些服務內容，例如海空運輸、倉儲、國內運輸和保險等等，承攬運送人固然可以自行提供如前面所述的服務，但也可以委外執行。如果委外的話，便形成如圖9-6所示的關係。承攬運送人係以契約當事人（contractor）的身分向貨主承接貨運服務，再將一部分或全部實體操作（physical operation）委託履行契約輔助人（sub-contractor）執行。共同結合起來，提供一個全套方案（total solution），滿足客戶的需要。委外的缺點是實體操作部分必須依賴外圍廠商，成本可能較高，品質無法掌控，企業之間的目標亦常常不一致。但其最大的優勢在於因為策略聯盟廠商之間，各自集中於具有核心競爭力的部分，因此也有可能是強強的結合。此外委外也可使業者降低投資風險，可集中資源於擴張業務內容及區域，好處不少。有一次在上海舉行的研討會中，中國的中國遠洋物流（簡稱中遠物流）總經理葉偉龍就說，國際物流所需服務內容甚廣，沒有任何一家業者可以從頭包到尾。因此他說相關服務提供者之間的合作，是非常重要的成功因素。中遠物流也歡迎業者和他們洽談合作。過去以來，台灣因為傳統產業出走，以致實體操作業者，如倉庫、內陸運輸等，都面臨量能過剩的問題。因此業者反而都被這些實體資產困住，苦無出路，由此更可以看出委外的優點。從事海運承攬運送的國際物流業者，當然也可以經由委外，將實體操作部分和相關業者策略聯盟，提供客戶一體化的服務，其關係圖如圖9-6：

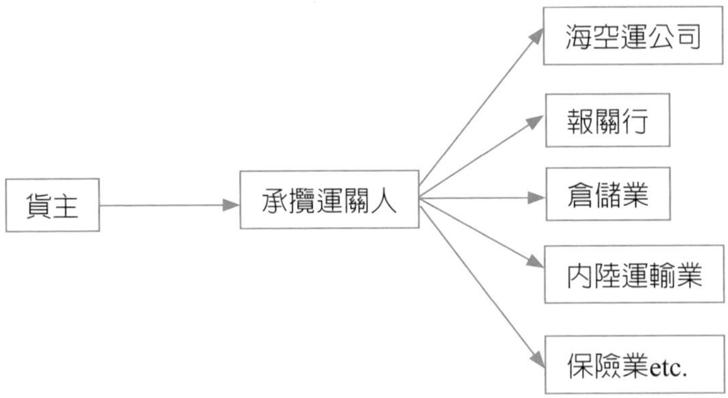

圖9-6　承攬運送人的整合能力

在上圖所顯示的關係之中，海運承攬運送人以良好的物流資源整合能力，是現代物流中的主角，而非配角。

第五節　海空聯運

海空聯運的經濟效益分析已在第一節說明了，以台灣海島型經濟而言，海空運是「走得出去」的國際運輸。同時在政府發展台灣為區域轉運中心及自由貿易港區的政策之下，海空聯運具有更深層的意義，因此本節特再就此話題，做較深入的探討。

一、何謂海空聯運？

簡單講，海空聯運就是海運與空運的複合式運輸。海運與空運各有特點：海運的優點爲運量大，運費低廉，但速度慢，無法深入內陸點。而空運的優缺點則恰與海運相反，即速度快，且可深入內陸點。但空運的運量小，運費高。因此兩者可以優劣互補，截長補短。茲以杜拜爲例，杜拜雖位處保守的阿拉伯世界之中，但該城邦政府卻以成爲中東地區的轉運中心爲目標，已成功地發展爲該區域的營運中心；新加坡也是東南亞地區重要的海空聯運中心。

二、海空聯運中心的條件

欲建設成爲海空聯運中心，必須具備以下條件：

1. 良好的地理位置，廣大的貨源腹地，如新加坡對東南亞，杜拜對非洲、阿拉伯半島、伊朗及獨立國協等都是。
2. 要有快速的轉運作業，使貨物在最短時間內轉運出去，其中最重要的是海關作業有效的配合。海轉空的貨物，只要一天的延遲都可能造成嚴重的結果，豈可不加速轉運作業？
3. 完整的航空網路及多重選擇的航空公司，才可提供足夠的機位及低廉的運價，降低空運成本，提高競爭力。
4. 良好的工人素質及操作效率，以維貨物的安全。
5. 低廉的作業成本。

杜拜及新加坡都因具備以上條件，而成爲各該區域的海空聯運中心。香港則以中國大陸爲腹地，加上高效率的轉運作業。雖然作業成本並不低廉，還是成爲重要的轉運中心。

三、台灣發展海空聯運的條件

欲發展海空聯運，必須具備相關條件。此處擬一併檢討台灣在這方面的條件。茲分成正面條件及負面條件列舉說明如下：

1.正面條件

⑴台灣位於亞太地區之樞紐，地理位置優越。不論航空或是海運，台灣機場或港口至亞洲各重要城市或港口的平均距離均爲最短。例如桃園中正機場至西太平洋七大城市（雪梨、新加坡、東京、漢城、馬尼拉、上海、香港）的平均飛行時間最短，大約2小時55分；而高雄港至亞太主要港口（新加坡、東京、馬尼拉、上海、香港）的平均航行時間僅需53小時。[1]

⑵資本及技術豐富，工人的操作技術純熟。因爲缺乏天然資源，因此政府早就採對外開放政策，以振興台灣的經濟，也因而創造了經濟奇蹟。

⑶海關法令遞有改善。在面臨國際化及自由化的趨勢之下，我國海關的操作，除了關稅遞有降低之外，通關效率也有長足進步。

⑷政府重視台灣作爲區域營運中心的功能。爲提升台灣的國際地位及競爭力，從蕭萬長先生任行政院長時即制定發展台灣爲亞太營運中心的政策。到陳水扁總統上任以後，政策目標更放大爲全球運籌中心。不管政策口號如何調整，爲達此目標，法令障礙都必須大幅修改。因此這幾年來，整體環境是有利於振興台灣的轉運地位。雖然我們還是有很長的路要走，但整體發展是朝此方向進行。

⑸中國大陸航空設施進步緩慢，貨運機位不足。中國大陸的經濟發展太快，空運設施的擴建速度一時趕不上來。因此目前我們的航空業尚可彌補其需求之不足，分享一部分經濟發展成果。

⑹近年來航空公司注重貨運，機位遞有增加。過去航空公司的業務發展都是偏重客運，然而過去幾年來的環境變化，使航空客運容易受到外在因素影響，例如同業的競爭、旅客的要求越來越嚴苛，911恐怖攻擊、SARS流行疫病等等，使客運的經營不易。相對於客運的窘況，航空貨運則因國際間貿易的發展，在量及獲

1 資料來源：國家貨運發展政策白皮書，交通部，2004年9月。

利方面都穩定成長。因此航空公司紛紛成立貨運部門，而不再是客運的附屬。全貨機的投入，也使貨運機位大為增加，因此基礎條件是有利於航空貨運的發展。

2.負面條件

上述正面條件之外，台灣的海空聯運之發展，也受到很多負面條件的影響，茲列舉說明如下：

(1)受到政治因素干擾，航空網路不夠廣。由於台灣的國際政治地位受到中國大陸打壓，國際航權不易取得；加以台灣引以為傲的經濟成果，這幾年來也明顯走下坡。因此國際航空公司並不以台灣為主要市場，機隊只選擇性來台灣。使得航班不夠密集、機位不足、運價也降不下來，這對台灣要發展海空聯運是最大的致命傷。因此海空聯運業務，目前只有少數承攬運送業者因為得到航空公司特別支持，例如長榮物流搭配長榮航空、好好物流搭配中華航空，始能稍有做為。一般業者則只能偶而或在淡季為之，非常難有作為。

(2)操作成本高。台灣的勞工及土地成本均偏高，加上作業成本之後，欲使海空聯運有生存空間，並不是那麼容易。

(3)政府對聯運主角—forwarder的定位偏差，無法發揮應有功能。轉運貨載並不以台灣為終點，因此在此地本就無受貨人。各國都是由海運承攬運送人以貨主代理人身分，提供加值服務，辦理復運出口（re-export），發揮轉運的功能。但我國政府對海運承攬運送人的這項功能，觀念模糊，以致並無相關措施輔導業者。

(4)腹地不足。中國大陸已成為全球加工廠，台灣在和大陸的關係方面，具有許多優勢。台灣應抓緊大陸經濟起飛而航空發展速度落後的機會，積極發展台灣的轉運中心地位。否則在拖延下去，台灣的問題就會更加明顯。

(5)沒有理想的轉運作業地點，走海→海或海→空都不那麼方便。

如何加強正面條件，改善負面條件，看來我們還有很多的努力空間。

四、台灣的海空聯運現況

在建設台灣成爲亞太營運中心或全球運籌中心的政策之下，我國政府已經對發展海空聯運做了一些努力，說明如下：

1. 先前已經針對境外航運中心，開放可從事海空聯運。亦即原本就已可將中國大陸的空運貨載，先以海運經由高雄港、基隆港、台中港進來，再直接轉運至中正機場或小港機場走空運出去。在自由貿易港區管理條例公佈實施之後，轉運的作業將更進一步開放。
2. 除了利用海空港口之外，目前也可以利用物流中心的渠道，進行海空聯運。
3. 不過受限於機位，目前只有華航、長榮航空可以承做，其他航空公司的貨運能量都不是很充足，因此發展規模受限。

五、舉例說明

在中國大陸的華南地區有廣大的台商，在這個地區與台灣之間也有緊密的船期。不管是深圳或是廣州機場，其作業能量及航空公司的貨運機位均不足，因此很多空運貨載都是轉運至香港機場出去。但衆所週知的，香港機場是世界最繁忙的機場之一，因此中國大陸出來的空運貨往往無法順利接上航班，延誤是常有的問題。在此環境之下，中國大陸的華南地區是我國海空聯運的有潛力地區，以下舉例說明如下：

出貨地：中山

目的地：阿姆斯特丹

目前走法：中山 → 香港 → 阿姆斯特丹

（中山 → 香港：陸運；香港 → 阿姆斯特丹：空運）

改變走法：中山 → 高雄港 → CKS → 阿姆斯特丹

（中山 → 高雄港：海運；高雄港 → CKS：陸運；CKS → 阿姆斯特丹：空運）

在台灣海關作業的配合之下，採後一運送方式的話，運送時間雖可能增加三天左右，但運費每公斤則可節省近NT$15，相當可觀。同樣模式亦可套用到上海、廣州、廈門等，及台中、基隆港之間。貨到台灣港口之前，可向海關以T6報單申報，則貨物抵達之後，便可立即轉運至中正機場或高雄小港機場，裝機出口，使轉運時間降到最短。因此確實有生存空間，只是在航空公司紛紛撤守台灣的情形之下，其後續發展，的確難以令人樂觀。

問題與討論

1. 何謂複合運送？
2. 請說明各種運輸的長短處。
3. 複合運送的經濟性爲何？
4. 複合運送的責任制度有哪幾種？目前國際間是採用哪套責任制？
5. 海運承攬運送人在複合運送中有何重要性？
6. 海空聯運的定義爲何？有何經濟效益？
7. 台灣發展海空聯運的機會如何？

第十章

海運承攬運送業的經營風險與保險理賠

本章摘要

本章分成五節，第一節討論海運承攬運送業的經營風險。除了貨運責任風險外，還有一些商業合作風險，值得探討；其次討論海上保險的重要基本概念，有了貨運風險，最佳的處置爲購買保險，因此本節討論海上保險的一些概念。第三節説明投保的方式，可以向國內外商業保險公司投保或一貫運輸相互保險協會投保，各有其優缺點。第三、第四節則討論貨損理賠，分別爲理賠程序和提出索賠以後的程序。

第一節　海運承攬運送業的經營風險

人生在世，必須要有「風險」觀念。先輩嘗言「人有旦夕禍福」，用現代的話就叫作要有危機意識。這都是提醒世人，要有風險的觀念。從事商業行爲，「風險」的觀念也一樣不可缺少。有了對風險的意識，才會知所防範、分散與轉移。不致因偶發事故而危及企業生命，以維持企業的永續經營，這也是企業經營者所應負起的社會責任。這些年來，有越來越多的企業重視風險防阻的重要性，因此紛紛成立風險管理部門。事前做好風險的防預，並規劃好風險發生時的應變措施，才不至於因突發狀況，而措手不及。如果能未雨綢繆，即是一種進步。就國際貿易的貨物運輸而言，難免也會因意外事故而遭受毀損滅失，並因此產生處理的費用。不過這可以從貨主和運送人兩個角度來做探討：

一、貨主貨物的風險

如將予以歸納的話，貨物運輸過程中所可能產生損失之風險有以下幾類：

1. 貨物的毀損（damage）

所謂毀損係指貨物外觀或內部遭受損壞，但貨物的實體還存在，但是其商業價值已受到減損，例如：貨物破裂、水濕、彎曲變形等等。對貨物毀損損失程度的認定，運送人與貨主的立場是對立的，因此須請客觀的第三者（surveyor）來協助認定與建議，這就是實務所謂「做貨損公證」（cargo survey）。否則因運送人與貨主之間的看法不一致，將使貨損理賠處於難以認定的狀態。

2. 貨物的滅失（loss or missing）

所謂貨物的滅失與前述貨物的毀損是有程度之別，貨物的滅失是指貨物整個消失了，例如：貨物的遺失、竊盜、短少、誤裝、誤卸等。滅失在貨主損失的認定方面反而比貨物毀損容易，比如貨櫃場短卸、或無法交貨等。對貨物滅失的認定，重點在於確定其滅失發生的原因及責任歸屬。

3. 貨物的延遲到達（delay）

所謂延遲到達責任，係指貨物未在應該到達或約定時間送達目的地，對貨主所造成之損失責任。貨物的延遲對貨主會造成不同程度的損失，舉例來說：欲參展的貨品無法參與展出、機器停工待料及超過交貨時限致被罰款或甚至被取消訂單等，連日後的業務亦可能因而受影響。因此貨物的延遲確實會令貨主遭受損失。不過，海上運送人依據現行國際公約，除非他對貨物到達時間明確予以承諾並記載於提單上面，否則他不必對貨物的延遲負責。某運送人的正本提單背面條款，即有以下約定：「The Carrier does not undertake that the Goods shall arrive at the port of discharge or place of delivery at any particular time or to meet any particular market ... The Carrier shall in no circumstance be liable for any indirect or consequential loss or damage caused by delay.」。簡言之，運送人並未承諾貨物到的時間，運送人不對延遲的直接或間接損失負責任。

對貨物延遲到達的賠償，國際似乎傾向於加以承認。事實上以現代的運輸技術和通訊系統，任由海上運送人主張對貨物延遲到達免責，對貨主有欠公平；但運送人僅收取有限運費，尤其大多數航線運價低迷，要他們負高度責任，亦有欠合理。因此對這一問題，國際的立法趨勢是以支付的運費金額作爲理賠基礎，而非依據貨主因延遲到達所受損失之額度。否則對於後者的認定，容易引起爭議。例如：新的漢堡規則，其延遲責任限額爲運費額的兩倍半。而1992年國際商會複合運送單據統一規則，則爲以複合運送全程運費總額爲限。在亞洲區間航線運費低廉的情況之下，海上運送人即使須要負責任，其額度還是相當有限。所以可以說海上運送人不對貨物的延遲負責，或至多僅負有限的責任，貨主對此不得不察。至於我國海商法第61條雖有運送人約定減輕或免除因過失或應履行之義務，致對貨物……及「遲到」責任者，其約定不生效力之規定。但對遲到之應負賠償方式，並未明確規定，爲美中不足之處。

4. 碰撞責任（collision liability）

在運送契約中，因承運的船舶發生碰撞事件，而依「雙方過失碰撞條款（both to blame clause）」，有須由貨主與船東共同負擔雙方損失之責任時。

5. 共同海損分攤（general average）

共同海損爲貨損中較爲特殊者，其理論基礎爲：「爲大我利益所作小我的犧牲，應由全體分攤。」因此欲求共同海損分攤，須符合以下之要件：

(1)犧牲或費用必須是額外的，例如：爲了使擱淺的船舶浮起，致使船舶推進器受損，即屬共同海損。但僅是運送人為履行運送責任所發生之損失或費用，即不屬共同海損。

(2)處置行為必須是故意或志願，而且是不可避免的，例如：為了船貨共同安全而故意將船舶擱淺或將部分貨物拋海即是。如僅因疏忽或意外事故所產生的損失，即非共同海損。

(3)必須已有危險事故發生，即危險事故必須是實際存在的，例如：因船舶主機故障而漂流時，所安排的救助或拖救，屬共同海損。但如船長預期颱風將到來，而找尋適當避風港，以致發生船舶擱淺，即非共同海損。

(4)必須是為共同安全而發生者，例如：因船上冷凍機器故障，而駛往鄰近港口修理冷凍機器，所發生之費用即非共同海損，因非為共同安全而發生者之故也。

歸納之，貨物運輸過程中可能發生的損害，可以圖10-1表示：

圖10-1　貨物運輸過程中可能發生的損害

貨主預期會產生上述運輸風險，可以連同其貨物本身的風險，向保險公司購買貨物險。如有投保的話，於確定損失之後，由保險公司賠付給貨主，再由保險公司向船公司求償。貨主乃可繼續營運，不受影響。

二、海運承攬運送人之風險

貨物在運輸過程中，所可能面臨的貨損風險已如前段所述。如貨物的毀損及滅失有因運送人責任所造成者，運送人即須向貨主負賠償責任。如予以歸納的話，運送人的賠償風險有以下幾種：

1.對貨物毀損、滅失及遲到所產生的實體損害（cargo liability），如有可歸咎於運送人所應負責的原因而產生者，運送人即必須負賠償之責任。至於損害的發生，則有可能在運輸過程中的任何階段。[1]依國際現行法制，海上運送人並非對所有的貨物毀損與滅失都要負責。須是運送人責任造成，並且不受免責事由排除；以上條件都符合之後，海上運送人最後還受責任賠償限額的保護，並非負無限責任。因此對貨物在海上運送階段的毀損與滅失，必先確定是否屬於運送人應負責的原因等等。基於前述理由，貨主最好還是購買海上貨物保險，其保費甚低，不值得冒此風險。欲購買貨物保險的話，海運承攬運送人也可代爲安排，一點都不麻煩。

2.因運送人過失統稱爲過失及疏忽（error & omissions，簡稱E&O）所產生的責任。前者是因運送人某種作爲發生錯誤所造成者，而後者則爲該做某種作爲卻未做所造成者，即所謂作爲和不作爲所產生的賠償責任。屬於這一類的包括貨到延遲（delay）、交貨錯誤（delivery of cargo to wrongful party）、未依貨主指示爲運送及看管貨物（failure to execute shipper’s orders & instructions），以及

---

[1] 由於台灣颱風頻仍，颱風又挾豪雨，每每造成貨物重大損失。因此特就貨櫃場因颱風致貨物濕損的處理程序，專案說明如下：

運送人在接獲貨主通知時，應先詢問是否該批貨物有保險？然後：

1.貨主已購買保險時

(1)請貨主立刻向其保險公司報案，並詢問其保險條件。若投保ICC（A）或ICC（B）的話，則保險理賠應該不會有問題。但若僅投保ICC（C）的話，則因該條件並未承保貨物之「濕損」，則保險公司將不會理賠。案子可能轉向運送人求償。

(2)保險公司受理後，將委請公證公司查驗貨物，可能就在貨櫃場先做簡單之condition survey，再把貨物提回至貨主倉庫詳細清點，確定損失。貨櫃場若能配合，詳細之公證亦可就地在貨櫃場為之。運送人最好派員參與公證，以示對客戶的關心，也可實際瞭解貨損狀況。

(3)貨主的保險公司接手後，運送人即可以結案或等待其保險公司是否賠償後，行使代位求償權再議。

2.貨主未購買保險時

(1)貨主如向運送人索賠的話，預料將被拒絕，因為颱風屬於不可抗力之天災。依我國海商法第69條第四款，屬於可以免責事由。當然貨主可能不諒解而抱怨，但也沒辦法，必須依法處理。

(2)貨主另外可循民法第184條侵權行為之規定，向貨櫃場求償。但貨主必須證明貨櫃場有過失，因此亦不容易。貨櫃場也會因為損害係不可抗力之天災所造成，主張免責。

因此結論是建議沒有保險習慣之貨主，要檢討一下自己的保險政策。

參考資料來源：曾文瑞先生演講材料

最常見的無單放貨（release of cargo without B/L）等。無單放貨事實務上比較常見的E & O風險，海運承攬運送人必須特別注意。我方簽發提單以國外代理作爲交貨代理，我方爲運送人。國外代理或許認識不清或和受貨人某種關係，有可能在未收回正本提單或未受我方通知放貨前，就把貨物放給受貨人，置我方於被託運人求償損失的窘境下；在美國航線發直接記名式提單更有被當做海上貨運單，貨物被逕行放掉的風險。更糟的是無單放貨爲運送人的重大過失事項，不受單位賠償限額的保護，海運承攬運送人必須非常注意。解決之道之一爲愼選國外代理，並將禁止無單放貨列入合作協議中；或向保險公司購買E&O險。後者保費雖然較高，萬一需要用到時，還是値得。

3. 國外代理拖欠帳款，甚至倒閉，求償無門。國外代理遠在一國，財務何時出狀況，我們是防不勝防。有些地區例如印度、巴基斯坦、孟加拉等地，國民道德本就比較低落，容易有這類問題。據悉某公司即有被美國代理、葡萄牙代理、孟加拉代理惡意拖欠，及義大利代理倒閉的拖累，帳款求償無門。這風險對海運承攬運送人而言，防不勝防，只能給予兩個建議：

(1)多多互訪，相互了解。

(2)對欠帳（outstanding accounts）可約定在達到某一金額，例如5千美元時即須結付，不適用每月結帳的約定。對有須代墊關稅者，尤應要求先行匯款進來，避免欠款過大；或者約定可相互沖帳，即主提單運費做到付（freight collect）、分提單運費做預付（freight prepaid）。總之約定將欠款控制在可容忍的範圍，避免暴露在太高的風險下。否則出問題時，異國求償是非常困難的。

4. 對第三人責任（third party liability），這可分爲契約（contractual）責任與非契約（non-contractual）責任兩種。前者是依據契約而對第三人造成傷害、死亡時，所應負之責任。後者則指非依契約而對第三人所造成的死亡或身體傷害，例如對來訪之外賓造成傷害或死亡等。

5. 罰款。指因違反海關或國家法令規定所產生之罰款等。

6. 費用。指爲抗辯、防止或降低賠償金額所發生的費用，如律師費、調查費，或爲處置某問題貨物而產生之費用，處理貨物運送錯誤之費用（misdirection cost）等。[2]

上述4到6項的風險，也可藉由購買運送責任保險轉移風險。

除國際的整合服務提供者（integrated service provider，ISP）之外，大多數承攬運送人多以委外完成運輸任務，並未介入實體的操作（physical operation），例如由貨櫃場裝拆櫃、由船公司做海上運送及委託卡車、拖車公司做內陸運輸等。承攬運送人可透過所謂背對背的安排（back to back arrangement），也就是對貨主所須負的損害賠償責任，透過適當的協議或契約安排，轉由實際操作者負責，將風險轉移實體操作者承擔。如此一來，海運承攬運送人所負的運送責任，應該較想像中小得多。所以我國管理規則第14、15條所訂定的保證金或責任保險金額雖然並不高，一般來講是足夠的，不過承攬運送人也別以爲可以高枕無憂。下數幾個灰色情況會讓承攬運送人求償無門，必須要自行負責：

1. 國外代理無單放貨（releasing cargo without original B/L）

前面已經說過，無單放貨是承攬運送人最大的經營風險之一。由於國外代理的故意或過失，在受貨人並未提供合適的貨物文件（正本提單、銀行擔保提貨書或我方電放通知）之下，就擅予放貨。這樣的行爲，當然無法向船公司或實際操作者要求賠償。如果國外代理再來個相應不理的話，承攬運送人幾乎是無計可施。這在前面已有詳細說明，此處不再贅述。

2. 在台灣的貨櫃場併裝，到國外拆櫃時卻發現短少（shortage）

---

2 有某貨載為6個棧板的蘋果牌電腦，從新加坡經紐約轉運至目的地加拿大多倫多，貨物價值為37萬5千美元。結果該貨載誤送（mis-directed）至杜拜，保險公司賠付予貨主後，取得代位求償權向安排的海運承攬運送人求償。船舶運送人因受單位責任限額保護，每件賠500美元。但本案承攬運送人則因有嚴重過失，無法受此保護，最後由承保之保險公司賠償20萬美元。

這是另一個困擾我國業者的問題。由於受到法令限制，我國業者只能跟著船公司選用貨櫃場。所以一般無法掌握所使用的貨櫃場，通常只和貨櫃場簽訂簡單的操作合約，以CFS條件委託貨櫃場裝櫃，再以CY條件交予船公司承運。因此在目的地拆櫃有發現短少時，船公司以服務是CY條件，拒絕受理。承攬運送人找貨櫃場負責時，貨櫃場又以清查當天相關裝櫃紀錄，並無溢卸報告或倉庫無遺留貨物拒絕。貨櫃場幾乎一律拿出原始裝櫃單（container loading plan，CLP），證明貨物已經如數裝櫃。而承攬運送人除國外的短卸報告或短卸通知之外，幾乎沒有足夠證據顯示未如數裝櫃，以致承攬運送人求訴無門，這種例子在台灣經常發生。但在承攬運送人無法實質掌握貨櫃場作業的情形之下，大多只能自認倒楣，認賠了事。茲隨手舉一案例：2005年3月有批至義大利熱那亞（Genoa）的併櫃貨共129箱，但到熱那亞拆櫃時只有113箱，短少了16箱，貨主因此要求賠償約新台幣10萬元（國外買主已自行將該金額從支付給出口商的貨款中扣除）。在和貨櫃場聯繫時，即遭貨物已如數裝櫃為由拒絕，承攬運送人唯有自行面對託運人的求償。凡事都講究證據，貨櫃場能夠提供已裝櫃的文件，但作為苦主的承攬運送人則無法舉出反證，使談判處於下風，這是一個典型的灰色責任地帶。根本解決此問題的方法就是讓承攬運送人可以像國外那樣介入倉庫的營運（operate），使貨櫃場與承攬運送人之間有更深層的關係，才可以監督到裝卸櫃作業了。讓承攬運送人參與到貨櫃場的裝櫃作業尚有另一個重大意義，即在現行自由貿易港區制度之下，可讓承攬運送人做多國併裝（multiple country consolidation，MCC）業務，提供加值服務，實現運籌中心的目標。

3.對船公司和承攬運送人的責任規定，適用法令有差距者

最明顯的有承攬運送人簽發FIATA提單與船公司簽發海運提單之間，因為適用法制不同，兩者的責任負擔也有所差異，類似情況也可能在他種實體作業發生。因此會有承攬運送人須對貨主負責，卻

無法向配合的執行人求償（recover）的窘況。遇此情形，責任須由承攬運送人自行承擔。

4.責任產生階段無法明確釐清者

責任產生階段無法明確釐清時，承攬運送人在找不到應負責的當事人（liable party）之下，也往往必須自行認賠。

5.應負責的當事人無力負擔責任

亦即雖能確定責任當事人，但其卻無力負擔，例如倒閉等。承攬運送人最爲全程運輸服務的提供者，也必須自行負責。

由於承攬運送人在運送貨物的過程中，所面對的風險與執行實體操作的業者有所不同，須面臨很多的灰色責任地帶。爲免因爲某件閃失致影響企業經營，爲了企業永續經營考量，應該向保險公司購買保險。若承攬運送人有購買運送責任險，於受到貨主求償時，如索賠金額係在保單自負額（deductible）之內，固然必須自行處理。但較大的案件，即可轉由保險公司處理。保險公司會進行貨損原因的調查，必要時聘請律師抗辯；最後如證實承攬運送人必須負責時，將由保險公司出面賠償。承攬運送人將不必自行面對這些風險，才不致影響正常作業。

至於貨主如果也保貨物險的話，於有貨損發生時，他即可以自保險公司得到賠償，免使公司經營受到影響。保險公司於賠償貨主之後，可以取得貨損的代位求償權，向運送人尋求賠償。而承攬運送人亦可依情況，將案件轉給他的保險公司處理。最終是由雙方保險公司處理，這才是正常的商業模式。

第二節　海上保險的重要基本概念[3]

在討論海上承攬運送人的責任與保險之前，本節擬先就海上保險的基本概念做介紹。

3 本節承曾文瑞先生之同意參考其大作，並酌作修改而成，特此致謝！

一、定值保險單

依我國保險法第50條第3項之規定：「定值保險契約為契約上載明保險標的一定價值之保險契約。」換句話說，在訂立保險契約時，保險人與被保險人必須就保險標的之價值先為「約定」，而這個經約定後之價值在保險期間內都是「固定」的，一旦發生保險事故時，不需要再去「確定」此保險標的之價值，而是拿經雙方同意的約定價值，做為計算賠償的標準。理論上「定值保險」在保險單上應有兩個金額，一個是保險標的物之「約定價額」，另一個是「保險金額」，但通常這兩個金額都相等，故常被忽略了，例如貨物保險以發票金額加上10%做為保險標的之約定價額，但同時採足額保險，故保險金額和約定價額一樣，所以實務上就忽略了其差異。

海上保險由於標的物的所在地經常移動，要在「損失發生地」及「損失發生時」確定保險標的物之實際價值是件相當不容易的事，為了避免此一確定上實際困難，因此多採取定值保險的方式投保。

二、概括式承保（all risks）與列舉式承保（named perils）

一般保險契約中，對於承保範圍的約定大概分為兩種方式，即概括式承保以及列舉式承保。概括式的承保範圍，原文稱為「all risks」。但應特別注意的是「all risks」千萬不要翻譯或解釋成為「全險」，因為「全險」這個名詞太容易誤導，以為「所有危險事故、所有的毀損滅失均賠償」，這在保險契約裡是絕對不可能發生的。因為保險人也會擔心承擔損失幅度（loss severity）過大及損失頻率（loss frequency）過高的危險，或者關於道德危險的危險事故。因此會在保險契約中訂定許多「除外不保事項」，以保障自身經營安全。所以不會有什麼都賠的保險契約，被保險人必須建立此觀念。概括式承保指保險單只概括地對承保的危險為敘述，而非屬承保範圍之內的危險，則以「除外不保事項」約定之。因此，危險事故發生時，保險人若要主張不負賠償責任，則要證明發生危險的原因屬於「除外不保事項」之內，否則就要負賠償責任。1982年協會貨物條款（institute cargo clause，ICC 1982）的（A）條款就是一個典型的例子。我國海商法第129條規定：「保險人對於保險標的物，除契約另有規定外，因海上一切事變及災害所生之毀損滅失及費用，負賠償責任。」這也就是概括式承保範圍的一種表達方式。相反地，列舉式的承保方式，就是把保險單所要承保的危險一一列舉。列在「除外不保事項」內的危險，固然保險人不須負賠償責任，若同時也不在「承保範圍」內之危險項目，一旦發生損失，保險人也不需要負賠償責任。因此，危險發生後，被保險人必須要證明發生危險的原因是在承保範圍之內。才能獲得賠償。ICC 1982的（B）與（C）條款就是一個很典型的例子。

三、海上貨物之保險利益

保險利益依保險學理而言，即被保險人對於保險標的具有利害關係，而得享有之合法利益關係。此種利益關係，被保險人因保險標的有關之保險事故發生，經濟生活將因而受損；相反的，如保險事故不發生，即得繼續保有安定之經濟生活。保險利益之概念乃是補償保險（Indemnity Insurance）之理論基礎，其運作的基本原則為「無利益，則無損失；無損失，則無保險」。因此不具保險利益之補償保險契約，將無法謂為有效。MIA 1906§6規定：雖然被保險人在訂立契約時不需要有保險利益，但是在損失發生時（at the time of loss）必須要有保險利益。所以海上保險之被保險人在損失發生時必須要有保險利益的原則，是確立不移的，其目的即在於避免道德危險發生。海上保險之保險利益，指因船舶、貨物等發生海上危險，致使被保險人所遭受之損害關係或責任而言。海上保險利益因被保險人之海上保險標的不同，而有種種不同之內容存在，例如因基於所有權而存在利害關係的所有利益，或基於抵押權而存在之抵押利益以及責任利益等。

在國際貿易中，許多人認為以CIF為買賣條件的賣方才有保險利益，所以賣方可以以自己的名義購買保險；而以CFR或FOB為買賣條件的賣方則沒有保險利益，因此不能購買保險。其實這個觀念有待商榷。按照國際貿易條規（International Rules for the interpretation of Trade Terms，簡稱INCOTERMS）的規定，無論是CIF、FOB或CFR，買方與賣方「危險負擔的移轉」（risk transfer），都是以貨物是否越過船舷（rail）爲準。也就是貨物「上了船」，就發生危險負擔移轉的問題。凡是要「負擔危險」的人就有保險利益，因爲必須承擔貨物的毀損滅失所生之任何損失，也因此就有保險給付的賠償請求權，與「買賣條件」及「保險安排」是兩回事。CIF的賣方之所以有義務要購買保險，是因爲他所收的價款中含有保險（insurance），也就是保險費的成分，而不是因爲CIF賣方的保險利益延伸到到貨物目的港卸貨之時而產生保險利益。如果FOB或CFR的賣方買了保險，而買方又自己買了保險的話，很容易形成重複保險。但事實情況是萬一有理賠案件發生，保險公司也會去確認買方請求權是不是已重複，一般處理方式是以買方所購買的保險優先處理。換句話說，若以FOB或CFR出口且賣方在國內買了保單，則通常保險公司會先告知發生重複保險，而不予處理，除非賣方提出買方授權安排保險的「授權書」，及由買方提出一份「無重複投保切結書」，確定請求權成立後才可以再進行理賠程序。所以，如果FOB或CFR的賣方要買保險，應以買方代理人的名義購買。

現在的海上貨物保險所承保的不僅限於海上運送的過程，甚至還包含了與海上運送有關的陸上運送。這也是目前貨櫃化運輸興盛後，運送人爲求對託運人的服務完整，整個運輸行程由早期港對港（port to port），延伸爲戶到戶（door to door）之一貫運輸。也就是將貨物在進口港卸貨後，再以陸上交通工具運送到貨主倉庫交付爲止。所以，在實務上之保險安排也一定要再考慮到陸上危險事故。雖然在ICC 1982條款已將保險事故擴大承保至陸上危險，如陸上運輸工具的傾覆或脫軌、火山爆發等，但是買賣雙方仍然要考慮到危險負擔之移轉時點，及論程保單（voyage policy）之航程是否包含內陸危險。也就是說，貨物由陸上啓運點運送至越過船舷前，貨物的危險負擔仍然屬然賣方。賣方爲保障自己的權益，當然要自行安排內陸運輸保險，或者注意保險單上之航程起迄點是否是從內陸倉庫起保。而在CIF進口的買方也要注意，賣方所安排的保險契約是否包含本國的內陸段。若保險單上之承保地點若只是到進口港，則買方莫忘了要再加保由港口到內陸倉庫的內陸運輸保險。

四、海上貨物之保險期間

海上保險一般爲論程保險單（Voyage Policy），亦可稱爲航程保險單。保險人之責任係以航海的事實或狀態的發生、存續、結束爲界限；即所謂一個航程指自船舶向其目的地起航迄至抵達其目的地止。換句話說，保險期間是以「航程」爲準的保險單。然論程保險契約到底是自何時開始且又於何時終止？海上貨物保險期間，根據ICC第8條規定是保險標的爲了運送爲目的，離開保險單所載明地點的倉庫或處所時開始。此條文有兩點必須注意：

1. 何謂「運送爲目的」？是指標的物離開倉庫或指明之處所，一定是爲了開始運送航程。換言之，若僅是爲了變更儲存處所或爲了再加工、整理等目的離開該處所，則保單之效力並不算開始。
2. 條文中的倉庫或處所指的是保險單載明的地點，所以它可以是裝貨港也可以是出口商在內陸的任何一個倉庫，完全取決於被保險人於當初要保時是否將這一地點告知保險人。例如，保險單記載是「from seller's warehouse in Tao-Yuan」，表示當保險標的以運送爲目的，自桃園倉庫開始運送時生效。但若是保單上只記載「Keelung Port」，當然保險效力於貨物離開基隆海關倉庫時生效。所以若自桃園運送至基隆之內陸運送途中不幸發生損失，將無法自保險公司得到任何補償。

至於保險期間又應於何時終止？根據保險條款規定於下列情形之一發生時即告終止：

1. 貨物運達保險單載明之地點倉庫或處所時。

這個規定和保險期間開始時之情形一樣，即保險期間終止的地點可以是買方內陸倉庫，也可以是進口國之海關倉庫。故依此條文保單何時終止，完全視保險單的記載而定。

2.海船卸貨完成後60天。

此一條款規定的非常清楚，即60天的起算是貨物自海輪卸貨完成後開始。只要超過60天，保險效力立即終止。惟必須注意的是，實務上曾被誤解爲「船舶抵達60天」或「進倉後60天」的觀念，這些都是不正確，務必要澄清。例如，某些卸貨港可能沒有足夠船席或港口設施無法停舶大型海輪，不得不將貨物先卸入駁船（craft）時，則當貨物卸入時開始起算，60天後終止。

3.在未送達最終目的地之記載倉庫前，貨物運至其他供儲存或配銷之用的倉庫時。

本條文有兩點必須注意，一爲所謂「未送達最終目的地之記載倉庫前」，是指未達原目的地前之其他倉庫，或雖已到目的地但送至原記載倉庫以外之倉庫。其二是所謂之「儲存」指脫離原正常運送途中的儲存。因若是運送中必要之儲存，則保險效力並沒終止。做此規定之主要目的是，非必要之儲存或等待配銷的風險與運輸的風險是不同的。原先的危險評估既已完全改變，故保險人必須將保單效力終止。請被保險人，另外再安排屬於此類危險之保險契約。

以上三種情形只要任何一種先發生，保險單的效力即告終止。一般而言，以第一項終止的原因最多。實務上也常見到被保險人或銀行會要求在保險單上再記載倉庫到倉庫（warehouse to warehouse）這字句，誤以爲保險航程包含進、出口國之內陸運輸危險，這是一非常嚴重的誤解。因爲所謂之「warehouse」，誠如上述若沒特別載明地名，則將被認爲是海關倉庫而非內陸倉庫，所以如保險航程是Pusan to Keelung再載註「warehouse to warehouse」，在解釋上僅是自Pusan的海關倉庫至Keelung的海關倉庫而已，並未包含內陸運送的危險。爲解決這一問題可再和承保單位附加內陸危險如「from seller’s warehouse up to buyer’s warehouse」，則保險航程才是包含內陸運輸。瞭解以上關於貨物保險的承保範圍及保險期間的規定，有助於判斷保險公司行使代位權之案件，是否具有完整的權利。

五、損害補償原則

保險契約依給付性質之不同可分為補償保險（indemnity insurance）與意外保險（contingency insurance），前者保險人是依損害填補原則，以實際損失計算保險金之給付；後者則係以事先約定之保險金額，於保險契約所約定之事故發生時，則依約給付。並不需再衡量被保險人受有多少損害，且亦可能無從衡量損失，如人壽保險中之死亡與殘廢保險，此類保險契約亦稱為非補償性保險。

海上保險是一典型之補償保險契約，故損害保險原則是在海上保險理賠時之一基本原則，根據英國海上保險法第67條與第68條之規定，保險標的物若發生全損，如果是不定值保險單，則保險人應賠付的金額，是保險標的物的保險價額（或稱保險價值）；如果是定值保險單，保險人賠付的是保險標的物的約定價值。當然，保險金額是保險契約中保險人對於每一事故之賠償最高限制，所以保險人的賠償數額，自然也以不超過保險金額為限。所以實務上保險人的賠償就是以「實際損失」、「保險價額」及「保險金額」三者一起考量，理賠金額一定不會超過三者最小者之金額。但若標的物係以修理方式為之，則僅賠付實際之修理費用。

另外有一種理賠的方法稱為「salvage loss」，大意是把受損貨物變賣後得到的殘餘價值（salvage）做為回收額，把保險標的物價值扣除殘餘價值後之數額即成為損失額，實務上保險公司會委託「殘值商」變賣受損標的物，但若金額較小或容易變賣之標的物，保險公司也會自行找買主出售。

六、代位求償權

若保險事故發生之原因，是由第三人所造成且依法對被保險人負有賠償責任時；則被保險人此時兼具有兩種請求償；一為對保險人依保險契約而生之保險賠償請求權，另一則是向負有賠償責任之第三人，基於侵權行為或債務不履行請求損害賠償。惟基於衡平原則，若被保險人已取得保險人之賠償金額後，則不能再向有責之第三人要求損害賠償，目的乃在避免被保險人雙重獲償而不當得利，以貫徹損害填補原則之精神。自另一方面而言，若被保險人於取得保險人之賠款後，並不再向有責之第三人索賠，則該第三人無異係藉他人之保險契約而逃避其自己所本應負擔之賠償責任，亦有違社會善良風俗及法律衡平之宗旨。故法律上即有代位求償權之產生。代位求償權是「損害填補原則」觀念的延伸，它的理論基礎在於「不使被保險人因為損失發生而受到利益」。

保險人在給付保險賠償款之後，依法可取得兩種權利；就對標的物的權利而言，若保險人賠的是全損，則取得在物上的殘餘權利（如物的所有權）。但若賠的是部分損失，則不能得取這種對物的權利；而就對有責第三人的損害賠償請求權利而言，則是代位求償權。海上保險亦是一個補償性保險，因此對於保險代位權之應用，對保險人而言是極為重要的。海上保險代位權之特質如下：

1. 造成損失的原因，必須要是保險單所承保的事故。例如若損失原因是水溼，而被保險人保C條款，則保險人因無須賠償，故無保險代位之問題；若保險人做商業性之特惠賠付亦同。
2. 造成損失的原因，同時使得被保險人對第三人有損失賠償請求權。這裏所說的「損失賠償請求權」，可能是「侵權行為損害賠償請求權」，也可能是「債務不履行損害賠償請求權」，例如對於海上運送人或貨櫃場併櫃人之損失賠償請求權。
3. 保險人所行使的是「被保險人」的權利，因此，保險人是否能順利行使該權利，完全看被保險人在收受賠款前是否仍擁有該項權利，即代位權的保全是否完整。

以圖10-2來說明這個觀念。

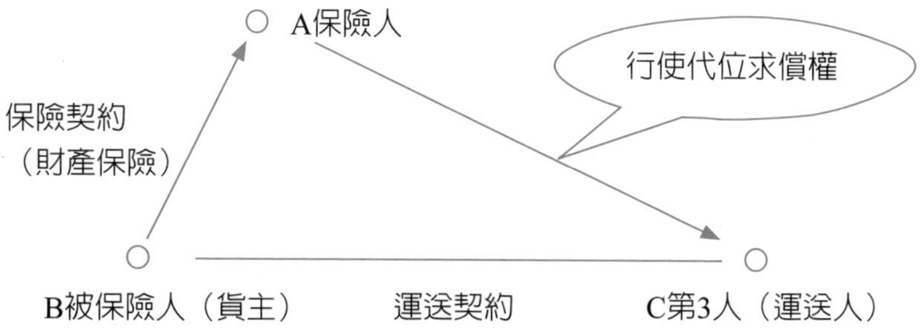

圖10-2　代位求償權圖解

在這個假設的例子中，貨主將貨物交給運送人承運，則貨主與運送人之間存在著運送契約的關係。其表彰的形式，可能是提單（bill of lading，B/L），也可能是傭船契約（Charter-party）。貨主又與保險人訂立一個保險契約，其表彰形式爲保險單（insurance policy），則這張保險單是一張財產保險的保險單。假設保險爲ICC 1982的（A）條款。如果貨在到達卸貨港的時候發現有短卸（short land）的現象，則貨主（即被保險人），有兩方面的權利可以行使。一方面是對保險人以被保險人的身分索賠，此時發生的原因是保險單所承保的事故；另一方面是對運送人以貨主的身分，行使侵權行爲損害賠償請求權，或者是根據運送契約行使債務不履行損害賠償請求權，或者是兩者競合行使。

如果貨主能對運送人順利取得賠償，則對保險人即不得再行使保險契約的賠償請求權，以免獲得雙重賠償而獲利，違反保險「損害塡補原則」的精神。但是，貨主對運送人的索賠往往不是很順利，有時候基於法律上原因而不能完全如願。因爲運送人受到海商法的保障，可以主張「免責事由」或「件貨的責任限制」（package liability limitation，假設在B/L的情況下），不須全額賠償；有時候是基於事實上的原因而沒有結果，最常見的是不管發生損失的理由爲何，運送人一律以受運送契約條款（通常是引用海牙規則的規定）的保護爲理由拒賠，有些比較惡劣的運送人根本就只蓋上橡皮圖章，就將索賠函退回。不論原因爲何，此時保險的功能就得以顯現。保險人可在賠付被保險人之後，視情況而決定是否對運送人行使代位求償權。

保險人是否能行使代位求償權，完全看被保險人在法律上是否能向第三人（在此爲運送人）行使損害賠償請求權而定。如果發生損失的原因是法律所賦予運送人的「免責事由」（如碰撞），而運送人又沒有違反運送契約的「基本條件」（fundamental condition），諸如開航時船舶是否適航的問題，以及貨物裝在甲板的問題，則運送人可以免責，此時保險人行使代位求償權時也會失敗，同樣地，即使發生損失的原因是在運送人應負責任的範圍內，運送人也可以主張「件貨的單位責任限制」，如現行海商法爲每件666.67SDR或每公斤2SDR，以較高者爲之，則保險人行使代位求償權也要受到相同的限制。

另外，縱使貨主（被保險人）在實體法律上相當有理由可以追償，但如果在程序上沒有遵守相關規定的話，也會影響自己的索賠權及保險人的代位求償權。譬如說，貨主在提貨時發現貨物外裝有明顯的破壞，而未立即以書面通知保險人，或已簽給運送人清潔收據（clean receipt）者，或提貨時未發現有明顯的破損，提貨後又未於3日內以書面通知保險人者，根據海商法第56條規定，則貨主將會喪失損害賠償請求權。另外，即使貨主已經履行這些程序，但卻未在受領（taking delivery）貨物之後一年內行使損害賠償請求權，則此權利也會消滅。凡此種種，都會影響到保險人的代位求償權。不過都可以看得出來，向保險公司購買保險。有賠償責任時，找保險公司處理較佳。

第三節　如何投保

一、貨主的貨物保險

經前節說明而對不同保險之承保範圍有所認識以後，貨主即可就其買賣條件爲CIF或FOB及其需求購買適當的保險。至於購買途徑，除直接向保險公司洽購外，可考慮透過保險經紀人（insurance brokers）安排，甚至請報關行或海運承攬人代爲洽辦。保險經紀人係以獨立與專業的身分協助貨主購買合適的保險，在發生理賠事故時，亦可協助貨主迅速確實得到賠償，保障貨主權益。因此，透過保險經紀人安排保險事宜，將是未來的趨勢。

貨物運輸保險的投保必須在運送風險開始前為之，至於程序則因進出口而有所區別，茲說明如下：

1.出口業務

由於出口保險需要船名及開航日期，故很多人之投保時間是在貨物裝上船取得提單後，銀行押匯前投保。如此做法固然方便，唯萬一在投保手續未完成前，承載之船舶卻發生事故時，其所造成的損失，保險公司將不予負責，致被保險人必須自己承擔風險。因此，為謹慎起見，保險最好在向運送人簽S/O並辦理報關事宜時，即同時辦理保險手續。若一時資料不全或不能確定時，可先將要保書送交保險人，隨後再將資料補全，如此方可保萬無一失。

2.進口業務

基於銀行作業上的要求，客戶投保總是在開狀之前或開狀之時，同時辦理，只要貨物不在開狀之前有先行裝船之情事即可。

惟依其他條件交易者，須注意若因輸入許可申請等作業而有所延誤時，貨物確已啓運，此時會再暴露於保險未生效的風險。因為一般在進口保單簽發前所發生之任何毀損或滅失，保險人並不負賠償責任。保單有下述條款之約定：「Warranted free from any liability for loss or damage which occurred before issuance of this policy」。

為避免此種可能而遭致無謂損失，進口商最好事先與保險公司或保險經紀人聯繫，預作安排。譬如於寄發訂單給國外供應商時，即先填妥要保書送保險公司或保險經紀人收存，待其他所需資料齊全後，再通知完成手續。

如前面所述，貨主係貨物利益關係人，應該將其風險，轉而向保險公司投保貨物險。現行的貨物運輸保險所承保的危險（risks），大致可分為海上（marine）、戰爭（war）及罷工（strikes）三種。在marine risks

中，常見的有全險（all risks）、水漬險（W.A.）及平安險（F.P.A.）。兵險方面有war clauses，罷工險方面則有S.R.C.C. clauses等。

目前貨物運輸保險契約，大致是並存著1963年1月1日的舊保單格式及1982年1月1日的新契約條款。

茲將新舊格式條款對應表列如表10-1：

表10-1　新舊保險之列表

舊保單適用之舊條款	↔	新保單適用之新條款	
1.協會海上貨物運輸條款（全險） (Institute Cargo Clause) (ALL RISKS)		協會海上貨物運輸條款A (Institute Cargo Clause A)	Marine Risks
2.協會海上貨物運輸條款（水漬險） (Institute Cargo Clause) (WA)		協會海上貨物運輸條款B (Institute Cargo Clause B)	
3.協會海上貨物運輸條款（平安險） (Institute Cargo Clause) (FPA)		協會海上貨物運輸條款C （Institute Cargo Clause C）	
1.協會兵險條款（海上貨物） Institute War Clauses (Cargo)		協會兵險條款（海上貨物） Institute War Clauses (Cargo)	War Risks
1.協會罷工暴動及民衆騷擾條款 Institute Strikes, Riots, Civil Commotion Clauses		協會罷工險條款（海上貨物） Institute Strikes Clauses (Cargo)	Strikes Risks

至於保險費率訂定的簡單原則爲：

1.風險愈大，保費愈高。

2.承保範圍愈廣，保費愈高。

3.自負額越高，保費越低。

準此原則，保險費率之釐定會再考慮以下因素：

1.貨品種類。

2.貨品的包裝。

3.運送方式（如是否貨櫃裝、船齡等）。

4.運送航程（如是否含內陸陸運、河運、轉船等）。

5.季節。

6.港口之設施、操作人員素質。

7.承保之條件。

8.被保險人以往之損失記錄。

9.再保險安排之考慮。

儘管運送人也有購買保險如接續所述，但運送人並非對所有損失負責。而且其保險公司理賠時，也有嚴格的審核程序。並且運送責任的認定涉有專業知識，因此貨主仍以向保險公司購買商業保險爲宜。遇有貨損產生時，可先自保險公司得到理賠後，再由保險公司向運送人尋求賠償（recover）。因貨主的貨物保險並非本書所要討論的目標，因此不在此作深入探討。有興趣的讀者，可請再另行參閱相關著作[4]。

二、海運承攬運送人的責任保險

海運承攬運送人不但承擔了契約責任（因運送契約所生），亦同時也承擔了法定責任（因過失或侵權行爲），責任不可謂不重！因此，政府爲有效輔導業者並保護託運人之利益，依海運運承攬業管理規則第10條之規定，有應繳保證金或買責任保險之規定，將於後述。船公司或海運承攬運送人既對運送物負提單運送責任，因此他們最好是向保險公司購買提單責任保險，將風險轉移給保險公司負擔。遇有索賠，並且求償金額在其自負額以上時，運送人也一樣轉請他的保險公司理賠。所以最終是形成貨主的保險公司對運送人的保險公司索賠的局面，由專家對專家。從實務經驗來看，筆者認爲這樣的處理程序遠較爲理想。一方面受損的一方能夠得到該有的補償，不致影響公司的經營；同時由雙方保險公司的人員處理，較具專業知識外，也可避免影響運送人與貨主間的業務關係。責任保險除可減少保證金之負擔外，更可轉移責任危險，對業者可謂是最佳保障。

所謂責任保險，依據保險法的規定爲：責任保險人於被保險人對於第三人，依法應負賠償責任，而受賠償之請求時，負賠償之責（保險法第90條）。責任保險即指當依法必須負損害賠償責任時，且受請求權人正式要求賠償時，由保險公司負擔賠償之責。

4 筆者特別推薦：徐當仁、曾文瑞共同修訂，《初學者海上保險基礎理論與實務》，高皇出版社，1999年9月。

運送人因爲有上述責任風險，因此亦應該投保運送人責任險。運送人的責任保險，可再就運送人身分而分爲船舶運送人及海運承攬運送人兩個方向：

1. 船舶運送人多擁有龐大的資產，船東除對其船舶投保船體險（hull insurance）外，對其運送責任，一般均參加船東責任互保協會P&I（protection & indemnity） Club。對陸上運輸的部分，則可再向一貫運輸聯保協會（TT Club）加保全程責任險。如船舶運送人兼營海運承攬運送業，如其船舶船體保險總額在4,500萬元以上，並於最近三年內未發生運務糾紛者，前述之300萬元保證金得免繳。因此船舶運送人對運送責任的賠償能力，應該不是問題。
2. 海運承攬運送人的保險：本行業主要是人力的結合，固定資產的投資有限。爲確保其在責任風險產生後有賠償的能力，我國海運承攬運送業管理規則明文規定，採保證金和責任保險雙軌制度：繳交新台幣300萬元保證金於主管機關，或繳交新台幣62萬元的保證金外，再加每一案件至少1百萬元、全年累積不少於5百萬元的責任保險。2003年對保證金再進一步放寬爲過去三年無不良紀錄者，新台幣60萬元的保證金得予免除。循此規定，海運承攬運送人的賠償能力即可以獲得保證，貨主不必擔憂。爲確保海運承攬運送人的賠償能力，美國亦對海上運送中間人（Ocean Transport Intermediary，簡稱OTI）有15萬美金保證金（bond）之要求，大陸則對無船承運人（non-vessel operator，簡稱NVO）有總公司人民幣80萬元，每一分公司再加20萬元保證金的要求。所異者只在大陸並無允許用責任保險替代的規定，似較不合理。不過爲保障貨主權益，各國的政策是一致的。事實上，除非海運承攬運送人有介入運輸過程中的實體經營（physical operation），否則如果以委外（out-sourcing）方式經營的話，眞正的責任是由接受委託的所謂履行輔助人承擔。因此海運承攬運送人實際所負的責任，並非想像那麼高，這點在觀念上必須予以澄清。

繳交保證金或購買責任保險不僅在於爲了符合法令規定，而是經營企業所必須具備的風險觀念。至於海運承攬運送人投保運送責任險的途徑有三：一是國內產物保險公司，二是一貫運輸相互保險協會（Through Mutual Insurance Association Limited，簡稱TT-Club），三是國際產物保險公司的商業保險，茲分別說明如下：

(1)國內保險公司

國內因爲承攬運送人運送責任保險的市場並不大，只有少數幾家產物保險公司，如富邦保險、明台保險等承辦海運承攬運送人之責任保險。投保國內產物保險公司的優點是投保手續簡便，保費也相當低廉，年約7、8萬元新台幣就夠了。但其承保範圍有限，基本上是保從台灣到世界各地；對某些特定貨物，如冷凍貨、危險品等也除外不保，而海運承攬運送人最大風險之國外代理E&O也排除在承保之外。如果海運承攬運送業向國外擴張時，這樣的保單顯將無法符合公司需要，因此要特別注意。茲就國內承保量最大之富邦產物保險公司保單內容簡介如下：

1.承保責任

(1)貨物毀損滅失之法律責任：保險期間內由於搬移或積存貨物所造之任何貨物毀損滅失之法律責任。

(2)貨運誤運或誤交之法律責任：保險期間內所有因貨之誤運或誤交之責任，但不包含被保險人貨物之毀損滅失、任何人或動物之體傷或死亡、受載運送以外第三人財物之毀損滅失。

(3)被保險人因共同海損和救助費用應分攤之部分，受請求賠償之責任：保險期間內因被保險人違反與託運人所訂立之運送契約或基於貨物之利益所應負擔法律義務的共同海損和救助費用分攤。

(4)貨物運送之遲延：保險期間內受請求因貨物接收、保管、運送或交付之遲延所成之責任。但若被保險人事先與託運人以契約方式合意交付時間，所引起之遲延則不在此限。有關之損失責任不得超過(1)該遲到貨物之運費(2)累計不得超過年度保險限額。

(5)費用：保險人同意負擔對於抗辯被保險人責任，所起之訴訟發生之律師費用及相關費用。但保險人之限額以新台幣二百萬元為限。。

2.保險期間：一年。

3.自負額：每年事故新台幣參萬元。
4.責任限額：新台幣伍佰萬元。其中每一提單責任限額為新台幣壹佰貳拾萬元整，每一事故之保險金額為新台幣二百四十萬元；單一損失或運送遲延之累計保險金額為新台幣二百四十萬元。

(2)而所謂一貫運輸聯保協會（through transport mutual insurance，簡稱TT Club），它和一般的商業產物保險不同，說明如下：

①聯保協會保險爲互助性質，不以營利爲目的；而一般商業保險是以替股東創造最大利益爲目標。

②聯保協會的最終運作決策單位是由會員所選出的委員會，委員會決定保險承保範圍、賠償給付及保險金額等。一般商業保險是由保險公司運作。

③聯保協會會視當年度的保費收取與賠償支付結果而調整會員的分攤額，其往下往上調整都有可能。但一般商業保險則依事先議定之費率收取，當年度不會做調整。

④聯保協會是替會員公司服務，一般商業保險則基於對等關係。

⑤聯保協會的保費稱爲分攤額（contribution），一般商業保險則稱保險費（premium）。

聯保協會對會員公司的服務及理賠處理確實很完善，可謂是海運承攬運送人責任保險中的勞斯萊斯級。雖然其保費是用分攤的，但其金額還是高得嚇人，投保手續也相當繁瑣。

(3)找國際保險公司投保，例如Intercargo Insurance Company、QBE Hongkong & Shanghai Insurance Limited，Chubb Group of Insurance Companies等，其服務及風險承擔正好介在前兩者之間，筆者認爲這是很好的另一選擇。不過在美國攻打伊拉克之後，可能因爲風險提高的緣故，有些保險公司已不再承保承攬運送人運送責任。若欲投保國際產物保險公司，最好是透過國際的保險經紀人如怡安保險顧問（Aon Risk Serivces）、展茂等。國際保險公司在核算保險費率時，一定會要求告知被保險人的公司營業數量、營業額、發單量、提供服務的內容等有關，因此會要求提供很多資料；此外也和被保險人要求的保險金額、自負額等有關聯。前者例如年保險金額30萬美元即和40萬美元金額不同，金額越大，保費越高；後者則2,500美元、3,500美元、5,000美元不同，自負額越大，保費越低。因此海運承攬運送人必須根據自己情況填報，並依自己需要議價。以提單責任自負額3,500美元、年營業額為250萬美元、保險金額25萬元為例的話，年保費約在4萬美元左右（保費率約在0.2%左右）。對海運承攬運送人而言，可謂是巨額負擔關係，但還是較聯保協會的攤額低很多。站在企業永續經營的需要，這是一項無可避免的費用。

第四節　海上保險理賠實務

我國保險法第58條規定：「要保人，被保險人或受益人，遇有保險人應負保險責任之事故發生，除本法另有規定，或契約另有訂定外，應於知悉後，五日內通知保險人。」這就是所謂的「出險通知」，「除契約另有訂定外」，只不過是保留契約自主的約定。被保險人若是違反這項義務，保險法第63條又規定：「要保人或被保險不於第58條，第59條第三項所規定之限期內通知者，對於保險人因此所受之損失，應負賠償責任。」這條規定僅規定要對保險人因此所受之損失負賠償責任。至目前為止，似乎也沒有什麼確定的判例，對這個觀念與規定做深入的探討。但這個問題可以分兩方面來探討：

1. 如果被保險人雖未在5日之內通知保險人，但被保險人卻也按照應履行的義務行事，損害也未擴大，則似乎對保險人也沒有什麼損害賠償的問題可言。
2. 如果被保險人未履行通知義務，也未做防止損害繼擴大的措施，也未向應負責之人行使追償的行動，則這是違反「損害防阻義務」（sue and Labour）的問題，似乎也違反通知義務，也是有甚大關係。故此條款之眞正用意大概在說明保險人不能很輕率的就拒賠而已。

海商法就保險標的物發生損失後的通知義務，則有不同方式的規定。海商法第149條規定：「要保人或被保險人，於知保險之危險發生後，應即通知保險人」。這條規定與保險法第58條的規定相對等，但沒有規定確定的期限來說明所謂的「即」是何種意義。換句話說，是否應認定爲「即」，完全要看個案的情形決定，流露出很明顯英美法痕跡。就法律觀點而言，海商法是保險法的特別法，所以在損失通知期限上，應該是要優先適用海商法的規定，也就是說遇有損害發生時被保險人應「立即通知」保險人，才算盡到損失通知義務。實務上，海上保險單正面也都印有標準條款，希望被保險人遇有損失時必須立即通知保險人。

至於要「通知」保險那些事情呢？在第149條並沒有說明。另外，因第151條規定：「要保人或被保險人，自接到貨物之日起，一個月內不將貨物所受損害通知保險人或其代理人時，視爲無損害。」在解釋上，如果說被保險人在第149條所謂之「通知」保險人的目的，只是單純地將「發生損害」的「事實」告訴保險人，則這裡「通知」的作用，可能在要求保險人採取合理的措施「協助」防止損害繼續擴大，也可能是希望保險人派遣公證人前往鑑定損失，此時是否能在一個月之內將貨物損害發生的情形通知保險人或其代理人，已經成爲保險人所委任代理人（公證人）的效率問題，已非被保險人所能控制。因此第149條應視爲「出險通知」要立即爲之，但「損失清單」最遲要在「一個月」的時間內提出。

被保險人若依法將貨物所受的損害向保險人提出之後，保險人究竟應在多久的期限內將賠償金額給付給索賠的被保險人。依海商法第150條的規定：「保險人應於收到要保人或被保險人證明文件後三十日內給付保險金額。」這裡所說的證明文件即包括「公證報告」，由於一般的「破損證明」皆不能詳細記載貨物的受損情形，因此公證報告便居於很重要的補充地位，就一般情形而言，收到公證報告後三十日付賠款，應該是各保險公司都可以做到的事。

在保險法裡也有個條文規定保險人給付賠款的期限，第34條規定：「保險人應於要保人或被保險人交齊證明文件後，於約定期限內給付賠償金額。無約定期限者，應於接到通知後15日內給付之。保險人因可歸責於自己之事由致未在前項規定期限內爲給付者，應給付遲延利息年利一分。」這個條文後段關於遲延利息的規定，是在86年5月修正保險法裡增加的條文，也就是說，保險人若未在期限內賠款則必須額外給付遲延利息，當然這是對被保險人非常有利的條文。在這裡，所謂的「通知」，指的應該是賠償金額確定後，被保險人對保險人表示同意接受賠款的通知，而不是被保險人發現損失後的「出險通知」，因爲確定賠款的工作，也就是一般所稱的理算過程，並不是一蹴可及，如要硬解釋爲出險通知後15日，則未免過於嚴苛。而由於海商法的海上保險章是保險法的特別法，因此就海上保險而言，應適用海商法第150條的規定。

就理賠實務而言，求償時所需要準備的理賠文件計有下列數件：

1. 保險單正本（original policy）或保險證明（certificate of insurance）

   一般來說，保險公司在簽發保險單時，至少都會簽發一式三份，即Original、Duplicate、Triplicate三張正本，但索賠時，保險公司都會要求被保險人提供第一正本（original），如果被保人將第一正本遺失，或因押匯原因在銀行，則可使用第二正本或第三正本索賠時，一般而言進口的理賠案最常以第二正本索賠，實務上保險公司都會要求被保險人簽具切結書（letter of guarantees），以避免被保險人重複索賠。當然，如果保險單不是逐張簽發，而是以預約保單（Open Policy）的方式投保的話，則沒有所謂的Original Policy，此時便要以保險證明書（certificate of insurance, marine insurance declaration）來代替。但不論是保險單或保險證明，都會詳細地載明各種保險條件，是不可缺少的文件。

2.提單副本（Bill of Landing）

提單（海商法稱爲載貨證券）是運送契約的證明，表明保險標的物曾有運送的事實存在。在理賠實務上不僅可供保險人核對運送的航程及標的物是否與保險單所記載的資料相符合，也是將來行使代位求償權時向運送人索賠的根據。一般來說，船方在簽發提單時，正本也是一式三份，即Original、Duplicate及Triplicate三張正本，但第一正本（Original）通常都會拿去提貨，因此，保險公司不會要求被保險人提供第一正本，但至少會要求被保險人提供第二正本或第三正本（Duplicate or Triplicate），在貨物破損的情況之下，被保險人（即貨主）固然可以用第二正本或第三正本向保險人索賠，但如果遇到沈船或全部短卸（short landing）的情況，亦或是整批貨物遺失甚至被誤運到其他地方，由於不可能再用提單去提貨，因此，保險人通常都會要求被保險人提供全套的正本提單。

3.裝箱單（packing list）

這是顯示在同一批貨物裡那一個細項裝在那一個包裝裡的文件，因爲在破損證明裡通常不會記載每一個包裝裡到底裝的是什麼，或者受到損害的物品到底是又是那一項，因此便要藉裝箱單的協助，來辨認什麼是眞正的受損物品。當然，這更有賴於公證報告來證明。另外，裝箱單之另一功能亦可以核對其與提單之數量、重量是否相符。

4.商業發票（commercial invoice）

同在一批貨物裡，每一項細項的單價都會記載在商業發票上，配合裝箱單及公證報告就可以得到受損貨物的價值，作爲索賠的基礎。除此之外，商業發票也可以確定買賣條件，作爲認定究係何人有保險利益的參考；再者，也可以藉商業發票來認定眞正的受貨人（consignee）。

5.破損報告（damage report）

這種文件五花八門，名稱不一，海關可以開、運送人可以開、倉庫保管人等也可以開，最重要的目的在於確定損失在何時發生，一則以認定該損失是否在承保的期間內，再則也可做爲將來進行追償作業（recovery action）的憑證。此種文件包括事故證明單、異常報告、短卸註明、海事報告、理貨紀錄、出倉紀錄、警方報案紀錄及共同海損通知等。

6.公證報告（survey report）

這是由公證公司（surveyor）所出的報告，藉以確定損失發生的眞正原因，以及損失細項，最後決定應賠償的數額。通常公證公司都由保險公司或保險公司所指定的代理人（claims agent）所選定，在每個國家都有管理公證公司專業水準的嚴格標準，如我國有海事保險公證人之考試，及其管理規則，若索賠案件有效或成立的話，公證費用則由保險公司負擔。

7.被保檢人與運送人或其它與貨損責任有關之人（如倉庫或貨櫃管理人）間對貨損責任陪償與認定的信函

被保險人去函的目的當然是履行法律上的規定，行使損害賠償請求權，而被請求人的回函則可以證明被保險人是否已受賠償，來確定被保險人眞正應受的補償數額；另外，也可以得知運送人是否承認責任，這將牽涉到以後代位求償的程序及法律地位完整與否。

8.索賠函（claim letter）

由被保險人發出索賠函之目的是向保險人索賠之一正式意思表示，當然這也將表示請求權正式行使。

當然，以上所說的都是些主要的文件，保險公司也可以依據個案要求被保險人另行提供其他證明文件。

當貨物於運輸途中或有承保危險的發生而造成損害時，首須確定索賠對象。如係供應商之責任，應依買賣契約有關索賠事項之約定處理。如屬運送人運送責任時，則可直接向運送人索賠，或於屬保險公司承保事故範圍時，可先向保險公司索賠，再由保險公司向運送人索賠。若屬保險公司所應承擔之賠償責任，則有關的索賠流程如圖10-3所示：

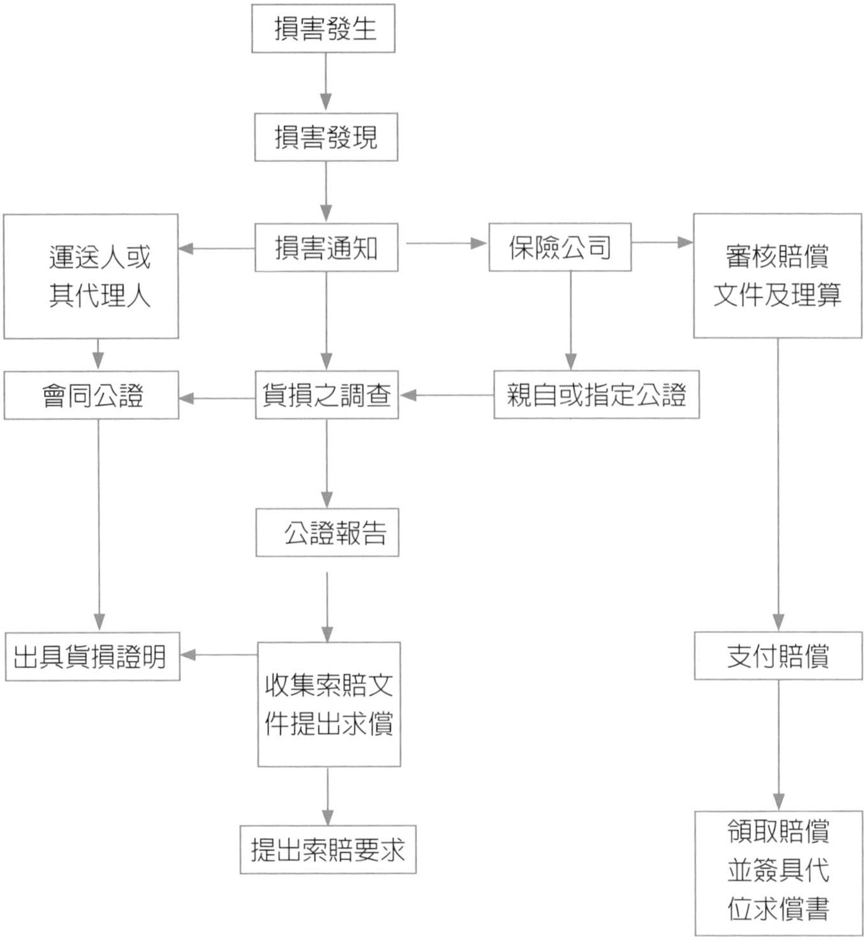

圖10-3　貨損索賠程序流程圖

依上圖10-3所述，茲再將貨損理賠的邏輯思考程序整理說明如下：

1.貨物已買了保險嗎？

如前所述，對不可預見的風險，最好是向保險公司購買保險。因此如果貨物已經投保，當有毀損滅失情事發生時，貨主應向保險公司要求賠償。保險公司理賠以後，取得代位求償權利，轉而向運送人尋求賠償。這樣既不影響貨主的正常業務，也可讓求償的作業，由專家處理。至於運送人，因一般也就其運送責任向保險公司投保，因此其受理貨主之保險公司的賠償要求時，也同時是轉請其保險公司處理。所以最後是由貨主的保險公司和運送人的保險公司在處理，也就是專家對專家。不過必須要注意的是，當保險公司接手處理貨損案件後，運送人的第一個動作是要將可能產生賠償的情形，通知保險公司。筆者即有經驗，某案件由於與貨主協調一些求償內容，致延誤了通知保險公司的時間。雖然該延誤並未增加保險公司的賠償責任，但該案還是被保險公司拒絕了。其次在未徵得保險公司同意之前，被保險人的任何人員不得向貨主做任何承諾或表達意見，也不得任意出具文件給對方。因爲這樣很有可能會增加理賠時的責任及攻防時的困難，這點對貨主和運送人都一樣重要。例如某保險公司即在其保單上特別加上以下要求：

(1)任何有可能導致索賠的意外事故發生時，應立即以傳眞、電話或電子郵件通知本公司。
(2)蒐集並保存與該意外事故有關的文件及證據。
(3)未得到本公司同意前，不得做任何貴公司有關過失與責任之承諾。
(4)未得到本公司同意前，不得提供任何文件給對造任何人。
(5)聘任律師須得到本公司同意。
(6)意外事故及與索賠有關的發展，均應隨時通知本公司。
(7)應記取教訓，未來知所防範。

有一理賠案例，業務人員爲了維護客戶關係，私下以公司名義向貨主發了一封道歉函。未料該函後來被對方律師引用做爲證明運送人有責任的證據之一，致保險公司也因此拒予理賠。因此事先的好意，事後都有可能被利用當作證據了。尤其面對有經驗及對法律有深入了解的律師詢問時，更要有警覺。說來頗爲無奈，但在一切講求證據的要求下，也不得不格外小心謹愼。總之如有違反保險公司約定，致影響保險責任時，很有可能無法得到保險公司的理賠。至於貨主未投保貨物險，但在有毀損滅失情形發生時，實務上常見貨主以各種方式「威脅」運送人賠償，例如向主管機關申訴、登報投訴及斷絕業務往來等，這些方法都是本末倒置了。運送人是否同意賠償，還要看保險公司的決定，不是單方面可以決定的。從業務關係考量予以賠償，實務上並不是沒有。因爲運送人常會就與貨主業務關係的「價值」來考量，某輪船公司即曾對某重要客戶因貨載被誤送至廈門，在責任未完全釐清之前，便先賠償貨物價值約新台幣43萬元。不過這種處理方式，畢竟不是正規的。

2.提貨的時候，保留求償請求權的動作做了嗎？

依我國海商法第56條：「貨物一經有受領權利人受領，推定運送人已依照載貨證券之記載，交清貨物。但有下列情事之一者，不在此限：

(1)提貨前或當時，受領權利人已將毀損滅失情形，以書面通知運送人者。

(2)提貨前或當時，毀損滅失經共同檢定，作成公證報告者。

(3)毀損滅失不明顯而於提貨三日內，以書面通知運送人者。

(4)在收貨證件上註明毀損或滅失者。」

本條規定可以歸納爲兩個方向，一是如果貨損情形明顯時，須於提貨前或提貨當時就做權利保全之動作，這包括：以書面通知、作成公證報告、或在收貨證件上註明毀損或滅失者。因此最簡單的方法是提貨當時，請貨櫃場簽異狀或短卸證明。二是貨損情形不明顯時，則須於提貨後三日內以書面通知。至若對海運承攬運送人，如貨損情形明顯時，一樣須於提貨前或提貨當時以書面通知。如未作上述動作，即推定運送人已完成交貨責任。然既曰「推定」，英文爲presume，即爲假定的意思，因此貨主可以舉證推翻原來的「推定」。

3.貨損是屬於運送人該負的責任範圍嗎？

運送人所負擔的是相對的運送責任，依我國海商法第63條規定，運送人對運送物之裝載、卸載、搬移、堆存、保管、運送及看守，應爲必要之注意及處置。第69條訂有17項免責事由，第70條有單位責任限額，並非絕對的運送責任，要看毀損滅失是否屬運送人應負之責任而定。

4.該準備的文件齊全了嗎？

向運送人理賠時應提出文件已如前述，欲索賠時即應備妥這些文件，正式提出賠償要求。

5.求償的時效消滅了嗎？

我國海商法第56條第2項：「貨物之全部或一部毀損、滅失者，自貨物受領之日或得受領之日起，一年內未起訴者，運送人或船舶所有人解除其責任。」因此理賠須在一年期限內爲之，並且於未得到滿意賠償時，必須在一年之內提起訴訟，否則時效即消滅，一般稱之爲time bar。至於海運承攬運送人，依UNCTAD/ICC規則的話，則消滅時效期間爲九個月。貨主必須把握這時效期間，提出索賠要求。就這點，以下茲再舉一案例說明之：

xxx國際科技公司vs. xxx運送人

船名、航次：Pudon Senator V/0022W
裝/卸港：Keelung/Rotterdam
貨品及貨量：LCD Monitor，3 pallets
裝船/到達日：May/1/2002-May 26, 2002

案情：該貨於2002年5月26日運達目的港鹿特丹，受貨人遲至6月11日才向貨櫃場先行提領其中2個pallets，餘下1個pallet於7月中欲提領時，已經失竊。失竊棧板共裝36台LCD monitor，值US$10,800。經向保險公司求償遭拒後，轉而向運送人要求賠償，亦被拒絕。

拒賠理由：

1.貨物悉數於2002年5月26日已經運抵目的港，此點無所爭議。因此運送人已完成運送責任。受貨人自行向貨櫃場要求分批交貨，與運送人責任已無關係。

2.受貨人就自己向貨櫃場所做的要求造成貨物失竊，應與託運人責任無關。但託運人竟允許受貨人將該貨款扣除，或許有其商業上不得不的苦衷，但這和保險人及運送人責任無關，因此雙雙都拒賠。

3.託運人在處理此案件過程中，態度蠻橫，無理糾纏。直到確知不被受理以後，才於2003年9月30日向台北地方法院陳述（並非起訴）。因此運送人再以時效消滅，所謂time bar拒賠。但託運人以運送契約關係人提出索賠，即無第56條第二項的適用問題。

4.本案終結審理結果，判貨主敗訴。

由以上所舉案例，可見time bar在貨損理賠方面的效力。應再次提醒的是，一年的期間是指起訴的期限，而不是向運送人交涉賠償的期限。因此如果是受貨人，即所謂「受領權利人」提出賠償請求，未被接受或是對所提議之解決方式不滿意的話，必須在一年的期限之內提起賠償之訴訟，否則求償時效將消滅。若本於運送契約而由託運人提出的話，則依民法爲兩年期限，應予注意。

第五節　提出索賠以後的程序

一項賠償請求提出以後，其結果不外乎是被接受或不被接受兩種。不被接受的情形含對提議的解決方案不滿意，談判破裂。這些情況發生時要如何處置？茲分別簡單說明如下：

1.賠償方案雙方達成協議時

所謂達成協議經常是雙方磋商妥協的結果，惟不論是如何獲致的，最終步驟是付款結案。保險契約多有自負額（deductible）的約定，亦即在某金額以內必須自理或超此金額時，賠償時將予扣除。因此即使已經投保運送責任險，運送人依舊常須自己處理這類的案件。對確知自己理虧時，即可與對方尋求和解方案，減少損失。賠償以後，如實際業務執行是由履行契約輔助人所爲時，可再向他們追索。

2.賠償方案雙方不能達成協議時

如賠償方案雙方不能達成協議時，則訴諸法庭裁判恐怕無可避免。根據前節所述，必須在「貨物受領之日或得受領之日起，一年內起訴」，才能保障自己的請求權。至於如何提出？也有兩個途徑：

(1)自己提出，貨主是貨物利益當事人，當然可以提出賠償之訴。只不過因爲訴訟涉及許多專業的東西，一般較少自己提出。但金額不大的案件，其實無妨自己試試看，可以學到很多寶貴的經驗。

作者即曾親自出庭應訊，爲公司一個約15萬餘元的賠償案件抗辯，最後獲得勝訴，因此小有成就感。不過本案最覺辛苦的是在於法官多無法在訂妥的時間開庭，也無法在1、2次庭訊後結案，相當耗費時間。其實經過該案以後，也深爲同情法官，因爲法官在一天內必須審理很多案件，就像醫師在一天內必須看診很多病人一樣，非常辛苦。

(2)委託律師代理出庭或提出，這是一般普遍的做法。由於理賠訴訟涉及許多專業的東西，一般人不易理解，更難以攻防。委託律師的話，當然必須花費相當的代價。但律師以其專業提供服務，此花費不可免。倒是台灣並沒有專業的海事法庭，多以一般民事法官審理海事案件，因此一個案件拖個幾年，是常有的事。而其裁判內容也令人啼笑皆非，以下茲舉某運送人主張因託運人並未聲明貨物價值，且載明於載貨證券上，要求適用海商法單位責任限額，台灣高等法院承審法官的判決文爲例，以證明吾言不虛如下：

> 系爭貨物之性質及價值，貨主在託運之時已向運送人申報，有載明性質及價值之出口報單及發票爲證。而運送人所收之費用含報關之費用，顯見貨主確實已向上訴人申報貨物之性質及價值。運送人故意未將貨物性質及價值記載在載貨證券上以圖卸責，自不得主張載貨證券未記載貨物性質及價值而爲單位責任限制之主張，否則即顯然違背誠信原則。
>
> 作者評論：海商法第70條已明文規定託運人如要運送人負擔高於責任限額的話，必須事先聲明貨物價值，且載明於載貨證券上。因此託運人必須有此動作，運送人才能通知其責任保險公司。否則將違反承諾，責任保險公司將於拒賠。法官如何能超出此條文的規定，而擅加推測？這樣將大幅提高運送人的責任。對此判決筆者只能說是法官用民事的觀念判決海事案件了，又奈他何？

在台灣因爲沒有專業的海事法庭，海事案件都由民事法庭審理。不過海運有其特殊性，法官在不了解海運的情形之下，不敢速審速決。因此一個案件常常須要多次審理，一拖數年是常事，勞民傷財。筆者公司即有一個案子已在法院延宕數年，涉案的船公司在此期間也已結束營業，使本案不知如何了結，實在無可奈何。所以案子如果能在法庭之外尋求和解的話，應盡量朝此方向，以免弄得兩敗俱傷。

問題與討論

1.貨物運送途中有哪些風險？

2.海運承攬運送人經營上有哪些風險？

3.請討論海上保險的基本概念。

4.貨主和海運承攬運送人各應如何購買保險？

5.海上貨物運送理賠之成立前提爲何？

6.求償需要準備哪些理賠文件？

第十一章
國際複式運送協會聯盟（FIATA）

本章摘要

本章共分四節，第一節爲FIATA概論，說明FIATA組織概況，包括成立背景、宗旨及組織等；第二節說明FIATA的文件，爲統一全球會員使用的單據，FIATA制定多種單據供會員申請使用。第三節簡單介紹FIATA職訓基金，由各會員自由樂捐，用以協助新興國家辦理職訓教育，提升行業水準。此基金之成立，咸認爲FIATA的一大貢獻。本章最後說明FIATA的會員種類。

第一節　FIATA概論

一、國際複式運送協會聯盟概況

國際複式運送協會聯盟（FIATA）是從法文名稱「Federation Internationale des Associations de Transitaires et Assimiles」的字首而來的；英文則稱「International Federation of Freight Forwarders Associations」；至於德文則爲「Internationale Foderation der Spediteurorganisationen」，1926年5月31日成立於奧地利首都維也納。從字面的意思可以了解，它是一個國際性的聯盟組織（international federation），由各國的承攬運送業協會（national associations）爲會員所組成的。換句話說，即各國大多有承攬運送業的協會或公會組織，再由這些協會或公會以團體會員身分參加FIATA，因此是國際性的聯盟組織。各國的協會或公會組織的成員稱爲國家會員（national member），具有完整的會員資格[1]。例如英國的BIFFA（British International Freight Forwarders Association）、日本的JIFFA（Japan International Freight Forwarders Association）中國大陸的CIFFA（China International Freight Forwarders Association）及台灣的台北市海運承攬運送商業同業公會（International Ocean Freight Forwarders and Logistics Association, Taiwan，簡稱IOFFLAT）[2]等都是。一般的承攬運送企業都是通過其所屬之公會或協會履行義務或行使權利，例如台北市海攬公會的會員公司即可經由公會，間接參與FIATA的活動像參與年會，或使用FIATA單證等等。此所謂間接指參加年會時，只有公會代表才有投票權，個別公司則無。除國家會員外，個別公司也可以加入爲個別會員（individual member），此留待後面單元說明。

FIATA是國際運輸業最大的非政府組織，會員來自於全世界的海空運承攬運送業及物流業者，目前有會員數逾6萬個，涵蓋超過150個國家及地區，從業人員有800～1,000萬個。是國際最具有影響力的運輸業組織，總部設於瑞士蘇黎世（Zurich, Switzerland）。

由於FIATA組織會員數衆多，並且會員來自各國家及地區的協會及公會組織，因此在國際間甚具影響力。它在聯合國經濟及社會委員會（Economic and Social Council，簡稱ECOSOC），聯合國貿易暨發展委員會（United Nations Conference on Trade and Development，簡稱UNCTAD）及聯合國國際法協會（UN Commission on International Trade Law，簡稱UNCITRAL）等機構都具有諮詢身分。此外它也在很多政府組織、非政府機構及民間性質的組織如國際商會（International Chamber of Commerce，簡稱ICC）、國際航空協會（International Air

1 FIATA的會員分類將於後面進一步說明。

2 台灣除個別公司以仲會員（associate member）身分加入者外，目前正式的會員有兩個，分別為台北市海運承攬運送商業同業公會（IOFFLAT）及台灣國際物流協會（Taiwan International Logistics Association，TILA），兩者正式會籍均為Chinese Taipei。因台灣目前並無全國性的組織，因此由台北市海攬公會代表台灣加入。空運貨運承攬業另有公會，但空運公會並未加入。各國的承攬運送協會多涵蓋海空運於一體。

Transport Association，簡稱IATA）、國際鐵路聯盟（International Union of Railways，簡稱UIC）、國際公路聯盟（International Road Transport Union，簡稱IRU）、國際海關組織（World Customs Organization簡稱WCO）及世界貿易組織（World Trade Organization，簡稱WTO）等代表承攬運送業及運輸業，以之為諮詢的對象。

總而言之，國際複式運送協會聯盟是由各國的承攬運送及物流協會或公會組成，是運輸領域中最大的國際性非政府組織，其影響力也及於全球。

二、國際複式運送協會聯盟的宗旨

國際複式運送協會聯盟的主要宗旨，依照FIATA資料[3]有：

1. 結合全球的承攬運送業者。
2. 在國際運輸的事務上，以顧問或專家代表的身分，促進及保護產業的利益。
3. 透過資料發佈、刊物發行的方式，讓業內業外的大眾熟悉本產業。
4. 藉由統一文件及標準執業規章的制定，改善承攬運送業者的服務品質。
5. 於在職訓練（vocational training）、責任保險、電子化商務如電子資料交換（electronic data interchange，簡稱EDI）及條碼（bar code）等方面，協助各國會員，提升業界水準。

2003-2005年總會會長Mr. Issa Baluch[4]應筆者之要求，特地就FIATA的運作為本書寫下一段註解：FIATA is growing well into being the undisputed "voice" of the freight logistics industry. The number of individual membership now tops some 60,000 members and continues to grow. The circulation of the annual venue congress venue has been a remarkable achievement as it draws in regional and local interests. Topped

3 資料來源：FIATA網站。
4 Mr. Issa Baluch是筆者重要的國際友人，關係密切。

up with the regional bodies within FIATA which have become very active this organization is set to go to greater heights.

偉哉斯言！

三、國際複式運送協會聯盟的會議

國際承攬運送業協會聯盟每年至少要開一次會員大會（World Congress），一般都是在每一年的九到十月間，並輪流在世界各地的主要城市舉行。這是國際運輸業界的年度盛事，每次均號召了800至1500個來自世界各地的與會者，大家齊聚一堂[5]。這同時也是主辦國的大事，因爲與會人數衆多，因此飯店及議場的安排、與會人員的接送、會議接待及用餐活動等等，都要煞費苦心。沒有政府力量的介入與協助，要辦得讓與會者滿意，並非易事。茲舉最近前後幾年的主辦會議城市如下：

2001年墨西哥坎昆（Cancoon）

2002年荷蘭阿姆斯特丹

2003年印尼巴里島

2004年南非太陽城（Sun City）

2005年俄羅斯莫斯科

2006年中國上海

2007年阿拉伯聯合大公國杜拜

2008年加拿大多倫多

2009年瑞士日內瓦

2010年泰國曼谷

2011年埃及開羅

以往會員大會地點的選定，都是由有興趣的主辦國提早三年申請，經

5 2005年莫斯科年會逾1千人，2006年上海年會主辦的北京貨代協會目標為2000人以上。

理事會初步評選以後，再提交會員大會表決定案。其過程有點像奧運會的主辦權之爭，只是其規模不像爭辦奧運會那麼龐大與激烈競爭。不過因爲同時會有數個國家提出申請，因此不免還是要相互較量一番。不過國際總會從過去的經驗察覺到，由各國輪流主辦時，國際總會無法積極介入。以致無可避免有些國家會有過於商業化的考量，甚至會有藉此牟利的現象。因此年會品質有良莠不齊的問題，致有損於會員的權益[6]。有鑑於此，從2008年開始，年會將改由國際總會秘書處統籌辦理，再視需要尋求各地主國提供協助。國際總會可望對年會的召開，有較大的掌控權，以維護會員權益。2014年的年會將輪在亞洲地區舉辦，台灣擬申辦。是否能夠成功，值得期待。不過辦理年會需要各方資源和人力的配合，擬申辦單位必須放開胸襟，政府也必須協助才行。否則只是去湊熱鬧，不如不辦。

會員大會是FIATA的最高權力機構，除聽取各委員會及學會報告之外，最重要的是對重要人事任命、會員入會及退會、年度財務預算及決算等重大事件進行投票表決。按FIATA組織規則及總部所在國瑞士的法令規定，表決原應採投票（ballot）方式爲之。但由於與會人數不少，有投票權者自不在少數，以2005年會爲例，9月15日大會（general meeting）進行表決時，當時具有投票權的人數爲188。如採投票方式表決的話，則投票、開票及計票都將很耗費時間。因此經與會代表當場通過改採舉手方式表決，使決議過程加快許多。

除年度大會之外，每年三月分還會在瑞士蘇黎世總部召開一次預備會議，稱爲總部會議（headquarter meeting）。此會的目的爲確定前一次年會的會議記錄，並做成提交當年度會員大會的議案等。

除年度會員大會及總部會議之外，各學會及所屬工作小組、地區委員會、諮詢委員會等，也各自依需要召開會議，詳如後述。

---

6 2005年的年會在莫斯科舉行即有此問題，雖然主辦的俄羅斯協會傾力辦好此次會議，但負責機場接送及訂房的單位則招致甚多抱怨，房價及物價、大衆交通也都有任意敲詐的現象，使主辦單位的美意大打折扣，美中不足。

四、國際複式運送協會聯盟的組織

國際承攬運送業協會的組織分為以下：

1. 會員大會（general meeting）

是由全體會員所組成，是FIATA最高權力機構。如前面所述，FIATA的會員數超過四萬個，其規模之大，超乎想像。加上會員來自世界各國，各國經濟發展程度也參差不齊，因此利益衝突勢所難免，特別是第三世界的會員常有被忽視的抱怨聲音。不過幸好過去即使偶有爭執，但迄今並無重大不愉快事件。會員大會一年召開一次，但FIATA組織如此龐大，大會的召開絕對是一件勞師動眾的事情。理論上會員大會是最高權力機構，但也正如一般組織團體，當規模大達到這種程度時，要有效發揮會員大會決策的機制，也並不是一件容易的事。

2. 理事會（presidency）

理事會由現任會長（president）、前任會長（immediate past president）、秘書長、財務長及三位高級副會長（senior vice president）所組成。理事會定期召開會議，以討論及形成重大事件的決策。會長每兩年一任，並且不得連任。在FIATA這樣一個具有國際影響力的組織，會長一職當然具有崇高地位。歷年幾屆會長分別為：2001-2003年為來自義大利的Mr. Aldo Da Ros、2003-2005年的會長為來自阿拉伯聯合大公國杜拜的Mr. Issa Baluch，2005-2007年則為來自德國的Mr. Manfred F. Boes。2007-2009年為加拿大籍的William Gottlieb，2009-2011年為比利時的Jean-Claude Delen。

(1)執行委員會（extended board）

執委會由12位副會長及各委員會的主席組成，討論重要決策議案，提交會員大會決定。

(2)秘書處（secretariat）

秘書處是個常設的機構，以處理國際總會的日常事務及替會員提供服務。下設執行長（director general）、各委員會的主管經理（manager）及一位行政人員（administration）組成。

(3)地區委員會（regional meeting）

FIATA目前設有四個地區委員會：

1.非洲及中東地區（Africa/Middle East）

2.美洲地區（Americas）

3.亞太地區（Asia/Pacific）

4.歐洲地區（Europe）

地區委員會顧名思義就是針對各地區具有不同特性而設，每年召開兩次會議，分別是一次在瑞士總部（每年三月），另一次在國際總會（每年九月）。就不同地區特性及利益有關事項做成決議及建議，提交學會及諮詢委員會進一步協商及解決。地區委員會設立的旨意有二：

①協助會員確定及解決地區性的問題。

②促進同一地區會員間相互了解及合作，並將經驗分享其他地區會員。

(4)學會（institute）

①航空貨運學會（airfreight institute，簡稱AFI）

②海關事務學會（customs affairs institute，簡稱CAI）

③複合運輸學會（multimodal transport institute，簡稱MTI）

各學會均就技術方面的問題做研究，以提供總會參考及諮詢，每年召開兩次會議。每一個學會之下再視需要設立工作小組（working group），例如MTI下即設有海運、公路運輸及鐵路運輸三個工作小組；AFI下設IATA工作小組，再由這些工作小組給所屬學會提供報告及協助，每年就必須要不定期開會。

(5)諮詢委員會（advisory body）

①危險品諮詢委員會（Advisory Body Dangerous Goods，簡稱ABDG），為關於危險品作業標準的訂定及教育。

②資訊科技諮詢委員會（Advisory Body Information Technology，簡稱ABIT），爲屬於資訊科技的諮詢機構。

③法律事務諮詢委員會（Advisory Body Legal Matters，簡稱ABLM），爲關於國際法律事務的諮詢機構。

④公關諮詢委員會（Advisory Body Public Relations，簡稱ABPR），爲屬於對外公共關係的諮詢機構。

⑤職訓諮詢委員會（Advisory Body Vocational Training，簡稱ABVT），爲就國際總會所制定之在職教育訓練的諮詢與執行機構。爲提升行業水準，職訓是FIATA很重要的功能之一。本諮詢委員會即係就此方面，對各國會員提供各種協助，使全球達到較一致的標準。

與學會不同的是，諮詢委員會係針對與會員普遍有關的事務提供諮詢建議，但它們也與學會及各工作小組保持密切合作，經常需要開會，每年不限次數。

第二節　FIATA的文件

FIATA設計了幾份文件，以供會員使用，目的是使會員有統一的作業標準。這些文件相當容易辨認，因爲這些文件都有明顯的顏色之差別及印有FIATA的標誌。目前FIATA所設定的文件有以下幾種：

1. 承攬運送人收貨收據（Forwarders Certificate of Receipt，FIATA FCR）：收貨收據是用於運送人確認收到貨載時簽發，因此在涉有內陸運輸，亦即交易條件爲工廠交貨（ex-work）時，相當有用。賣方依其買賣合約之約定，於取得收貨收據時應足以證明已依合約交貨，因而有權利要求付款。但除非全套收貨收據還在手裡，否則賣方無權更改受貨人資料，乃因其具有不可轉讓之性質。
2. 承攬運送人貨運證明（Forwarders Certificate of Transport，FIATA

FCT）：貨運證明表面上相當近似於海運提單，不過其作用有很大的不同。貨運證明是用以表示貨物已交予實際運送人的文件，因此承攬運送人只負「承攬人」而非「運送人」的責任。FIATA FCT正面的第2條款即做如下聲明：The undersigned do not act as Carriers but Forwarders. In consequence they are only responsible for the careful selection of third parties, instructed by them, subject to the conditions of Clause 3 hereunder.（本簽單人爲承攬人而非運送人。因此本公司僅負依貨主指示愼選第三方之責……）。

3. 倉庫收貨收據（FIATA Warehouse Receipt，FWR）：由於承攬運送人常常被客戶要求提供倉儲服務，再此情況之下即可以簽發倉庫收貨收據。

4. 可轉讓複合運送提單（negotiable FIATA Multimodal Transport Bill of Lading，FBL）（格式如附錄十三）；

5. 不可轉讓複合運送貨運單（non-negotiable FIATA Multimodal Transport Waybill，FWB）；

6. 託運人危險品託運單（Shippers Declaration for the Transport of Dangerous Goods，FIATA SDT）

7. 託運人重量證明（Shippers Intermodal Weight Certificate，FIATA SIC）

8. 貨運指示（FIATA Forwarding Instructions，FFI）

FIATA的文件格式具有高度的信譽，並被肯定是傳統及受信賴的象徵。在過去，它們對輔助國際交易方面有重大貢獻，在未來相信也必將繼續保有這樣的價值。

第三節　FIATA職訓基金

2001年在墨西哥坎昆舉行的國際年會決議成立職訓基金，以協助落後國家及地區進行在職訓練，提升其作業水準。職訓基金係以由各會員認捐方式籌款，例如在2005年莫斯科年會9月15日的惜別晚會中，因與會會員慷慨解囊，一舉募得超過3萬美元，對協助落後國家推行職訓，有重大貢獻。針對基金的募款、審核及運用，成立基金管理委員會（Management Committee of the Foundation）來負責之。自成立以來，已協助過蒙古、肯亞及加納等國進行師資的培訓（training the trainers），相信對提升落後國家的行業水準，將會有相當深遠的貢獻。第一線進行培訓工作的人員令人由衷欽佩，因爲需要協助的都是落後地區，因此到這些地區執行培訓工作絕對不會是一件輕鬆的差事。因此如非本著犧牲奉獻的精神，確實不容易持之以恆。現任主席爲新加坡籍的Mr. Thomas Sim（沈健利先生），在FIATA這個組織裡面，他是華人之光。除了對教育訓練的熱情投入外，他爲人謙沖。並且終年在第三世界進進出出，爲提升產業水準做出不少貢獻。在一次記者訪談時，被問及他最想做到的事是什麼？他說最想多些時間和家人相處，特別是四位摯愛的小孩，因爲感覺對他們虧欠滿多的。讀來頗有同感，令人動容。

第四節　FIATA會員

FIATA的會員構成分成以下幾類：

1. 國家協會或公會（National Association）

爲以各國的承攬運送業協會或公會爲會員參加FIATA，稱爲國家會員（national member）。招收這類會員爲FIATA原成立的宗旨，亦爲FIATA（承攬運送業協會國際聯盟）的由來。目前台灣地區（在FIATA正式會籍爲中華台北（Chinese Taipei），屬於這一類會員的有台北市海運承攬運送商業同業公會（IOFFLAT）及2004年入會的台灣國際物流協會（Taiwan International Logistics Association，TILA）兩個。國家會員須繳年費，但以國家地區爲繳費基礎。因此如果一個國家地區有一個以上的國家會員時，其年費即由會員平均分攤。這一類會員具有完整的會員資格，可在大會期間全程參加會議，並具投票表決權等。一個國家地區通常有四票的權力，台灣地區因爲有兩個國家會員，故投票權均分爲二，各有兩票。國家會員的加入須得到其他國家會員推薦，並經會員大會討論通過才可入會。其未履行會員義務例如未繳交會費達三年以上，並經屢催不交者，亦可提報會員大會表決通過，予以除籍。

2.團體會員（Group Members）

團體會員來自以下幾種團體

(1)由數個國家的承攬運送業協會或公會所組成的國際組織，但其個別會員也必須是國家協會或公會，而且是屬FIATA的會員。

(2)與FIATA利益相同或相似的國際承攬運送業團體。

(3)承攬運送業輔助業者會員所組成的國際協會。

3.個別會員（Individual Members）

任何積極從事承攬運送業的個別公司也可以申請成爲FIATA的個別會員，但如果其國家協會或公會是FIATA會員的話，則其申請必須得到國家協會或公會的推薦。換言之，如以台灣爲例，個別公司要申請加入爲FIATA會員者，其申請書必須得到台北市海運承攬運送商業同業公會或台灣國際物流協會簽字，FIATA總會才會受理。

個別會員又可分爲以下三類：

(1)A類：爲國家協會或公會所屬之會員公司。

(2)B類：適用於國家協會或公會並未加入爲FIATA的國家或地區，個別公司可以加入爲B類會員。

(3)仲會員：與承攬運送業有密切關係的其他個別公司。

個別會員公司有義務盡其努力以促進FIATA目標，並且繳交年會費，繳費的計算期間爲當年度的1月1日到12月31日。

在此順便就FIATA所宣稱，列舉加入爲個別會員的七大理由：

1.可獲登錄到FIATA網站的會員名冊，提高公司知名度。

2.個別會員公司也可以在會員名冊刊登廣告，此權利只開放給會員公司。

3.定期收到FIATA所發行的會訊，了解業界及FIATA動態。

4.可享以優惠價格購買FIATA出版品[7]。

5.僅會員公司可享FIATA的仲裁，不僅費用低廉，且可免興訟之苦。

6.獲頒發FIATA會員證書。

7.可使用FIATA標誌於公司門牌、車輛、文書、名片等，是公司專業度及可靠性的象徵。

最後提供FIATA網址：www.fiata.com，有興趣者可自行登錄查詢。

問題與討論

1.請說明國際複式運送協會聯盟成立的宗旨。

2.請說明國際複式運送協會聯盟的組織。

3.請說明國際複式運送協會聯盟的會議。

4.國際複式運送協會聯盟制定了哪些單證給會員公司使用？

5.國際複式運送協會聯盟職訓基金成立的目標爲何？運作情形如何？

6.國際複式運送協會聯盟的會員有哪幾類？

[7] FIATA的出版品甚多，列舉部分如下，以供讀者參考：

1.“The Law of Freight Forwarding”，Professor Jan Ramberg， Aug. 2002

2.“Legal Handbook on Forwarding”，Peter Jones，2001

3.“The Air Waybill Recommended by FIATA for Use by Freight Forwarders”

4.“A FIATA Introduction to the Regulations for the Safe Handling and Transport of Dangerous Goods”

5.“GLOSSARIUM: Tansport and Forwarding Terms”

6.“FIATA Model Correspondents’ Agreement”

7.“Bar Coded Transport Label for Freight Forwarding”

8.“FIATA Model Rules for Freight Forwarding Services”

第十二章

海運承攬運送業的藍海策略

本章摘要

本章探討海運承攬運送業的問題，並提出因應策略。綜合言之，業者所面臨問題在於未能提供具有附加價值的服務，以致陷於價格之爭。就此本章提出建立業者合作機制、提高服務附加價值等建議，以擺脫無謂的價格戰。其次爲加深對客户的關係，建議建構資訊服務平台，使交易透過服務平台爲之。提高交易效率，並節省交易成本。最後建議台北市海運承攬運送商業同業公會應該發團體組織功能，替業者創造更有利生存條件；並透過加強和中國大陸的合作，以促進和保障台商業者在中國大陸的發展。

海運承攬運送業以其靈活及配合客戶需求而提供彈性服務的營運方式，短時間內還達不到像航空貨運那樣運輸服務提供者與運輸工具提供者分離的地步，但海運承攬運送業在國際物流鏈中所扮演的角色越來越重要。不過海運承攬運送人給外界的形象並不好，正如某位業界前輩所說的只比報關行好一點而已。探究負面形象形成的原因是：

1. 過去的營業項目幾乎無例外的只是賺取海運運費差價，所以從業人員首重吃苦耐勞，學歷高低及語文能力尚在其次。但隨著現代物流的發展，服務內容愈趨複雜化；再加上國際網絡的拓展，對經營者條件要求也提高了；三者教育機會增加，教育水準普遍提高。因此經營者的態度須隨時代進步而調整，提高自己和從業人員的學歷水準。

2. 業者家數太多，大多不思提高服務附加價值，只知殺價，惡性競爭。許多航線的併櫃運價已拼鬥到零或負，外人難以理解，因此予人買空賣空的惡劣印象。貨到國外，當地代理也亂收費，似乎只要收得到就棄企業原則於不顧。運費拼到零或甚至負之外，欠費也越放越長，自行暴露於高度風險之下。

3. 有貨損責任發生時，能賴就賴，不顧理賠原則。此點實則只要投保企業責任險，貨損理賠大可合情合理處理，減免貨主損失。一個業者好壞的功力不在於平順時期，而在於發生問題時的處理態度。

4. 同行之間一般忠誠度不夠，缺乏同舟共濟的觀念。莊家之間互信不足，不易建立合作機制。這也是造成市場報價紊亂的一個重要原因。

海運承攬運送是一個將本求利、水漲船高的行業。如果業者不能擴大服務內容，提升服務品質的話，無可避免的將陷入價格戰之中。最後大家都將在生存邊緣辛苦經營，本行業的淘汰率偏高便足以證明此話不虛。事實上，海運承攬運送業是一個相當辛苦的行業，這樣的生存環境是情何以堪？值得嗎？這樣的結果更使業者無法累積到國際市場拼搏的資本，因此本書結尾擬討論海運承攬運送業的藍海策略。

一、業者之間應建立合作機制

當今絕大多數行業都面臨一個共同的問題：微利（marginal profit）。微利是指獲利縮水，利潤微薄的意思。企業能獲得高額利潤的時代如今已經不復存在，取而代之的是微薄的管理利潤。也就是管理得好的企業才能獲得一點利潤，至於管理得差的企業則很容易產生虧損。微利的原因是來自於產業全球化和資訊透明化，前者是指企業要面臨來自全球的競爭，當然本地企業一樣可以到國外發展；至於資訊透明化則使得市場訊息很容易取得，消費者變聰明了。因此只要哪個行業有好的利潤，便很容易引來競爭者，利潤必然減少，這是大家都必須要面對的現實情況。根據國外報導資料顯示，無船承運業者的獲利普遍下降，國際貨櫃運輸雜誌（Containerisaion International）也說無船承運業者的淨利只在1-5%左右。對業者而言，由於本業投資金額不大，因此如換算成投資報酬率的話，或許是不錯的投資。但本業的辛苦，是有目共睹的。根據觀察，業績做得好的業者經營者無不兢兢業業，全心全力經營；相對的，如果抱者當老闆的心態，未全心投入經營的話，很快就會走下坡，甚至被淘汰出局。至於導致微利現象的因素有很多，但主要是由於下述原因：

1. 資訊的發達，信息的傳遞既快而且透明，使消費資訊的取得非常容易。網際網路（internet）的發展，徹底改變了現代人的生活習慣。網際網路的發展，確實是上一世紀末人類最偉大的發明。透過網路，幾乎所有資訊都隨手可得，沒有疆界。由於資訊的透明，使消費者意識大爲提高。客戶很容易比較以取得最有利的賣價，同時從一個商品或服務的提供者轉移到另一提供者，幾乎完全沒有障礙。因此所有產業的業者都必須使出渾身解數，提高服務水準之外，還要降低售價，才能獲得客戶的青睞。網路固然創造了很多商機，但傳統的經營方式也必須求新求變，否則很快就被淘汰。今天消費者要的就是俗話所說的「俗擱大碗」的產品和服務，如今只要上網查詢，這個目的很容易就可以達成。在這樣的環境下，業者利潤被擠壓是必然的，微利因而成爲不可抗拒的趨勢。
2. 高油價時代的來臨。人類雖然做了很多尋找替代能源的努力，但石油依然是全球最方便廉價的能源。因此對石油能源的消耗，有增無減。在供不應求再加上投機炒作之下，原油價格高漲成爲抵擋不住的事實。2008年中曾經達到每桶原油147美元的史上最高點，之後雖稍有回跌，目前維持在每桶70美元上下的高水準。油價居高不下，使各國生產成本大爲提高，全球經濟都深受打擊，而掌控油源也成爲列強的重要政治目標。美國不惜違反聯合國決議及世界多數國家的反對，執意攻打伊拉克，就是爲了油源，這是不爭的事實。雖遭受各國大聲撻伐，但依然不改其政策，可見石油的重要性。中國大陸雖也出產石油，但距滿足國內需求還有一大段距離，因此他們也是卯足勁尋找油源。台灣就更不必說了，每年在進口石油方面花費鉅額外匯。就海運而言，燃油費用爲船公司營運成本最重要的因素。面對原油價格上漲，船舶運送人紛紛調高運費或加收燃油附加費來因應。然而做爲船公司夥伴的海運承攬運送人則因業者各有盤算，以致無法同步調整。船公司調高運費之時，海運承攬運送業者報價無法隨之反應，利潤空間當然受到擠壓。

3. 中國大陸經濟的崛起。自鄧小平於1982年南巡，宣布對外開放以來，中國大陸挾其豐富低廉的土地及人力資源的優勢，很快就橫掃全球的經濟。除了吸引全球投資熱潮之外，全球製造業也紛紛以中國大陸爲生產基地，使中國大陸成爲全球的加工廠。如今絕大部分的產品都是在中國大陸，號稱爲全球加工廠。其相對低廉許多的生產製造成本，使全球所有產業都招架不住，以致大家都要面對一個微利的經營環境。

4. 全球經濟自由化的結果。國際貿易組織從原來的關稅及貿易總協定（General Agreement on Trade and Tariff，GATT）過渡到世界貿易組織（World Trade Organization，WTO），使全球貿易自由化的層面更廣。在此進展之下，排除了貿易障礙，使全球貿易在開放的環境下自由往來，因此大幅提高了全球的貿易量。不過開放的結果也使得各國產業都必須面臨來自於全球競爭，以農業爲例，由於台灣農產品的生產成本較很多國家高，面對市場的開放，台灣的農民可謂未蒙其利先受其害。他們是處在競爭弱勢的一方，開放對他們當然不利。不過開放乃是時勢所趨，無可避免。海運承攬運送業的部分，交通部爲配合政府達成加入WTO的目標，因此積極推動海運服務自由化。於1999年2月公佈新修正的航業法時，刪除外國人不得自由來台投資設立百分之百外資的船務代理業、海運承攬運送業及貨櫃集散站經營業之限制規定。因此門戶大開，業者必須面對和全球業者的競爭，當然影響到其獲利能力。

5. 再就我國海運承攬運送業的經營環境而言，我國法令對本業設立的資本額要求僅爲新台幣750萬元，故進入此業的門檻並不高。以致誘導過多業者投入，超過市場所需。大部分業者都屬中小企業，規模不大，無力提供高附加價値的服務。絕大多數業者都只能以價格爲競爭手段，形成惡性競爭。這樣的結果，業者的獲利空間當然受到擠壓，不易累積足夠的資本來角逐國際市場，也無法和資金雄厚的國外業者競爭，更遑論主導貨物的流向了。

海運承攬運送無可避免地也同樣面臨一個微利的經營環境，因此業者之間應建立合作機制，再此茲提兩點建議：

(1)不應互相砍殺。台灣市場這塊餅就是這麼大，再搶所能增加的貨量有限。不如大家合作，維持合理利潤。稍加分析即知幾乎所有航線的主要海攬業者都只有少數幾家，以亞洲線爲例，前七大業者即佔了市場併櫃貨量的八成左右，其他航線的生態亦相去不遠。其次海運承攬運送業者絕大多數是屬於非資產性（non-asset based）的，所需要之服務資源均向實體業者（physical operators）取得。因此賣價的訂定公式是「cost +」，也就是取得服務的成本加上合理利潤，也就是俗稱的「將本求利」。前幾名業者的成本應該一樣或相去不遠，在相似的成本基礎上，業者之間應該不難建立合作機制，共同維持市場秩序。相較之下，船公司的情形則有相當大的不同。船公司的服務屬於資產性（asset based）的，平均單位成本受多種因素影響而異，例如載貨率八成和六成的平均單位成本就不同，各公司的碼頭和貨櫃場操作成本也有差異等等，故各公司平均單位成不一樣。其次船公司的服務水準也有不同，舉亞洲航線爲例，三家國輪公司長榮、陽明、萬海的實力和服務無疑是龍頭老大，緊追在後的則有德翔航運等，此外還有大大小小的其他中外航商。亞洲區間議價協定（IADA）的會員就有40幾家航商，各家條件不同，公司策略也不一，故要求所有航商行動一致是不容易達成之任務。或許異於一般想像的，船公司的合作機制之建立其實比海運承攬運送業困難。2008-2009年受到航運危機衝擊，爲度過這次風暴，總算給貨櫃輪船公司帶來合作的機會。因此海運承攬運送業者間應該合作，共同推動運價的穩定或上漲，以維持合理利潤。在目前微利的環境下，大家應該放棄過去以搶市佔率爲優先的策略，改以維持合理利潤爲主要目標。各航線莊家應共同將賣價維持合理水準，並隨船公司步調調整報價。這樣的行動，莊家本身是最大贏家，因此必須一起努力。co-loader再根據莊家所給成本加上合理利潤後制定其報價，避免惡性經爭，形成上下層之間的穩定局面。唯有維持合理獲利，業者才能生存與發展。過去同行之間除了相互co-load之外，甚少在報價方面建立合作關係。不過在目前船公司成本上漲之際，海運承攬運送對直客和同行的報價卻不升反降，可謂蠟燭兩頭燒。因此大家應該嚴肅思考上述建議。

(2)在台灣現行法令限制下，要達到像國外業者可以介入貨倉營運恐怕還是遙遙無期。因此不如業者捐棄成見，共同協議集中使用某幾個貨櫃場。這樣可望降低操作成本之外，也方便彼此co-load，使併櫃品質更佳；更重要的是有發生貨損或短少時，業者能處於較有利的談判立場。政府政策在推動的多國併裝，也可透過這樣的合作，得以落實。

總之在目前微利的經營環境下，業者必須深化合作。才能維持合理獲利，改善體質；也才能經得起考驗，適者生存。

二、提供具有附加價值的服務

由於業者之間服務同質性太高，最後只有靠價格取勝，以致報價越殺越低。因此業者必須思考如何將產品差異化，提高服務的附加價值，這樣才能擺脫惡性競爭的惡果。產品差異化的途徑很多，舉例說明如下：

1. 深化和客戶的關係。貨主需要的是整合的物流服務，因此海運承攬運送業應考慮將上下游物流供應鏈整合起來，提供全方位的解決方案（total solution）。服務具有附加價值的話，貨主可望比較有意願支付合理對價，業者才能有獲利空間，並且和客戶維持長久關係。否則各家的服務都大同小異，一旁又有船公司的直接競爭，想要貨主不跑掉也難。

2. 提供具有特色的服務內容，例如：特殊服務項目會展、移民搬家、物流倉儲配送等；特殊地區的服務如中南美等，及特殊貨品如遊艇、冷凍櫃等。這些特色服務，對貨主具有較高價值和特色，可維持較佳利潤空間。推動特殊服務的成效必須一段時間才能看得出來，不過這是值得追求的方向。普通貨載可提供貨量，藉以和船公司維持良好關係；賺錢則要靠特殊貨載。
3. 建構自己的國際網絡或和國外代理共同努力，增加指定貨。指定貨利潤遠高於自攬貨，這是衆所皆知的事實。但要建構自己的國際網絡，談何容易？這需要大量的人力、物力，這也是爲什麼要維持合理利潤以累積資本的原因。至於說到國外代理，好的代理早就各有所屬了。晚來的業者只好一步一腳印，辛勤經營。

總之要想辦法提高服務價值，將服務差異化，才能擴大利基。

三、資訊科技系統的建構

現代國際物流資訊的傳遞有大量和即時性要求的特性，因此資訊科技的應用極其重要。爲達到整體供應體系的最佳化，做爲國際物流業的海運承攬運送業也必須提升所謂e化的程度。海運承攬運送業電子化系統必須建構一個服務平台，透過服務平台從客戶端到服務聯盟成員整合起來。客戶可將訂單資料（PO numbers）傳輸到平台上，經過平台通知製造商和物流廠商，基本架構如下：

資訊服務平台

1. 訂單追蹤管理系統：訂單管理、配送管理、運輸管理。
2. 貨況追蹤系統：貨主出貨通知、貨況異常通知、貨況彙總、貨況查詢、貨況匯出。
3. 帳單管理系統：產生客戶月結單、客戶月結帳單通知、查詢、客戶月結帳單匯出、稽核、產生聯盟成員月對帳單、聯盟成員月結帳單通知、查詢、聯盟成員月結帳單匯出、稽核。

4.倉儲管理系統：基本參設定、進倉資料輸入、進倉資料轉入、出倉資料輸入、出/入倉報表列印、庫存對帳表、客戶庫存資料表。

5.物流文件管理系統：載入主表單檔、載入資料、輸入資料、列印表單、資料匯出、資料匯入、系統管理。

由於資訊系統的建構所費不貲，因此除大型企業如長榮國際物流、中非行國際物流公司及國際級的ISP業者有能力自己投資開發者外，台灣一般業者都無力也不願做這方面的投資。政府有鑑於這個方面的重要性，因此經濟部商業司自民國92年度起開始推動「全球商業鏈整合及物流e計劃」，主要目的即在輔導物流業者建立資訊化、電子化能力。國內已有業者在政府獎勵資助之下，開發共用平台（collaboration platform），使物流產業達到「提高資訊效率」、「提高貨物能見度」、「提高物流服務附加價值」、「降低企業營運成本」等目標[1]，這確實是政府可以輔導和協助業者之處。

資訊科技對現代物流的重要性在於將貨物相關信息即時的掌控並適時提供予決策者參考，如將物流主要因素歸納爲倉儲、運輸及配送的話，則資訊科技扮演的是串聯的功能，以圖12-2表示之：

資訊科技
- 運輸（國際、國內運輸）
- 倉儲
- 配送

圖12-2　資訊科技連結物流要素

上圖顯示在物流的三大要素之下，不論是哪一個部分，都要藉資訊科技予以串聯起來。資訊科技的應用與否可說是現代物流與傳統物流的分

1 經濟部商業司，「物流e化營運模式研究報告」，杜紫軍司長序言，民國93年12月。

野，若不具備此能力，將無法參與國際級的大客戶（global account）的運務。舉某即將來台灣設點的國際服飾連鎖店爲例，由於其所銷售之服裝項目成千上萬。因此在評估配合之物流廠商時，資訊系統便是關鍵因素。因此具備資訊系統是現代物流業者必備的條件，業者必須在這方面加強投資。

四、公會功能的加強

台北市海運承攬運送商業同業公會（以下稱海攬公會）的概況已經說明，此處不再贅述。成立公會的目的是以集體力量，替會員公司共謀福利。不過本公會除在教育訓練方面辦得有聲有色，確實有助於提升產業形象和水準外，其他方面則可以再加強。以下從兩方面來探討這個問題。

1.問題所在

海運承攬運送業依法須加入海攬公會，是強迫性的。很多會員在加入之後，除繳交會費之外，對公會運作大多漠不關心。事實上，公會應該有更積極的作爲，替會員拓展更大生存空間。欲達成此一目標，會員必須關心會務。除了參與例行的研討會和教育訓練之外，也可定時提出建議。而理監事會和理事長是制定和執行公會決策的重要組織，因此在每三年一次的選舉時，會員公司應藉此機會，審慎投票選出有能力有熱忱的會員代表組成理監事會，替產業服務。有了強而有力的執行單位之後，公會功能才會彰顯。如果會員公司不關心的話，公會很容易淪爲有心人的工具，後面所提的建議恐也不容易達成了。

2.建議

除在台灣繼續推動修法和改善業者經營環境的努力之外，在和大陸往來方面尤其須加倍努力。在此建議加強和北京中國貨代協會的交流，北京中國貨代協會是中國大陸貨代協會的龍頭，它和台北市海攬公會同屬FIATA會員。因此相互往來，順理成章。台灣業者多數在大陸設立據點或至少有商業往來，因此建立和北京中國貨代協會的對話，對台北市海攬公會會員公司而言非常重要。具體建議如下：

(1)讓台商的大陸分公司可以加入爲北京中國貨代協會或各省級協會爲會員，受其保護。

(2)承認台北市海攬公會FIATA教育訓練和其他訓練證照的有效性。

(3)促請中國貨代協會協助台灣業者在中國大陸的發展和兩岸業者的合作。台灣業者的國際網絡和經驗可以彌補大陸業者之不足；而大陸的市場潛力，也是台灣業者所最需要的。因此兩岸環境各有優缺點，可以互補，相互合作。

問題與討論

1. 本地海運承攬運送業給外界印象不佳，原因爲何？
2. 海運承攬運送業者之間如何加強合作？
3. 海運承攬運送業者如何提供具有附加價值的服務？其利益爲何？
4. 海運承攬運送業者的資訊服務平台如何建構？對業者的重要性爲何？
5. 台北市海運承攬運送商業同業公會應如何替會員維護和創造利益？而會員應如何督促公會？
6. 台北市海運承攬運送商業同業公會要如何加強和中國貨代協會的合作？

附錄一

FIATA教育訓練科目表（90小時）

項次	科目	課程內容	講師
1	國際貨物運輸概論與承攬運送業入門	一、FIATA組織介紹 二、IOFFLAT組織介紹 三、承攬運送業之經營	涂鄂良
2	複式運送	複式運送、文件及海空聯運	曾俊鵬
3	航政法規	一、航業法 二、承攬運送業管理規則	包嘉源
4 5	非貨櫃貨物運輸	一、貨輪種類 二、船舶特性 三、與船舶有關之國際組織 四、非貨櫃貨輪裝卸作業 五、租船合約	朱自忠
6	各航線介紹與研討	各航線介紹—歐洲及亞洲航線	曾俊鵬
7 8	國際貿易	一、國際貿易的物流工具 二、INCOTERMS2000（國際條規）解說 三、有關交貨條件之約定 四、有關風險之辨識及管理	盧永翠
9	進口、出口及轉口之實務	一、間接貿易的定義、沿革、類型 二、三角貿易之處理，風險與其風險之迴避 三、大陸出口台灣押匯	謝明均
10 11	航空貨物運輸實務	一、航空運輸相關組織及行業 二、航空貨運的單位裝載用具，航空費率計算基準 三、貨物交運應注意事項 四、海空聯運	張永芳
12	財稅分析與稅務管理	一、損益表、資產負債表對企業營運績效之檢視 二、合法節稅之技巧	羅幼明
13 14	信用狀統一慣例及出口押匯	一、出口押匯意義及其法律性質 二、出口押匯處理流程 三、擔保提貨處理手續 四、UCP 500與FIATA FBL	楊安和

項次	科目	課程內容	講師
15	倉儲運作與貨櫃化貨物操作實務(I)	一、貨櫃集散站運作 二、貨櫃化貨物操作 三、如何減少貨損	陳文光
16 17	貨運承攬人的運送責任保險	一、海上貨物保險特質簡介 二、保險承保範圍與內容規劃 三、損害防阻與索賠要領 四、部分海損/共同海損	曾文瑞
18	倉儲運作與貨櫃化貨物操作實務(II)	一、貨櫃集散站運作 二、貨櫃化貨物操作 三、如何減少貨損	陳文光
19 20 21	國際貨物運輸責任及索賠	一、運送人責任 二、貿易糾紛之預防與解決	張天欽
22 23	危險品的海上運輸規則	危險品交運規則	賴銘圳
24 25	海運提單及其他載貨證券憑證	STANDARD TRADING CONDITION 海運提單文件	陳文雄
26 27	進口、出口及轉口之通關實務	一、出口報關及裝船 二、進口報關及提貨 三、出口商、船公司、報關行、海關、港務局相互關係 四、一般進出口貿易程序 五、其他進出口貿易程序 六、有關貿易管制及相關機構	陳順利
28	資訊技術運用	一、電腦概念及運用 二、電子資料交換(EDI)及加值網路(VAN)	廖克偉
29	國際鐵路／公路／水路貨物運輸實務	一、國際鐵、公路運輸簡介 二、國際水道	簡榮芳
30	國際物流管理及全球運籌	一、物流的定義、領域、機能 二、國際物流的趨勢 三、國際物流管理之內容與效益	陳文雄

附錄二

新進OP人員在職訓練班課程表（30小時）

週數	時數	科目	講師
第一週	2小時	海運承攬、物流概念、管理規則及FIATA介紹	涂鄂良
	2小時	OP文件實務作業	郭玉蘭
	2小時	OP文件實務作業	郭玉蘭
第二週	2小時	基礎國際貿易	楊安和
	2小時	歐洲線介紹	葉建明
	2小時	歐洲線介紹	葉建明
第三週	2小時	相關法令概論	張天欽
	2小時	複合運送及FORWARDER提單之探討	曾俊鵬
	2小時	複合運送及FORWARDER提單之探討	曾俊鵬
第四週	2小時	報關實務	黃偉豪
	2小時	亞洲線介紹	張宗仁
	2小時	亞洲線介紹	張宗仁
第五週	2小時	貨櫃集散站作業簡介	陳文光
	2小時	美國線介紹	羅子能
	2小時	美國線介紹	羅子能

附錄三

海運承攬運送業基礎訓練班課程表

週數	日期	時間	星期	時數	科目	講師
第一週	3月6日	18:30～21:30	五	3小時	海運承攬運送業概論	包嘉源
	3月7日	9:00～12:00	六（上午）	3小時	空運實務概論	范建武
		13:00～17:00	六（下午）	4小時	海運實務概論	曾俊鵬
第二週	3月13日	18:30～21:30	五	3小時	文件作業實務	郭玉蘭
	3月14日	9:30～12:30	六（上午）	3小時	貨櫃集散站作業簡介	李世久
		13:00～17:00	六（下午）	4小時	航空物流概論與運送責任	李彌
第三週	3月20日	18:30～21:30	五	3小時	國貿實務	謝宗興
	3月21日	9:30～12:30	六（上午）	3小時	海攬業責任保險貨損及理賠	唐傳宗
		13:00～17:00	六（下午）	4小時	海商法概論與案例研討	曾文瑞
第四週	3月27日	18:30～21:30	五	3小時	報關實務	林添財
第五週	3月30日	19:00～21:00	一（晚上）	2小時	考試	

備註：1.上課地點：本會教室

2.地址：台北市中山區建國北路二段90號7樓

3.此課程表授課內容、日期不變，但老師授課順序，若有更動再另行通知。

附錄四

海運承攬運送業基礎訓練班（南部班）課程表（34小時含考試）

時數	科目	講師
3小時	海運承攬運送業概論	曾俊鵬董事長 （崴航國際公司）
4小時	海運實務概論及國際主要航線簡介	曾俊鵬
3小時	海運文件作業實務	高美如經理 （沛華實業公司）
3小時	國際貿易與物流實務	程傳興總經理 （高歐國際公司）
3小時	海運貨物運價與計算	蔡雲陽經理 （沛榮國際有限公司）
3小時	空運貨運作業實務	鄭豐堯理事長（高雄航空貨運承攬公會）
3小時	貨櫃集散站作業實務	陳文光董事長 （中央貨櫃倉儲公司）
3小時	海攬業責任保險及理賠	唐傳宗襄理 （富邦產物保險公司海上保險部）
4小時	海上貨物運送契約與法律概論與案例研討	李念國律師 （約瑟爵濱法律事務所）
3小時	報關實務	馬碧蓮經理 （百立報關行）
2小時	考試	

備註：上課地點：國立高雄海洋科技大學航運管理系

附錄五

《國際海運危險貨物規則》課程表
IMDG Code(International Maritime Dangerous Goods Code)

課目 Training Course	單位 Dept.	講師姓名 Instructor	備註 Remark
開訓			
➢Role and Responsibility of the Parties in the Dangerous Goods Transport Chain ➢Legislation/Regulations applies to the carriage of dangerous goods by sea ➢Layout and Construction of the IMDG Code ➢Training Requirements of shore-based personnel	IOFFLAT	卓順德船長	
➢Classification system of Dangerous Goods（危險貨物的分類）	IOFFLAT	卓順德船長	
➢Packing Of Dangerous Goods（危險貨物的包裝）	IOFFLAT	陳栢宏船長	
➢Marking, Labelling and Placarding（危險貨物的標記、標示、標誌）	IOFFLAT	卓順德船長	

附錄六

籌設申請書

海運承攬運送業籌設申請書

公司名稱	中文				
	英文				
設立地點					
資本額		電話		預定成立日期	
全體股東或發起人	姓名	身分證字號	出資額	重要經歷	
附件	1.有限公司全體股東身分證明影本，或股份有限公司發起人身分證明影本。 2.營業計劃書：包括記載資金運用、營業計畫、營業收支預估。 3.新籌設公司為公司章程草案；既成公司為公司章程修正草案。 4.既成公司申請者應加附公司主管機關核准函及登記事項表、商業登記核准函、股份有限公司之股東會議事錄或有限公司之股東同意書。 ※請送申請書（欄位不足可浮貼）及附件各二份。				
申請人（簽章）地址					
代理人					

受文者：基隆港務局　　　　年　　月　　日

基隆市中正路1號3樓

附錄七

裝櫃配櫃單

作業：　　　　　　　　**裝 櫃 配 櫃 單**　　　　　　　　頁次：
　　　　　　　　　　　　　　　　　　　　　　　　　　　日期：

順序：　　　　　　　　卸貨港：　　　　　　　　目的地：

船名：　　　　　　　　裝載條件：　　　　　　　貨櫃呎吋：

航次：　　　　　　　　貨櫃號碼：　　　　　　　封條號碼：

裝貨單 (S/O)	註記 或 裝櫃記錄	裝櫃件數	(進倉/未裝) (件數)	重量	材數	備註

總計
空櫃重
總重

```
+---------]---------]---------]---------]---------]---------+
|                                                           |
|                                                           /
|                                                           門
|                                                           \
|                                                           |
+---------]---------]---------]---------]---------]---------+
         10        20        30        40        50        60
```

日期：
時間 起：
　　 迄：
天氣：晴 雨 陰
裝卸工人：

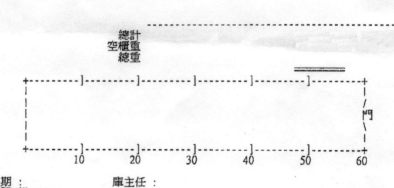

庫主任：
堆高機：
理貨員：

附錄八

EIR

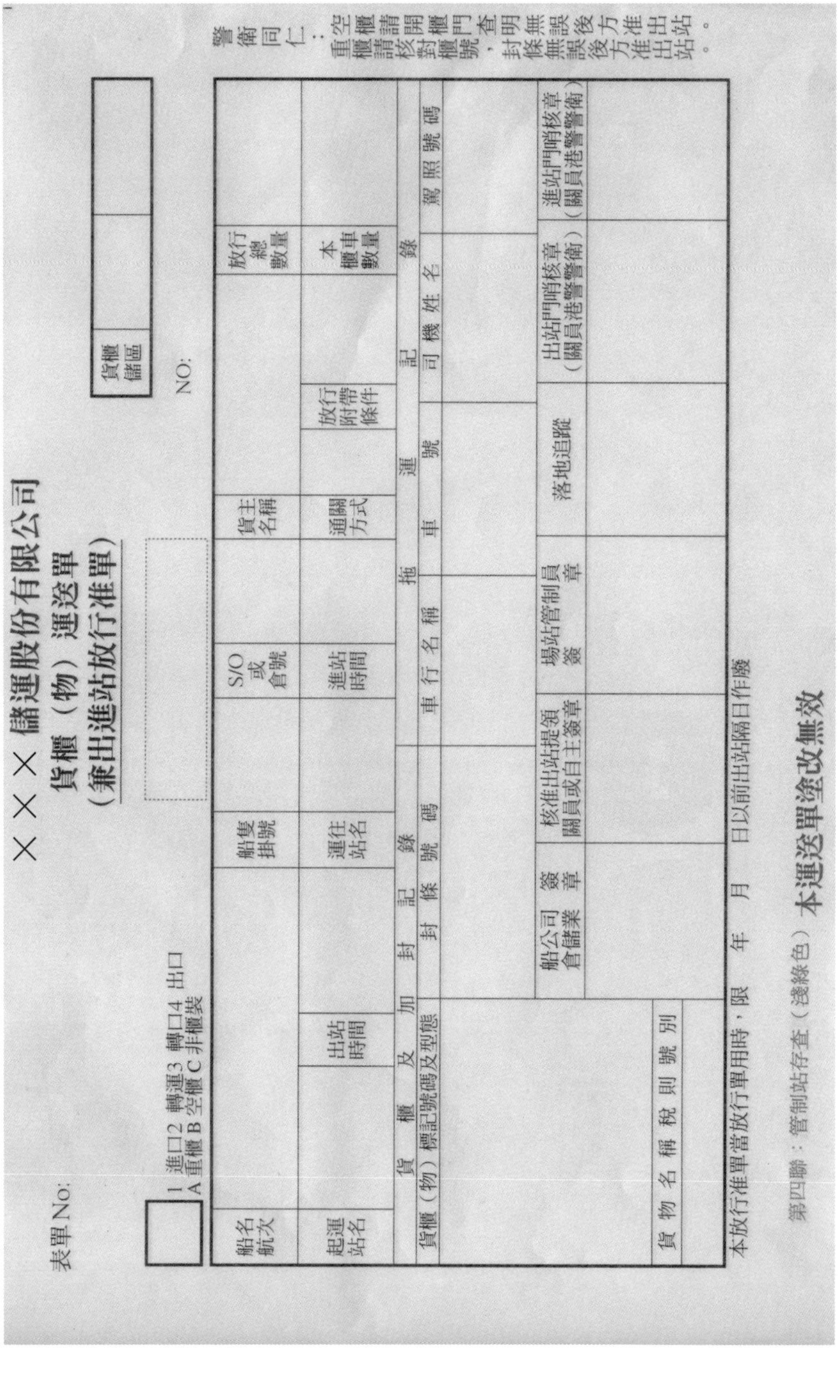

××× 儲運股份有限公司

貨櫃（物）運送單

（兼出進站放行准單）

表單No:

貨櫃儲區		

1 進口2 轉運3 轉口4 出口
A 重櫃 B 空櫃 C 非櫃裝

NO:

船名航次				船隻掛號		S/O或倉號		貨主名稱		放行總數量	
起運站名		出站時間		運往站名		進站時間		通關方式	放行附帶條件	本櫃車數量	

貨櫃及加封記錄		拖運記錄			
貨櫃（物）標記號碼及型態	封條號碼	車行名稱	車號	司機姓名	駕照號碼

船公司倉儲業簽章	核准出站提領關員或自主簽章	場站管制員簽章	落地追蹤	出站門哨核章（關員港警警衛）	進站門哨核章（關員港警警衛）

貨物名稱稅則號別

本放行准單當放行單用時，限　年　月　日以前出站隔日作廢

警衛同仁：空櫃請開櫃門查明無誤後方准出站。重櫃請核對櫃號，封條無誤後方准出站。

第四聯：管制站存查（淺綠色）**本運送單塗改無效**

附錄九

裝櫃清單

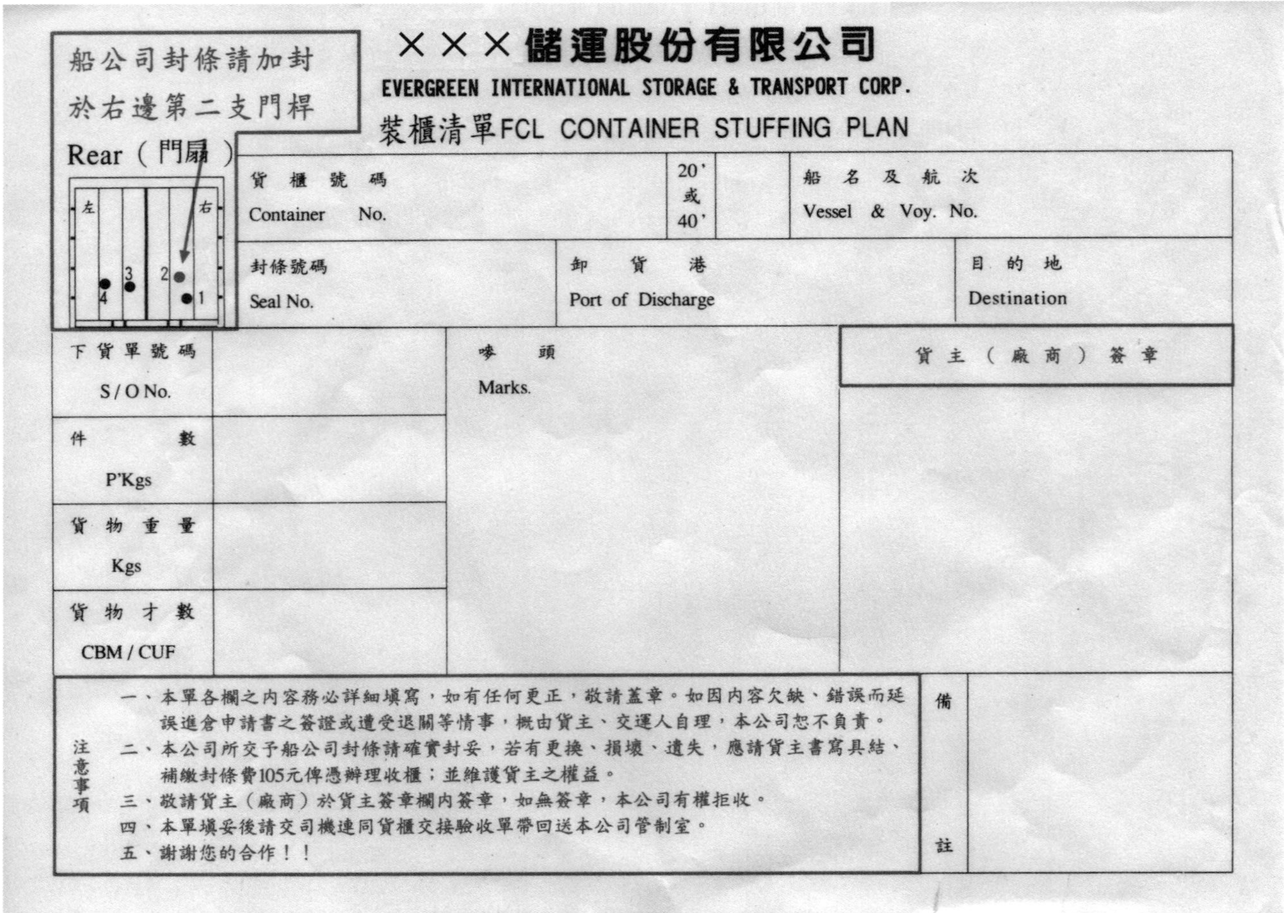

船公司封條請加封
於右邊第二支門桿
Rear（門扇）

×××儲運股份有限公司
EVERGREEN INTERNATIONAL STORAGE & TRANSPORT CORP.
裝櫃清單FCL CONTAINER STUFFING PLAN

貨櫃號碼 Container No.	20' 或 40'		船名及航次 Vessel & Voy. No.
封條號碼 Seal No.	卸貨港 Port of Discharge		目的地 Destination

下貨單號碼 S/O No.		嘜頭 Marks.	貨主（廠商）簽章
件數 P'Kgs			
貨物重量 Kgs			
貨物才數 CBM / CUF			

注意事項
一、本單各欄之內容務必詳細塡寫，如有任何更正，敬請蓋章。如因內容欠缺、錯誤而延誤進倉申請書之簽證或遭受退關等情事，概由貨主、交運人自理，本公司恕不負責。
二、本公司所交予船公司封條請確實封妥，若有更換、損壞、遺失，應請貨主書寫具結、補繳封條費105元俾憑辦理收櫃；並維護貨主之權益。
三、敬請貨主（廠商）於貨主簽章欄內簽章，如無簽章，本公司有權拒收。
四、本單塡妥後請交司機連同貨櫃交接驗收單帶回送本公司管制室。
五、謝謝您的合作！！

備註

附錄十

貨物進倉申請

××××國際儲運股份有限公司

簡5259　**海運出口貨物進倉證明書**　日期：

裝貨單號碼 S/O#：	報關行　電話	嘜頭：
船名航次：	船隻掛號：	
目的地：	貨主　電話	貨名：
貨櫃號碼／件數及單位（包裝說明）／重量噸／請註明船隻掛號		

簽證核章：（上列貨櫃確以進站）	彙總件數	彙總櫃數	完成簽章時間
		40'X 20'X	

一、左列資料係由報關行填報，若有錯誤，概由報關行自行負責。
二、本證明書僅證明所證貨櫃確已進儲本場及供投單之用。
第一聯：（白）簽證留底　第二聯：（淺綠）出口文件用

附錄十一

海運承攬運送人之提單

KING FREIGHT INTERNATIONAL CORP.

BILL OF LADING

Shipper/Exporter

崴航國際股份有限公司
台北市南京東路二段137號11樓
許可證號碼：海攬（基）字第伍壹伍號

S/O No./Ref. No.

B/L No.

Consignee

Forwarding Agent- References

Notify Party (complete name and address)

Point and Country of Origin (for the Merchant's reference only)

Onward Inland Routing/Export instructions (for the Merchant's reference only)

Place of Receipt/Date | Port of Loading

Ocean Vessel | Voy. No.

Port of Discharge | Place of Delivery

In Witness Whereof, the undersigned, on behalf of King Freight International Corp. Has signed the number of Bill(s) of Lading stated below, all of this tenor and date, one of which being accomplished, the others to stand void.

Particulars furnished by the Merchant

Marks & Nos / Container No. / Seal No.	Quantity And Kind of Packages	Description of Goods	Measurement (M³) Gross Weight (KGS)

TOTAL NUMBER OF CONTAINERS OR PACKAGES (IN WORDS)

ORIGINAL

FREIGHT & CHARGES	Revenue Tons	Rate	Per	Prepaid	Collect

SERVICE TYPE

Number of Original B(s)/L

Place of B(s)/L Issue/Date

Laden on Board the Vessel

KING FREIGHT INTERNATIONAL CORP.

By

AS CARRIER

(TERMS OF BILL OF LADING CONTINUED FROM BACK HEREOF)

RECEIVED by the Carrier from the Merchant in apparent good order and condition unless otherwise indicated herein, the Goods, or the Container(s) or other package(s) or unit(s) said by the Merchant to contain the cargo herein mentioned, to be carried subject to all the terms and conditions provided for on the face and back of this Bill of Lading and Carrier's Tariff rules and regulations by the vessel named herein or any substitute at the Carrier's option and/or other means of transport, including the use of feeder ships, barges, trucks or rail cars, from the place of receipt or the loading port to the port of discharge or place of delivery shown herein and there to be delivered unto order or assigns.

If required by the Carrier, this Bill of Lading duly endorsed must be surrendered in exchange for the Goods or Delivery Order.

In accepting this Bill of Lading, the Merchant agrees to be bound by all the stipulations, exceptions, terms and conditions on the face and back of this Bill of Lading whether written, typed, stamped, printed or otherwise, and as well, to be bound by the Carrier's Tariff rules and regulations which are deemed incorporated herein, all of which supersede all previous agreements, including booking notes, dock and mate's receipts and like, any local customs or privileges to the contrary notwithstanding. The terms of this Bill of Lading shall be separable and if any part or term hereof is invalid or unenforceable, the validity and enforceability of any other part or term shall not be affected.

Agents signing this Bill of Lading on behalf of the Carrier have only the limited authority at common law of a vessel's master signing a Bill of Lading.

An endorsement on this Bill of Lading that the Goods are "On Board" shall mean that the Goods are loaded on board the ocean vessel named in this Bill of Lading, or loaded on board rail cars, trucks, lorries, feeder ships, barges, or other means of transportation and are in the custody of an Inland or ocean Carrier for Through Transportation in accordance with the terms of this Bill of Lading.

1. **Definitions.**
   (1) "Carrier" means the party on whose behalf this Bill of Lading has been signed, as well as the Ship and/or her Owner, demise charterer (if bound hereby), the time charterer and any substituted or Underlying Carrier whether any of them is acting as Carrier or bailee.
   (2) "Container" includes any ISO standard container, trailer, transportable tank, flat rack and/or other item of transportation equipment in conformance with ISO standards.
   (3) "Goods" means the cargo accepted from the Merchant and includes any Container whether supplied by or on behalf of the Carrier or by the Merchant.
   (4) "Hague Rules" as used herein refers to the provisions of the International Convention for the Unification of Certain Rules Relating to Bills of Lading signed at Brussels on 25th August 1924 and includes any amendments thereto including the Hague Visby Amendments, 1968, and in regard to ocean carriage to or from the United States shall mean the United States Carriage of Goods by Sea Act approved 16th April 1936 (hereinafter COGSA).
   (5) "Holder" means any person for the time being in possession of this Bill of Lading to whom the property in the Goods has passed on or by reason of the consignment of the Goods or the endorsement of this Bill of Lading or otherwise.
   (6) "Merchant" includes the shipper, Holder, consignee, the receiver of the Goods, any person owning or entitled to the possession of the Goods or this Bill of Lading and anyone acting on behalf of any such persons.
   (7) "Ship" shall include the vessel named in this Bill of Lading, any substituted vessel or feeder vessels, and any vessel, craft, lighter or other means of conveyance whatsoever owned, chartered, operated or controlled and used by the Carrier in the performance of this contract.
   (8) "Through Bill of Lading" as used herein refers to this contract of carriage when it covers the carriage of the Goods from the place of receipt from the Merchant to the place of delivery to the Merchant by the Carrier plus one or more Underlying Carriers.
   (9) "Through Transportation" means carriage of the Goods under this Bill of Lading from place of receipt from Merchant to place of delivery to Merchant by the Carrier plus one or more Underlying Carriers.
   (10) "Underlying Carrier" includes any water, rail, motor, air or other carrier utilized by the Carrier for any part of the transportation of the shipment covered by this Through Bill of Lading.

2. **Carrier's Tariff.**
   The terms of the Carrier's applicable Tariff are incorporated herein. Copies of the relevant provisions of the applicable Tariff are obtainable from the Carrier upon request. In the case of inconsistency between this Bill of Lading and the applicable Tariff, this Bill of Lading shall prevail.

3. **Merchant's Warranty.**
   The Merchant warrants that in agreeing to the terms hereof he is, or has the authority of, the person owning or entitled to the possession of the Goods and this Bill of Lading.

4. **Sub-Contracting.**
   (1) The Carrier shall be entitled to sub-contract on any terms the whole or any part of the carriage, loading, unloading, storing, warehousing, handling and any and all duties whatsoever undertaken by the Carrier in relation to the Goods.
   (2) In contracting for the following exemptions and limitation of and exoneration from liability, the Carrier is acting as agent and trustee for all other persons named in this clause. It is understood and agreed that, other than the Carrier, no person, firm or corporation or other legal entity whatsoever (including the Master, officers and crew of the vessel, all agents and all terminal operators, stevedores and all other independent contractors whatsoever) is, or shall be deemed to be liable with respect to the Goods as carrier, bailee or other howsoever. If, however, it shall be adjudged that any other than the Carrier is carrier or bailee of the Goods or under any responsibility with respect thereto, all exemptions and limitations of and exoneration from liability provided by law or by terms hereof shall be available to such other. It is also agreed that each of these persons and companies referred to above are intended beneficiaries, but nothing herein contained shall be construed to limit or to relieve them from liability to the Carrier for acts arising or resulting from their fault or neglect.
   (3) The expression "sub-contractor" in this clause shall include direct and indirect sub-contractors and their respective servants and agents.

5. **Clause Paramount and Responsibility of Carrier.**
   (A) Clause Paramount - as far as this Bill of Lading covers the carriage of Goods by water either by the Carrier or any Underlying Carrier, the contract evidenced in this Bill of Lading shall have effect subject to the Hague Rules, as defined above, if and as enacted in the country of shipment, and any legislation making those Rules compulsorily applicable to this Bill of Lading including COGSA, which Act shall be deemed incorporated herein and made a part of this Bill of Lading Contract and nothing herein contained shall be deemed a surrender by the Carrier of any of its rights and immunities or any increase of any of its responsibilities under said Act. Notwithstanding any Clause to the contrary contained herein, if the carriage called for in this Bill of Lading is a shipment to or from the United States, the liability of the Carrier shall be exclusively determined pursuant to COGSA. The provisions cited in the Hague Rules and COGSA (except as may be otherwise specifically provided herein) shall also govern before the Goods are loaded on and after they are discharged from the ship provided, however, that the Goods at said times are in the actual custody of the Carrier or any Sub-contractor. When no such enactment is in force in the country of shipment, the Hague Rules will apply. If any terms of this Bill of Lading are repugnant to the Hague Rules or any other compulsorily applicable International Convention or National Law which cannot be departed from by private contract, then such provision shall be null and void to the extent of such invalidity without invalidating the remaining provisions hereof. The Carrier shall not be liable in any capacity whatsoever for any delay, non-delivery or misdelivery, or loss of or damage to the Goods howsoever caused occurring while the Goods are not in the actual custody of the Carrier.
   (B) Responsibility for Port to Port Shipments. Where loss or damage has occurred between the time of receipt of the Goods by the Carrier at the port of loading and the time of delivery by the Carrier at the port of discharge, or during any prior or subsequent period of carriage by Underlying Carriers, the liability of the Carrier shall be determined in accordance with the appropriate Hague Rules Legislation as provided in the provisions of Clause 5A above of this Bill of lading.
   (C) Responsibility for Through Transportation. Where the place of receipt or place of delivery as set forth herein are inland points or ports not directly served by the Carrier the responsibility of the Carrier with respect to the Through Transportation of the Goods shall be as follows:
      (1) With respect to Through Transportation from, to or within the United States where the Goods are in the custody of a Sub-contractor such Through Transportation will be governed by the provisions of Clause 5B above.
      (2) In the event Clause 5B is held inapplicable to such Through Transportation from, to or within the United States then Carrier's liability will be governed by and subject to the terms and conditions of the Underlying Carrier's Bill of Lading and/or the ICC Uniform Bill of Lading together with the Underlying Carriers Tariff which shall be incorporated herein as if set forth at length. Notwithstanding the foregoing, in the event there is a private contract of carriage between the Carrier and an Underlying Carrier such Through Transportation will be governed by the terms and conditions of said contract which shall be incorporated herein as if set forth at length and copies of said contract(s) shall be available to the Merchant at any office of the Carrier upon request.
      (3) With respect to road carriage between countries in Europe according to the Convention on the Contract for the International Carriage of Goods by Road (CMR), dated May 19, 1956, and during rail carriage between countries in Europe according to the International Agreement on Railway Transports (CIM) dated February 25, 1961.
      (4) With respect to rail or road carriage within a European country then according to the internal law of such state and/or any International Convention which is compulsorily applicable by the laws of such state. In the absence of such laws or conventions then according to the Underlying Carriers contracts of carriage and tariffs, if any. Notwithstanding the above provision, road carriage in the United Kingdom according to the Conditions of Carriage 1998 of Road Haulage Association Limited.
      (5) With respect to carriage by road in Japan, according to the Standard Japanese Road Transportation Clauses (SJRTC). With respect to carriage by rail in Japan, according to the Japanese Railway Transportation Business Law and Ministerial Ordinance for Railway Transportation.
      (6) With respect to inland transportation of the Goods other than as provided in subparagraphs (1) through (5) supra, then according to the provisions of any International Convention or National Law which is compulsorily applicable in the country where the inland transportation took place or, if no such law or convention is applicable, then according to the Sub-contractor's tariff or any contract existing between the Sub-contractor and the Carrier.
   (D) Unknown Liability. When it cannot be established in whose custody the Goods were when the loss or damage occurred, it shall be conclusively presumed to have occurred during sea carriage and any liability therefore shall be governed as provided in Clause 5(B) hereof.
   (E) Extent of Liability for Through Transportation. In any event, the liability of the Carrier shall under no circumstances whatsoever be greater than that of the Sub-contractor under said Sub-contractors' contract with the Carrier, and the Carrier shall be entitled to all the rights, defenses, limitations and exemptions from liability contained therein.
   (F) Subrogation. When any claims are paid to the Merchant by the Carrier, the Carrier shall be automatically subrogated to all rights of the Merchant against all others, including Underlying Carrier's, on account of such loss or damage.

6. **General Limitations.**
   (1) The Carrier does not undertake that the Goods shall arrive at the port of discharge or place of delivery at any particular time or to meet any particular market or use and save as provided in Clause 5 the Carrier shall in no circumstances be liable for any indirect or consequential loss or damage caused by delay.
   (2) Save as otherwise provided herein, the Carrier shall in no circumstances be liable for direct or indirect or consequential loss or damage arising from any other cause.
   (3) The Carrier shall be entitled to the full benefit of all rights and immunities and all limitations of, or exemptions from, liability provided in the London Convention of 1976. Notwithstanding the foregoing, if local law makes the Brussels Convention of 1957 mandatorily applicable, then said latter Act will be applicable under this Bill of Lading. The Carrier shall also be entitled to the full benefit of all rights and immunities and all limitations of, or exemptions from liability contained in any national law of any nation whose laws shall be applicable.
   (4) Without waiver or limitation of any exemption from or limitation of liability afforded by law or by this Bill of Lading and pursuant to the United States Fire Statute, 46 U.S.C., Sec. 182, neither Carrier nor any corporation owned by, subsidiary to, or associated or affiliated with Carrier shall be liable for any loss or damage whensoever and whensoever occurring by reason of any fire whatsoever, including that occurring before loading on or after discharge from the Ship or while the Goods are in the custody of an Underlying Carrier, unless such fire shall have been caused by the design or neglect or by the actual fault or privity of Carrier of such corporation, respectively. In any situation where such exemption from liability may not be permitted by law neither Carrier nor such corporation shall be liable for any such loss or damage by fire unless caused by negligence, including that imposed by law, for which Carrier or such corporation is liable, respectively.

7. **Amount of Compensation and Limitation of Liability.**
   (1) All claims for which the Carrier may be liable shall be adjusted and settled on the basis of the net invoice value of the Goods plus freight and insurance. Notwithstanding the foregoing it is agreed that in no event shall this clause operate to increase the extent of the Carrier's liability beyond the applicable market value at the port of discharge or place of delivery, if that be less than the net invoice value plus freight and insurance. In no event shall the Carrier be liable for any loss of profit or any consequential loss.
   (2) Subject to the Hague Rules contained in the International Convention for the Unification of Certain Rules Relating to Bill of Loading dated 25 August, 1924 and any legislation making those rules compulsorily applicable to this Bill of Loading including COGSA which is compulsorily applicable to all shipments to or from the United States, the Carrier shall in no event be or become liable for any loss or damage to or in connection with the Goods in an amount exceeding the limit of U.S. Dollar $ 500 per packages, per customary freight unit, or, if such limitation is inapplicable under local law, the applicable Hague Rules limitation amount in the country in which the action is brought, unless the nature and value of such Goods have been declared by the Merchant before shipment and agreed to by the Carrier and inserted in this Bill of Loading and the applicable ad valorem freight rate, as set out in the Carrier's Tariff, is paid. Where the Goods have been either been packaged into Container(s) or unitized into similar article(s) of transport such as vans, trailers, portable tanks, palletized units or other such articles, by or on behalf of the Merchant, it is expressly agreed that the number of such Container(s) or similar articles(s) of transport shown on the face hereof shall be considered as the number or package(s) or unit(s) for purposes of the application of the Limitation of Liability provided herein.
   (3) If the actual value of the Goods per package or per customary freight unit exceeds such declared value, the value shall nevertheless be deemed to be the declared value. Any partial loss or damage shall be adjusted pro rata on the basis of such declared value. In any case, if the declared value is higher than the actual value, the Carrier shall in no event be liable to pay compensation higher than the net invoice value of the Goods plus freight and insurance.

8. **Notice of Claim and Time for Suit.** Unless notice of loss or damage and a general nature of such loss or damage be given in writing to the Carrier at the port of discharge or place of delivery before or at the time of delivery of the Goods, or, if the loss or damage be not apparent, within three consecutive days after delivery, the Goods shall be deemed to have been delivered as described in this Bill of Lading. In any event, except as provided in the next sentence, the Carrier shall be discharged from all liability in respect of non-delivery, mis-delivery, delay, loss or damage unless suit is brought within one year after delivery of the Goods or the date when the Goods should have been delivered. Where the damage occurs in the custody of the Underlying Carrier during Through Transportation, the Carrier and the Underlying Carrier shall be discharged from all liability in respect of non-delivery, mis-delivery, delay, loss or damage unless notice of claim is filed and suit is brought within the time periods prescribed by the local laws set forth in Clause 5 (C) (1) - 5 (C) (6) of this Through Bill of Lading.

9. **Defence and Limits for the Carrier.** The defence and limits of liability provided for in this Bill of Lading shall apply in any action against the Carrier for loss or damage to the Goods whether the action be founded in contract or in tort.

10. **Shipper-Packed Containers.** If a Container has not been filled, packed, stuffed or loaded by the Carrier, the Carrier shall not be liable for loss or damage to the contents and the Merchant shall indemnify the Carrier against any loss, damage, liability or expense incurred by the Carrier, if such loss, damage, liability or expense has been caused by:- (a) the manner in which the Container has been filled, packed, stuffed or loaded; or (b) the unsuitability of the contents for carriage in Containers; or (c) the unsuitability or defective condition of the Container arising without any want of due diligence on the part of the Carrier to make the Container reasonably fit for the purpose for which it is required; or (d) the unsuitability or defective condition of the Container which would have been apparent upon reasonable inspection by the Merchant at or prior to the time when the Container was filled, packed, stuffed or loaded, or (e) the discovery of any drugs, narcotics or other illegal substances within Containers packed by the Merchant or inside Goods supplied by the Merchant, and shall indemnify the Carrier in respect thereof. Where Containers are stuffed and sealed by the Merchant prior to delivery to and received by the Carriers, all statements on this Bill of Lading relating to the contents of the Containers, including marks and numbers, number and kind of packages, description, quantity, quality, weight, measure, nature, kind, value or any other particulars are furnished by the Merchant and have not been checked by the Carrier. The Carrier does not have facilities to weigh sealed Containers at the loading port and has neither inspected the contents of nor weighed the Containers. Any reference in this Bill of Lading to Shipped on Board or Clean on Board relates solely to the Containers and not to the contents thereof. This Bill of Lading shall be subject to Section 101 of the U.S. Federal Bills of Lading Act, 49 U.S.C. (The Pomerene Act) and it is agreed that the Carrier is entitled to that section's full protection for the entire period the Goods are in the custody of the Carrier including pre-loading and post-discharge periods.

11. **Inspection of Goods.** The Carrier shall be entitled, but under no obligation, to open any Container at any time and to inspect the contents. If it thereupon appears that the contents or any part thereof cannot safely or properly be carried further, either at all or without incurring any additional expense or taking any measures in relation to the Container or its contents or any part thereof, the Carrier may abandon the transportation thereof and/or take any measures and/or incur any reasonable additional expense to carry or to continue the carriage or to store the same ashore or afloat under cover or in the open at any place, which storage shall be deemed to constitute due delivery under this Bill of Lading. The Merchant shall indemnify the Carrier against any reasonable additional expense so incurred.

12. **Description of Goods.** Any statements on this Bill of Lading relating to marks and numbers, number and kind of packages, description, quantity, quality, weight, measure, nature, kind, value or other particulars of the contents of such Container(s) are as furnished by the Merchant and are unknown to the Carrier and the Carrier accepts no liability in respect thereof. The acknowledgement of the Carrier is confined to the number and apparent order and condition of the Container(s).

13. **Merchant's Responsibility.**
   (1) The Merchant warrants to the Carrier that the particulars relating to the Goods as set out overleaf have been checked by the Merchant on receipt of this Bill of Lading and that such particulars and any other particulars furnished by or on behalf of the Merchant are correct.
   (2) The Merchant shall indemnify the Carrier against all loss, damage and expenses arising or resulting from inaccuracies in or inadequacy of such particulars. The right of the Carrier to such indemnity shall in no way limit his responsibility and liability under this Bill of Lading to any person other than the Merchant.

14. **Freight and Charges.**
   (1) Freight shall be payable, at Carrier's option, on gross intake weight or measurement, or gross discharge weight or measurement, or ad valorem basis, or package or customary freight unit basis or any other applicable rate as set forth in Carrier's Tariff. Freight may be calculated on the basis of the description of the Goods furnished by the Merchant, but Carrier may at any time, weigh, measure and value the Goods and open packages or customary freight units to examine contents. In case the Merchant's description is found to be erroneous and additional freight is payable, the Merchant shall be liable for any additional freight and expense incurred in examining, weighing, measuring, fumigating and valuing the Goods.
   (2) Full freight to the port of discharge or in case of Through Transportation to place of delivery named herein and all advance charges against the Goods shall be considered completely earned on receipt of the Goods by the Carrier or Underlying Carrier as the case may be, whether the freight or charges be prepaid or be stated or intended to be prepaid or to be collected at port of discharge or destination or subsequently, and the Carrier shall be entitled absolutely, to all freight and charges, whether actually paid or not, and to receive and retain them under all circumstances whatever, the Ship and/or the Goods lost or not lost, or the voyage changed, broken up, frustrated or abandoned. Full freight shall be paid whether the Goods be damaged or lost, or packages or customary freight units be empty or partly empty.
   (3) All freight and charges shall be paid in full and without any offset, counterclaim or deduction, in the currency named in this Bill of Lading or, at the Carrier's option, in its equivalent in local currency at bank demand rates of exchange in New York as of the date payment of freight shall be due hereunder. Any error in freight or in charges or in the classification herein of the Goods is subject to correction, and if on correction, the freight or charges are higher, Carrier may collect the additional amount.
   (4) The Merchant of the Goods shall be jointly and severally liable to Carrier for the payment of all freight, Bunker Adjustment Factor (BAF), Currency Adjustment Factor (CAF), Terminal Handling Charge (THC), demurrage, detention, General Average, salvage and other charges, including but not limited to court costs, expenses and reasonable attorney's fees incurred in collecting sums due to the Carrier. Payment of ocean freight and charges to a freight forwarder, broker or anyone other than the Carrier, or its authorized agent, shall not be deemed payment to the Carrier and shall be made at payer's sole risk.

15. **Lien.** The Carrier shall have a lien on the Goods and any documents relating thereto for all sums payable to the Carrier under this Bill of Lading or any other contracts with the, Merchant and expenses incurred by the Carrier for the account of the Merchant and for General Average and Salvage contributions to whomsoever due and for the cost of recovering the same and for that purpose shall have the right in its absolute discretion to dispose of the Goods and/or to sell the Goods by public auction or private treaty without notice to the Merchant.

16. **Optional Stowage.**
   (1) The Goods may be stowed by the Carrier in Containers or similar articles of transport used to consolidate Goods.
   (2) Goods stowed in Containers whether by the Carrier or the Merchant, may be carried on or under deck without notice to the Merchant. Goods (other than live animals) stowed in any covered-in space or loaded in Container, van or trailer carried on deck shall be deemed to stow under deck for all purposes, including General Average and the United States Carriage of Goods by Sea Act, the Hague Rules or other compulsorily applicable legislation.

17. **Deck Cargo and Live Animals.** Goods which are stated herein to be carried on deck and Live Animals, whether or not carried on deck, are carried without responsibility on the part of the Carrier for loss or damage of whatsoever nature arising during carriage by sea whether caused by unseaworthiness or negligence or any other cause whatsoever.
   Live Animals are carried at the sole risk of the Merchant. The Carrier shall be under no liability whatsoever for any injury, illness, death, delay or destruction howsoever arising even though caused or contributed to by the act, negligence or default of the Carrier or by the unseaworthiness or unfitness of any vessel, craft, conveyance, Container or other place existing at any time. In the event of the Master, in his sole discretion, considering that any Live Animals is likely to be injurious to the health of any other Live Animals or any person on board or to cause the vessel to be delayed or impeded in the prosecution of the voyage, such Live Animals may be destroyed and thrown overboard without any liability attaching to the Carrier. The Merchant shall indemnify the Carrier against the cost of veterinary services on the voyage and of providing forage for any period during which the carriage is delayed for any reason whatsoever, and of complying with the regulations of any authority of any country whatsoever with regard to such Live Animals.

18. **Special Container.** (1) The Carrier shall not undertake to carry the Goods refrigerated, heated, insulated, ventilated or any other special Container(s) nor to carry special Container(s) packed by or on behalf of the Merchant, as such, but the Carrier will treat such Goods or Container(s) only as ordinary goods or dry Container(s) respectively, unless special arrangements for the carriage of such Goods or Container(s) have been agreed to in writing between the Carrier and the Merchant and unless such special arrangements are noted on the face of this Bill of Lading and all special freight, as required, has been paid. The Carrier shall not accept responsibility for the function of special Container(s) supplied by or on behalf of the Merchant. (2) As regards the Goods which have been agreed to be carried in special Container(s), the Carrier shall not be responsible for control and care of the refrigeration units of such Container(s) when the Containers are not in the actual possession of the Carrier. The Carrier does not warrant the refrigerating machinery and the Carrier shall not be liable for any loss of or damage to the Goods caused by latent defect in the refrigeration equipment. (3) If the Goods have been packed into refrigerated Container(s) by the Carrier and the particular temperature range requested by the Merchant is inserted in this Bill of Lading, the Carrier will set the thermostatic controls within the requested temperature range, and will exercise due diligence to maintain such temperature plus or minus 3°C. (4) If the cargo received by the Carrier is refrigerated Container(s) into which the contents have been packed by or on behalf of the Merchant, it is the obligation of the Merchant to stow the contents properly and set the thermostatic controls exactly. The Carrier shall not be liable for a loss of or damage to the Goods arising out of or resulting from the Merchant's failure in such obligation.

19. **Rust Condensation, etc.** It is agreed that superficial rust, oxidation or condensation inside the Container or any like condition due to moisture is not the responsibility of the Carrier, unless said condition arises out of Carrier's failure to provide a seaworthy Container to the Merchant prior to loading. If the Merchant requires special arrangements or care for the carriage of such Goods, he must request same in writing to the Carrier and said arrangements must be noted on the face of this Bill of Lading and all special freight, as required, must be paid by the Merchant.

20. **Methods and Routes of Transportation.**
   (1) The Carrier may at any time and without notice to the Merchant:- (a) use any means of transport or storage whatsoever; (b) transfer the Goods from one conveyance to another including trans-shipping or carrying the same on another vessel than the vessel named overleaf; (c) proceed by any route in his discretion (whether or not the nearest or most direct or customary or advertised route) and proceed to or stay at any place or port whatsoever once or more often and in any order; (d) load and unload the Goods at any place or port (whether or not any such port is named overleaf as the Port of Loading or Port of Discharge) and store the Goods at any such place or port; (e) comply with any orders or recommendations given by any government or authority or any person or body acting or purporting to act as or on behalf of such government or authority or having under the terms of the insurance on the conveyance employed by the Carrier the right to give orders or directions.
   (2) The liberties set out in sub-clause (1) may be invoked by the Carrier for any purpose whatsoever including undergoing repairs, towing or being towed, adjusting instruments, drydocking and assisting vessels in all situations, and anything done in accordance with sub-clause (1) or any delay arising therefrom shall be deemed to be within the contractual carriage and shall not be a deviation.

21. **Matters Affecting Performance.** If at any time the performance of the contract evidenced by this Bill of Lading is or is likely to be affected by any hindrance, risk, delay, difficulty or disadvantage of whatsoever kind which can not be avoided by the exercise of reasonable endeavours, the Carrier (whether or not the transport is commenced) may without notice to the Merchant treat the performance of this contract as terminated and place the Goods or any part of them at the Merchant's disposal at any place or port which the Carrier may deem safe and convenient, whereupon the responsibility of the Carrier in respect of such Goods shall cease. The Carrier shall nevertheless be entitled to full freight and charges on Goods received for transportation, and the Merchant shall pay any additional costs of carriage to and delivery and storage at such place or port.

22. **War Risk Expenses.** The Carrier may at any time and without prior notice to the Merchant impose surcharges to cover all extra expenses (including but not limited to extra insurance premiums and costs of diversion) incurred by the Carrier as a result of the outbreak of war, hostilities, war-like operations, civil war, civil commotion, blockade, piracy or revolution regardless of whether the Ship sailed or not sailed or is underway at the time the expenses are incurred.

23. **Dangerous Goods.**
   (1) The Merchant undertakes not to tender for transportation of any Goods which are of a dangerous, inflammable, radioactive, or damaging nature without previously giving written notice of their nature to the Carrier and marking the Goods and the Container or other covering on the outside as required by any laws or regulations which may be applicable during the carriage.
   (2) If the requirements of sub-clause (1) are not complied with, the Merchant shall indemnify the Carrier against all loss damage or expense arising out of the Goods being tendered for transportation or handled or carried by the Carrier.
   (3) Goods which are or at any time become dangerous, inflammable, radioactive or damaging may, at any time or place, be unloaded, destroyed, or rendered harmless without compensation, and if the Merchant has not given notice of their nature to the Carrier under (1) above, the Carrier shall be under no liability to make any General Average contribution in respect of such Goods.

24. **Regulations Relating to Goods.** The Merchant shall comply with all regulations or requirements of Customs, port and other authorities, and shall bear and pay all duties, taxes, fines, imposts, expenses or losses incurred or suffered by reason thereof or by reason of any illegal, incorrect or insufficient marking, numbering or addressing of the Goods, and indemnify the Carrier in respect thereof.

25. **Notification and Delivery.**
   (1) Any mention in this Bill of Lading of parties to be notified of the arrival of the Goods is solely for information of the Carrier, and failure to give such notification shall not involve the Carrier in any liability nor relieve the Merchant of any obligation hereunder.
   (2) The Merchant shall take delivery of the Goods within the time provided for in the Carrier's applicable Tariff, failing which the Merchant is liable to pay for the detention/demurrage charges at the rate stipulated in the Carrier's applicable Tariff.
   (3) If the Merchant fails to take delivery of the Goods or part of them upon expiration of the Tariff's prescribed free time, the Goods shall be deemed to have been delivered to the Merchant and the Carrier may with or without notice, but subject to its lien store or warehouse the unclaimed Goods at the sole risk and expense of the Merchant and the Carrier shall have a lien for all expenses incurred. Thereupon, the liability of Carrier in respect of the unclaimed Goods shall cease.
   (4) The Merchant's attention is drawn to the stipulations concerning free storage time and demurrage contained in the Carrier's applicable Tariff, which is incorporated in this Bill of Lading.

26. **Both-to-Blame Collision.** If the (carrying) Ship comes into collision with another ship as a result of the negligence of the other ship and any act, neglect or default in the navigation or the management of the carrying Ship, the Merchant undertakes to pay the Carrier or, where the Carrier is not the owner and in possession of the carrying Ship, to pay to the Carrier as trustee for the owner and/or demise charterer of the carrying Ship, a sum sufficient to indemnify the Carrier and/or the owner and/or demise charterer of the carrying Ship against all loss or liability to the other or non-carrying ship or her owners insofar as such loss or liability represents loss of or damage to, or any claim whatsoever of the Merchant, paid or payable by the other or non-carrying ship or her owners to the Merchant and set-off, recouped or recovered by the other or non-carrying ship or her owners as part of their claim against the carrying Ship or her owner or demise charterer or the Carrier. The foregoing provisions shall also apply where the owners, operators, or those in charge of any ship or ships or objects, other than, or in addition to, the colliding ships or objects, are at fault in respect to a collision, contact, stranding or other accident.

27. **General Average.** General Average shall be adjusted, stated and settled in London or any other place selected by the Carrier and according to the York/Antwerp Rules 1994 except Rule Paramount thereof and as to matters not provided for by those Rules, according to the laws and usages in London. The General Average Statement in every instance shall be prepared by Average Adjusters selected by the Carrier. In average adjustments, disbursements in foreign currency shall be exchanged into any currency at the Carrier's option at the rate prevailing at time of payment and allowances for damage to cargo claimed in foreign currency shall be converted at the rate prevailing on the last day of discharge at the port of final discharge of such damaged cargo. Average agreement or bond and such additional security as may be required by the Carrier, must be furnished before the delivery of the Goods. Such cash deposit, agreement or other security as the Carrier or its agents may consider requisite to cover the estimated contribution of the Goods and any salvage and special charges thereon shall be made by the Goods, or the Merchant(s) to the Carrier if required before delivery. Any deposits shall be payable at Carrier's option in the currency to be indicated on each occasion by the Carrier and be remitted to the Average Adjusters. Refunds of credit balance shall be paid in the same currency. It is understood that in every instance the Merchant shall remain responsible until the statement of average has been settled.
   In case of accident, danger, damage or disaster before or after commencement of the voyage resulting from any cause whatever, whether due to negligence or not for which or for the consequence of which the Carrier is not responsible by statute, contract or otherwise, the Goods, the Merchant(s) shall contribute with the Carrier in General Average to the payment of any sacrifices, losses or expenses of a General Average nature that may be made or incurred and shall pay salvage and special charge incurred in respect to the Goods. If the salving ship is owned or operated by the Carrier, salvage shall be paid as fully as if the salving ship was owned or operated by strangers.

28. **Variation of the Contract, etc.** No servant or agent of the Carrier shall have power to waive or vary any term of this Bill of Lading unless such waiver or variation is in writing and is specifically authorized or ratified in writing by the Carrier.

29. **Law and Jurisdiction.** Any claim or dispute under this Bill of Lading shall be determined, at Carrier's option, by the law and courts of the country where the Carrier has its principal place of business, or the country of shipment or delivery, or at the port of loading or discharge.

附錄十二

船公司提單

KING FREIGHT INTERNATIONAL CORP.

B/L No. 0010268940

S/O No: 1791 3F

萬海航運股份有限公司

WAN HAI LINES LTD.

BILL OF LADING

RECEIVED by the Carrier from the Shipper in apparent good order and condition unless otherwise indicated herein, the Goods, or the container(s) or package(s) said to contain the cargo herein mentioned to be carried subject to all the terms and conditions provided for on the face and back of this Bill of Lading by the vessel named herein or any substitute at the Carrier's option and/or other means of transport, from the place of receipt or the port of loading to the port of discharge or the place of delivery shown herein and there to be delivered unto order or assigns.

If required by the Carrier, this Bill of Lading duly endorsed must be surrendered in exchange for the Goods or delivery order.

In accepting this Bill of Lading, the Merchant (as defined by Article on the back hereof) agrees to be bound by all the stipulations, exceptions, terms and conditions on the face and back hereof, whether written, typed, stamped or printed, as fully as if signed by the Merchant, any local custom or privilege to the contrary notwithstanding, and agrees that all agreements or freightengagements for and in connection with the carriage of the Goods are superseded by this Bill of Lading.

In witness whereof, the undersigned, on behalf of Wan Hai Lines, Ltd. the Master and the owner of the Vessel, has signed the number of Bill(s) of Lading stated above, all of this tenor and date, one of which being accomplished, the others to stand void.

(Terms of Bill of Lading continued on the back hereof)

"On Board" means the goods are loaded on board the ocean vessel named in this Bill of Lading, or loaded on board rail cars, trucks, lorries, feeder ships, barges, or other means of transportation and are in the custody of an inland or ocean Carrier for Through Transportation in accordance with the terms of this Bill of Lading.

Consignee
FREIGHT MANAGEMENT (PENANG) SDN BHD
4453, 1ST FLOOR JALAN BAGAN LUAR,
12000 BUTTER WORTH,PENANG,MALAYSIA
ATTN:MS.LILLI/MS.LOW TEL:60-4-331-
4358 FAX:60-4-323-4368***

Notify party (carrier not to be responsible for failure to notify)
SAME AS CONSIGNEE
***ATTN:MS.ZAKIAH
E-MAIL:IMPORT_PENANG@FMMALAYSIA.
COM.MY

SHIPPING AGENT REFERENCES (COMPLETE NAME AND ADDRESS)
WAN HAI LINES (M) SDN BHD
55-18-A, MENARA NORTHAM, JALAN SULTAN AHMAD
SHAH, 10050 PENANG, MALAYSIA
TEL : 2265900 FAX : 2296899

Ocean vessel / Voy No.		Pre-carriage by
WAN HAI 316 S047		
Port of loading: KEELUNG, TAIWAN	Place of receipt: KEELUNG, TAIWAN	
Port of discharge: PENANG, MALAYSIA	Place of delivery: PENANG, MALAYSIA	Final destination (for the Merchant reference)

Particulars furnished by shipper

Container No. Seal No. Marks and Numbers	Number of containers or packages	Kind of Packages; Description of goods	Gross weight / Measurement
FCL/FCL TGHU4816514 40SD86 SEE ATTACHED LIST	1 CTR (128 PKGS)	"SHIPPER'S PACK LOAD COUNT & SEAL" "SAID TO CONTAIN" SEE ATTACHED LIST SAY : ONE CONTAINER ONLY "FREIGHT PREPAID"	25,756.150 KGM 40.610 MTQ

LOADED ON M/V
WAN HAI 316
VOY:S047
AT:KEELUNG,
TAIWAN
ON:JUL 29 2010

copy
non-negotiable

Freight payable at	Ex. Rate	No. of original B(s)/L	Place and date of issue
TAIWAN	32.32	ZERO (0)	TAIWAN JUL 29 2010

ALL AS ARRANGED

Laden on board
Date JUL 29 2010
WAN HAI 316 S047
KEELUNG, TAIWAN

WAN HAI LINES LTD.

By
AS CARRIER

附錄十三

FIATA提單（FBL）

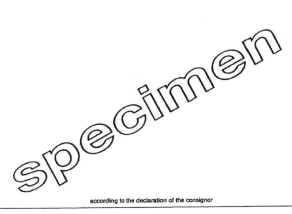

Consignor

Emblem of National Association

FBL

NEGOTIABLE FIATA MULTIMODAL TRANSPORT BILL OF LADING

Issued subject to UNCTAD/ICC Rules for Multimodal Transport Documents (ICC Publication 481).

ICC

Consigned to order of

Notify address

Place of receipt

Ocean vessel | Port of loading

Port of discharge | Place of delivery

Marks and numbers	Number and kind of packages	Description of goods	Gross weight	Measuremer

specimen

according to the declaration of the consignor

Declaration of interest of the consignor in timely delivery (Clause 6.2.)

Declared value for ad valorem rate according to the declaration of the consignor (Clauses 7 and 8)

The goods and instructions are accepted and dealt with subject to the Standard Conditions printed overleaf.

Taken in charge in apparent good order and condition, unless otherwise noted herein, at the place of receipt for transport and delivery as mentioned above

One of these Multimodal Transport Bills of Lading must be surrendered duly endorsed in exchange for the goods. In Witness whereof the origina Multimodal Transport Bills of Lading all of this tenor and date have been signed in the number stated below, one of which being accomplished the other(s to be void.

Freight amount	Freight payable at	Place and date of issue
Cargo insurance through the undersigned ☐ not covered ☐ Covered according to attached Policy	Number of Original FBL's	Stamp and signature
For delivery of goods please apply to:		

附錄十四

國外代理提單

Consignor/Shipper		MULTIMODAL TRANSPORT BILL OF LADING B/L No. SSAX	
Consignee		SEA ROAD INTERNATIONAL, INC. (OTI LIC# 16424N)	
Notify Party		For delivery of goods please apply to:	
Pre-carriage by	Place of Receipt		
Vessel/Voyage No.			
Port of Loading	Port of Discharge	Place of Delivery	Final Destination (For the Merchant Ref.)

PARTICULARS FURNISHED BY CONSIGNOR/SHIPPER

Container No. & Seal No. Marks and No.	No. & Kinds of Containers or P'kgs	Description of Goods	Gross Weight	Measurement

ORIGINAL

Total Number of Containers or Packages (in words)			Freight Payable at
Freight & Charges	Prepaid	Collect	Received by the Carrier, the Goods specified herein in apparent good order and condition unless otherwise stated, to be transported to such place as agreed, authorized or permitted herein and subject to all the terms and conditions appearing on the front and reverse of this Multimodal Transport Bill of Lading (hereinafter called the 'B/L') to which the Merchant agrees by accepting this B/L, notwithstanding any local privileges, customs or any other agreements between the parties. The particulars of the Goods provided herein were stated by the shipper and the weight, measurements, quantity, condition, contents and value of the Goods are unknown to the Carrier. In witness whereof three (3) original B/L (s) have been signed unless otherwise stated herein. If two (2) or more original B/L (s) have been issued and either one (1) has been surrendered, all the other (s) shall be null and void. If required by the Carrier ond (1) duly endorsed original B/L must be surrendered in exchange for the Goods or delivery order.
Place and Date of Issue		No. of Original B/L	Signature SEA ROAD TRANS CORP. AS AGENT FOR SEA-ROAD INTERNATIONAL, INC
B/L No.			

附錄十五

海上貨運單（Sea Waybill / FWB）

OOCL ORIENT OVERSEAS CONTAINER LINE

PAGE: 1 OF 3

COPY NON NEGOTIABLE

SEA WAYBILL (Non Negotiable)

SHIPPER/EXPORTER (COMPLETE NAME AND ADDRESS)
KING FREIGHT INTERNATIONAL
CORP. 11F , NO.137 , NANKING
E. RD. SEC 2, TAIPEI ,TAIWAN,
R.O.C. TEL:886-2-25183311
FAX:886-2-25180325

BOOKING NO.
2507295330

SEA WAYBILL NO. (WAYBILL)
OOLU2507295330

EXPORT REFERENCES
S.O.# 3276

CONSIGNEE (COMPLETE NAME AND ADDRESS)
MAC-NELS SHIPPING (PHILS)INC
9-C, CHATTAM HOUSE, 116
VALERO, COR.RUFINO,ST.
SALCEDO VILLAGE, MAKATI
CITY,PHILIPPINES.*

FORWARDING AGENT-REFERENCES
FMC NO.

POINT AND COUNTRY OF ORIGIN OF GOODS

NOTIFY PARTY (COMPLETE NAME AND ADDRESS) (It is agreed that no responsibility shall be attached to the Carrier or its Agents for failure to notify (see clause 13 on reverse))
MAC-NELS SHIPPING (PHILS)INC
9-C, CHATTAM HOUSE, 116
VALERO, COR.RUFINO,ST.
SALCEDO VILLAGE, MAKATI
CITY,PHILIPPINES.*

ALSO NOTIFY PARTY-ROUTING & INSTRUCTIONS
*TEL:6328434424 FAX:6328885195
ATTN:MS.LORELEN
MACARAIG

PRE-CARRIAGE BY

PLACE OF RECEIPT
KEELUNG, TAIWAN

VESSEL/VOYAGE/FLAG HONG KONG
OOCL TAICHUNG 097W

PORT OF LOADING
KAOHSIUNG, TAIWAN

LOADING PIER/TERMINAL

ORIGINALS TO BE RELEASED AT
TAIPEI

PORT OF DISCHARGE
MANILA

PLACE OF DELIVERY
MANILA

TYPE OF MOVEMENT (IF MIXED, USE DESCRIPTION OF PACKAGES AND GOODS FIELD)
FCL / FCL CY/CY

(CHECK "HM" COLUMN IF HAZARDOUS MATERIAL) PARTICULARS DECLARED BY SHIPPER BUT NOT ACKNOWLEDGED BY THE CARRIER

CNTR. NOS. W/SEAL NOS. MARK & NUMBERS	QUANTITY (FOR CUSTOMS DECLARATION ONLY)	H M	DESCRIPTION OF GOODS	GROSS WEIGHT	MEASUREMENT
TGHU9480335 /OOLAQH9724 / OOLU8035654 /OOLAQH9708 / TGHU9771156 /OOLAQH9704 /			14 PACKAGES /FCL / FCL 19 PACKAGES /FCL / FCL 39 PACKAGES /FCL / FCL	/40HQ/ /40HQ/ /40HQ/	
R. S. (IN DIA.) C/NO. 1-46, 52-62,65-79 M. I. T.	72 PACKAGES		SHOWCASE	15940.000KGS	195.000CBM

OCEAN FREIGHT PREPAID
TOTAL NO. OF CONTAINERS/PACKAGES RECEIVED & ACKNOWLEDGED BY CARRIER FOR THE PURPOSE OF CALCULATION OF PACKAGE LIMITATION (IF APPLICABLE): 3 CONTAINER(S)/PACKAGE(S)
DESTINATION CHARGES COLLECT PER LINE TARIFF, AND TO BE COLLECTED FROM THE PARTY WHO LAWFULLY DEMANDS DELIVERY OF THE CARGO.
DESTINATION OFFICE ADDRESS:
OOCL (PHILIPPINES) INC.
5/F, DY INTERNATIONAL BUILDING, 1650 SAN MARCELINO COR. GENERAL

TO BE CONTINUED ON ATTACHED LIST

NOTICE 1: For carriage to or from the United States of America,(i) Clauses 4 and 23 on the reverse side hereof limit the Carrier's liability to a maximum of U.S.$500 per package or customary freight unit by virtue or incorporation of the U.S. Carriage of Goods by Sea Act ("COGSA") unless the Merchant declares a higher cargo value below and pays the Carrier's ad valorem freight charge, and (ii) if carried on deck at Merchant's risk as to in such carriage but in all other respects subject to the provisions of COGSA.
NOTICE 2: See Clause 28 on the reverse side hereof. Notice to Endorsee and/or Holder and/or Transferee.
NOTICE 3: If Goods carried on deck at Merchant's risk without responsibility for loss or damage howsoever caused.

Declared Cargo Value US$____________ .If Merchant enters a value, Carrier's limitation of liability shall not apply and the ad valorem rate will be charged.

FREIGHT & CHARGES PAYABLE AT / BY:	SERVICE CONTRACT NO.	DOC FORM NO.	COMMODITY CODE
		3	

CODE	TARIFF ITEM	FREIGHTED AS	RATE	PREPAID	COLLECT

Received the Container/Package or other units indicated in the box identified as "Total No. of Containers/Packages received and acknowledged by Carrier" in apparent good order and condition, unless otherwise indicated, to be transported and delivered as herein provided.

The receipt, custody, carriage and delivery of the goods are subject to the terms appearing on the face and back hereof and to the Carrier's applicable tariff.

In witness whereof 0 original bills of lading have been signed, one of which being accomplished the other(s) to be void.

DATE CARGO RECEIVED

DATE LADEN ON BOARD
19 AUG 2010

DATED
19 AUG 2010

The printed terms and conditions appearing on this Bill of Lading are available at www.oocl.com, in OOCL's published US tariffs, and in pamphlet form.
+ STRIKE OUT FOR ON BOARD VESSEL BILL OF LADING
• SEE CLAUSE 1 HEREOF
o SEE CLAUSE 2 HERE OF
QF001
HDQ 01/01

THIS BILL OF LADING IS A 3 PAGE DOCUMENT AND CARRIAGE OF GOODS IS SUBJECT TO OOCL'S STANDARD TERMS AND CONDITIONS OF CARRIAGE, WHICH APPEAR AT THE END HEREOF AS PAGE 3

附錄十六

UNCTAD/ICC複合運單據規則

UNCTAD/ICC Rules for Multimodal Transport Documents
UNCTAD/ICC複合運送單據規則

1.Applicability
適用

1.1.

These Rules apply when they are incorporated, however this is made, in writing, orally or otherwise into a contract of carriage by reference to the "UNCTAD/ICC Rules for multimodal transport documents", irrespective of whether there is a unimodal or multimodal transport contract involving one or several modes of transport or whether a document has been issued or not.

本規則的適用，僅需在運送契約中約定依據「UNCTAD/ICC複合運送單據規則」即可，不論是用書面、口頭或其他方式均可，也不論是單式或複式運送契約，涉及單式或複式運輸，或者簽發單據與否。

1.2.

Whenever such a reference is made, the parties agree that these Rules shall supersede any additional terms of the multimodal transport contract which are in conflict with these Rules, except insofar as they increase the responsibility or obligations of the multimodal transport operator.

當事人作前項約定時，即意含當事人同意當其他約定與本規則有所衝突時，本規則將優先適用，除非其他約定係加重複合運送人的責任與義務。

2.Definitions
定義

2.1.

Multimodal transport contract means a single contract for the carriage of goods by at least two different modes of transport.

複合運送契約係指含兩種以上不同運送方式的單一運送契約。

2.2.

Mlultimodal transport operator (MTO) means any person who concludes a multimodal transport contract and assumes responsibility for the performance thereof as a carrier.

複合運送營運人（以下稱複合運送人）係指簽訂複合運送契約，並以運送人身分履行運送責任的人。

2.3.

Carrier means the person who actually performs or undertakes to perform the carriage or part thereof, whether he is identical with the multimodal transport operator or not.

運送人係指實際運送或承擔完成運送的人，即使僅是承擔部分運送亦然，而不問其是否與複合運送人爲同一人。

2.4.

Consignor means the person who concludes the multimodal transport contract with the multimodal transport operator.

託運人係指與複合運送人簽訂複合運送契約的人。

2.5.

Consignee means the person entitled to receive the goods from the multimodal transport operator.

受貨人係指有權自複合運送人受領貨物的人。

2.6.

Multimodal transport document (MT document) means a document evidencing a multimodal transport contract and which can be replaced by electronic data interchange messages insofar as permitted by applicable law and be:

(a) issued in a negotiable form; or

(b) issued in a non-negotiable form indicating a named consignee.

複合運送單據爲一表現複合運送契約的文件，於相關法令許可時，並得以電子資料交換的方式取代，且以如下方式簽發：

(a)可轉讓式，或

(b)不可轉讓式，並載明受貨人名稱。

2.7.

Taken in charge means that the goods have been handed over to and accepted for carriage by the MTO.

收貨係指將運送物交予複合運送人，並且他是以運送之目的而接受該貨物。

2.8.

Delivery means:

(a) the handing over of the goods to the consignee; or

(b) the placing of the goods at the disposal of the consignee in accordance with the multimodal transport contract or with the law or usage of the particular trade applicable at the place of delivery; or

(c) the handing over of the goods to an authority or other third party to whom, pursuant to the law or regulations applicable at the place of delivery, the goods must be handed over.

交貨指：

(a)將運送物交予受貨人，或

(b)依複合運送契約、或法令、或交貨地的貿易習慣，將運送物逕予

寄存，由受貨人處置，或

(c)依交貨地法規規定需移交運送物時，將運送物移轉至主管機關或第三人時。

2.9.

Special Drawing Right (SDR) means the unit of account as defined by the International Monetary Fund.

特別提款權指依國際貨幣基金所定義的國際記帳單位。

2.10.

Goods means any property including live animals as well as containers, pallets or similar articles of transport or packaging not supplied by the MTO, irrespective of whether such property is to be or is carried on or under deck.

運送物指任何貨品，包括：活體牲畜、非由複合運送人所提供的貨櫃、墊板或其他類似的運送設備或包裝，不論其係裝運在甲板上或甲板下。

3.Evidentiary effect of the information contained in the multimodal transport document
複合運送單據所載資料的證據效力

The information in the MT document shall be prima facie evidence of the taking in charge by the MTO of the goods as described by such information unless a contrary indication, such as "shipper's weight, load and count", "shipper-packed container" or similar expressions, has been made in the printed text or superimposed on the document.

Proof to the contrary shall not be admissible when the MT document has been transferred, or the equivalent electronic data interchange message has been transmitted to and acknowledged by the consignee who in good faith has relied and acted thereon.

複合運送單據上所記載內容爲複合運送人收到運送物情狀的表面證據，除非載有相反的字眼，如：「託運人過磅、裝載及計數」、「託運人自行裝櫃」或其他類似文字等，這些保留文字可用印刷方式或在單據另外附加。

當複合運送單據已經轉讓，或在以電子資料交換的情形，其資料已發出並經受貨人確認，且善意地依此已有所作爲時，不得以反證爲抗辯。

4.Responsibilities of the multimodal transport operator 複合運送人的責任

4.1.

Period of responsibility

責任期間

The responsibility of the MTO for the goods under these Rules covers the period from the time the MTO has taken the goods in his charge to the time of their delivery.

依本規則，複合運送人的責任期間，自運送物置於其監管始，至交貨時止。

4.2.

The liability of the MTO for his servants, agents and other persons

複合運送人對其受僱人、代理人及其他人所負的責任

The multimodal transport operator shall be responsible for the acts and omissions of his servants or agents, when any such servant or agent is acting within the scope of his employment or of any other person of whose services he makes use for the performance of the contract, as if such acts and omissions were his own.

複合運送人對其受僱人或代理人在其執行職務期間的作爲或不作爲應予負責，對爲了履行運送契約而使用其服務的其他任何人亦然，這些其他人的作爲或不作爲，均視爲本人之作爲或不作爲。

4.3.

Delivery of the goods to the consignee

交貨予受貨人

The MTO undertakes to perform or to procure the performance of all acts necessary to ensure delivery of the goods:

(a) when the MT document has been issued in a negotiable form "to bearer", to the person surrendering one original of the document; or

(b) when the MT document has been issued in a negotiable form "to order", to the person surrendering one original of the document duly endorsed; or

(c) when the MT document has been issued in a negotiable form to a person, to that person surrendering upon proof of his identity and surrender of one original document; if such document has been transferred "to order" or in blank the provisions of (b) above apply; or

(d) when the MT document has been issued in a non-negotiable form, to the person named as consignee in the document upon proof of his identity; or

(e) when no document has been issued, to a person as instructed by the consignor or by a person who has acquired the consignor's or the consignee's rights under the multimodal transport contract to give such instructions.

複合運送人可自行履行運送或使用他人履行運送，以確保將貨物交給：

(a)當複合運送單據為可轉讓式並記載「持有人」時，則交付予能提示一張正本提單的人，或

(b)當複合運送單據為可轉讓式並記載「待指示」時，則交付予能提示一張經合法背書之正本提單的人，或

(c)當複合運送單據為可轉讓式並記載某人時，則交付予能證明其身

分並提示一張正本提單的人，唯當該單據被轉換成「待指示」或空白背書時，則適用前述(b)項的規定。

(d)當複合運送單據爲不可轉讓式時，則交付予依單據所載且其能證明其身分的受貨人，或

(e)於未簽發單據的情形，則交予託運人的指定人，或取得複合運送單據上託運人或受貨人指示權利的人之指定人。

5.Liability of the multimodal transport operator 複合運送人的責任

5.1.

Basis of Liability

責任基礎

Subject to the defenses set forth in Rule 5.4 and Rule 6, the MTO shall be liable for loss of or damage to the goods, as well as for delay in delivery took place while the goods were in his charge as defined in Rule 4.1., unless the MTO proves that no fault or neglect of his own, his servants or agents or any other person referred to in Rule 4 has caused or contributed to the loss, damage or delay in delivery. However, the MTO shall not be liable for loss following from delay in delivery unless the consignor has made a declaration of interest in timely delivery which has been accepted by the MTO.

除依本規則5.4.項及第6條所得抗辯事由外，複合運送人對運送物在依第4.1.項所定義的監管期間所發生的毀損滅失及遲延交貨均應負責，除非其能證明該毀損、滅失及遲延交貨並非本人、或依第4條所定義的受僱人、代理人或其他人的過失或疏忽所造成。但，除非託運人在事前已告知依時交貨的利益，並經複合運送人接受，否則複合運送人對遲延交貨所生損害不予負責。

5.2.

Delay in delivery

遲延交貨

Delay in delivery occurs when the goods have not been delivered within the time expressly agreed upon or, in the absence of such agreement, within the time which it would be reasonable to require of a diligent MTO, having regard to the circumstances of the case.

遲延交貨，係指未能在明示合意的期限，或無合意情形下，斟酌個案情況，未在一盡責的複合運送人所需合理時間內交貨。

5.3.

Conversion of delay into final loss

遲延交貨轉認爲滅失

If the goods have not been delivered within ninety consecutive days following the date of delivery determined according to Rule 5.2., the claimant may, in the absence of evidence to the contrary, treat the goods as lost.

貨物未能在依5.2.項所定時限九十個連續日內交付，除非能提出相反證據，否則請求權人得視該貨物已滅失。

5.4.

Defenses for carriage by sea or inland waterways

海上或內河航運時所得主張之抗辯

Notwithstanding the provisions of Rule 5.1. the MTO shall not be responsible for loss, damage or delay in delivery with respect to goods carried by sea or inland waterways when such loss, damage or delay during such carriage has been caused by:

- act, neglect, or default of the master, mariner, pilot or the servants of the carrier in the navigation or in the management of the ship.
- fire, unless caused by the actual fault or privity of the carrier.

however, always provided that whenever loss or damage has resulted from unseaworthiness of the ship, the MTO can prove that due diligence has been exercised to make the ship seaworthy at the commencement of the voyage.

儘管有5.1.項之規定，複合運送人在海上或內河航運運送期間，對以下原因所造成的毀損、滅失或遲延，得不予負責：

- 船長、海員、引水人或其他受僱人因航行或管理船舶之作爲、疏忽或過失。
- 火災，除係運送人的實際錯誤或故意所致。

唯於毀損或滅失係因船舶不具備適航能力所造成時，複合運送人僅需證明於開航時已盡充分注意以使船舶具備適航能力，即可免責。

5.5.

Assessment of compensation

賠償價額的估算

5.5.1.

Assessment of compensation for loss of or damage to the goods shall be made by reference to the value of such goods at the place and time they when, in accordance with the multimodal transport contract, they should have been so delivered.

對毀損滅失賠償金額的估算，依複合運送契約應爲交貨的地點及時間，該貨品的價值。

5.5.2.

The value of the goods shall be determined according to the current commodity exchange price or, if there is no such price, according to the current market price or, if there is no commodity exchange price or current market price, by reference to the normal value of goods of the same kind and quality.

貨品的價值依該商品的現行交易價格而定，如無此價格，則依現行市場售價，如兩者均無，則參考同類和同級商品的一般價格。

6.Limitation of liability of the multimodal transport operator
複合運送人的責任限額

6.1.

Unless the nature and value of the goods have been declared by the consignor before the goods have been taken in charge by the MTO and inserted in the *MT document*, the MTO shall in no event be or become liable for any loss of or damage to the goods in an amount exceeding the equivalent of 666.67 SDR per package or unit or 2 SDR per kilogram of gross weight of the goods lost or damaged, whichever is the higher.

除非貨物的價值在複合運送人收貨之前，已經託運人事先申報並載明於複合運送單據上，否則複合運送人對貨物毀損滅失的責任，將以不超過每包或每件貨物相當於666.67個特別提款權或每公斤相當於總重量2個特別提款權爲限，以金額較大者爲準。

6.2.

Where a container, pallet or similar article of transport is loaded with more than one package or unit, the packages or other shipping units enumerated in the *MT document* as packed in such auricle of transport are deemed packages or shipping units. Except as aforesaid, such article of transport shall be considered the package or unit.

當貨物係以貨櫃、墊板或類似的裝載設備裝運，則裝於這些設備上的數量，當其記載於複合運送單據時，即以其記載於複合運送單據上的件數或單位爲計算單位。否則，即以該裝載設備爲計算數量單位。

6.3.

Notwithstanding the above-mentioned provisions, if the multimodal transport does not, according to the contract, include carriage of goods by sea or by inland waterways, the liability of the MTO shall be limited to an amount not exceeding 8.33 SDR per kilogram of gross weight of the goods lost or damaged.

儘管有前項規定，如複合運送過程未含海上或內河運輸時，貨物毀損滅失的責任將以每公斤總重量不超過相當於8.33個特別提款權爲限。

6.4.

When the loss of or damage to the goods occurred during one particular stage of the multimodal transport, in respect of which an applicable international convention or mandatory national law would have provided another limit of liability if a separate contract of carriage had been made for that particular stage of transport, then the limit of the MTO's liability for such loss or damage shall be determined by reference to the provisions of such convention or mandatory national law.

於複合運送時下，當發生貨物毀損滅失的階段，簽定有個別運送契約時，而應適用的國際公約或強制性國內法訂有不同的責任限額標準者，則複合運送人的責任限額即另依該國際公約或強制性國內法之規定。

6.5.

If the MTO is liable in respect of loss following from delay in delivery, or consequential loss or damage other than loss of or damage to the goods, the liability of the MTO shall be limited to an amount not exceeding the equivalent of the freight under the multimodal transport contract for the multimodal transport.

複合運送人對遲延交貨所生損害，或其他非屬貨物毀損滅失之損失的責任，以不超過複合運送契約全程運費爲限。

6.6.

The aggregate liability of the MTO shall not exceed the limits of liability for total loss of the goods.

複合運送人的責任總額以不超過貨物全損金額爲限。

7.Loss of the right of the multimodal transport operator to limit liability
複合運送人對責任限額權利的喪失

The MTO is not entitled to the benefit of the limitation of liability if it is proved that the loss, damage or delay in delivery resulted from a personal act or omission of the MTO done with the intent to cause such loss, damage or delay, or recklessly and with knowledge that such loss, damage or delay would probably result.

如經證明貨物的毀損滅失或遲延交貨，係由於複合運送人的故意、疏忽或惡意之作爲或不作爲所致，或由於其過失，且明知可能發生此項貨物之滅失、毀損或遲延交貨者，則複合運送人不得援用責任限額。

8.Liability of the consignor
託運人的責任

8.1.

The consignor shall be deemed to have guaranteed to the MTO the accuracy, at the time the goods were taken in charge by the MTO, of all particulars relating to the general nature of the goods, their marks, number, weight, volume and quantity and, if applicable, to the dangerous character of the goods, as furnished by him or on his behalf for insertion in the *MT document.*

託運人或其代理人於交付貨物時，所通知有關貨物的性質、麥頭、數量，重量或危險品性質等託運物內容，以供記載於複合運送單據者，視爲向複合運送人保證其正確性。

8.2.

The consignor shall indemnify the MTO against any loss resulting from inaccuracies in or inadequacies of the particulars referred to above.

託運人對依前項提供的內容有不實或不完整，致令複合運送人遭致損失時，應對複合運送人負賠償責任。

8.3.

The consignor shall remain liable even if the MT document has been transferred by him.

即令複合運送單據已經其轉讓，託運人仍應負責。

8.4.

The right of the MTO to such indemnity shall in no way limit his liability under the multimodal transport contract to any person other than the consignor.

複合運送人的此項賠償請求權，並不影響其依複合運送單據，對託運人以外之其他人所應負的責任。

9.Notice of loss of or damage to the goods
貨物毀損或滅失的通知

9.1.

Unless notice of loss of or damage to the goods, specifying the general nature of such loss or damage, is given in writing by the consignee to the MTO when the goods are handed over to the consignee, such handing over is prima facie evidence of the delivery by the MTO of the goods as described in the MT document.

除非受貨人將貨物毀損或滅失的情形，在受領貨物當時以書面通知複合運送人，則此受領將作爲複合運送人已依複合運送單據完成交貨的表面證據。

9.2.

Where the loss or damage is not apparent, the same prima facie effect shall apply if notice in writing is not given within 6 consecutive days after the day when the goods were handed over the consignee.

在貨物毀損或滅失的情形不明顯時，前項書面通知應在受領貨物後六個連續日內爲之，否則仍適用前項的表面證據效果。

10.Time bar
時效

The MTO shall, unless otherwise expressly agreed, be discharged of all liability under these Rules unless suit is brought within 9 months after the delivery of the goods, or the date when the goods should have been delivered, or the date when, in accordance with Rule 5.3., failure to deliver to goods would give the consignee the right to treat the goods as lost.

除經明示同意者外，自貨物已交付或應交付日起，或依第5.3.項規定未能交貨，而受貨人有權以貨品已遺失論之日起九個月內，對未提起賠償之請求者，複合運送人解除依本規則所應負的所有責任。

11.Applicability of the rules to actions in tort
本規則對侵權行為的適用

These Rules apply to all claims against the MTO relating to the performance of the multimodal transport contract, whether the claim be founded in contract or in tort.

本規則適用於所有因履行複合運送契約所產生對複合運送人的請求權，不問其是基於契約或侵權行爲。

12.Applicability of the rules to the multimodal transport operator's servants, agents and other persons employed by him
本規則對複合運送人之受僱人、代理人或其他雇用人的適用

These Rules apply whenever claims relating to the performance of the multimodal transport contract are made against any servant, agent or other person whose services the MTO has used in order to perform the multimodal transport contract, whether such claims are founded in contract or in tort, and the aggregate liability of the MTO and such servant, agents or other persons shall not exceed the limits in Rules 6.

本規則對於向複合運送人使用以履行複合運送契約之受僱人、代理人或其他人提起之請求權亦可適用，不論其基於契約或侵權行為。唯複合運送人及其受僱人、代理人等所應負的責任總額，仍以不超過第6條所定為限。

13.Mandatory law
强制法規

These Rules shall only take effect to the extent that they are not contrary to the mandatory provisions of international conventions or national law applicable to the multimodal transport contract.

本規則的適用，僅以不與複合運送契約所應適用的國際公約或國內法之強行規定牴觸者為限。

附錄十七

FIATA提單背面條款逐條翻譯

Definitions
定義

- "Freight Forwarder" means the Multimodal Transport Operator who issues this FBL and is named on the facc of it and assumes liability for the performance of the multimodal transport contract as a carrier.

「貨運承攬運送人」〔以下稱承攬運送人〕指簽發本FIATA提單〔以下稱本提單〕，並且在提單正面具名的複合運送人，在履行複合運送契約上的關係爲運送人。

- "Merchant" means and includes the Shipper, the Consignor, the Consignee, the Holder of this FBL, the Receiver and the Owner of the Goods.

「貨主」意指且涵蓋託運人、出貨人、受貨人、本提單持有人、貨物受領人及貨物所有人。

- "Consignor" means the person who concludes the multimodal transport contract with the Freight Forwarder.

「出貨人」係指與承攬運送人簽訂複合運送契約的人。

- "Consignee" means the person entitled to receive the goods from the Freight Forwarder.

「受貨人」係指有權自承攬運送人受領貨物的人。

- "Taken in charge" means that the goods have been handed over to and accepted for carriage by the Freight Forwarder at the place of receipt evidenced in this FBL.

「接管貨物」係指在本提單所指定收貨地，以運送之目的將貨物交予承攬運送人。

- "Goods" means any property including live animals as well as containers, pallets or similar articles of transport or packaging not supplied by the Freight Forwarder, irrespective of whether such property is to be or is carried on or under deck.

「貨物」指任何貨品，包括：活體牲畜、及非由承攬運送人所提供的貨櫃、墊板或其他類似的運送設備或包裝，不論其裝載在甲板上或甲板下。

1.Applicability
適用

Notwithstanding the heading "FIATA Multimodal Transport Bill of Lading(FBL)" these conditions shall also apply if only one mode of transport is used.

雖本提單標題爲「FIATA複合運送提單」，但在單式運輸的情況下，仍可適用本提單各條款。

2.Issuance of this FBL
簽發本提單

2.1.

By issuance of this FBL the Freight Forwarder

(a) undertakes to perform and/or in his own name to procure the performance of the entire transport, from the place at which the goods are taken in charge (place of receipt evidenced in this FBL) to the place of delivery designated in this FBL;

(b) assumes liability as set out in these conditions.

簽發本提單時，承攬運送人：

(a)承擔以自己或使用他人，履行自接管貨物開始〔收貨地依本提單所示〕，至交至本提單所指定交貨地爲止的全程運輸。

(b)承擔本提單各條款所定的運送責任。

2.2.

Subject to the conditions of this FBL the Freight Forwarder shall be responsible for the acts and omissions of his servants or agent acting within the scope of their employment, or any other person of whose services he makes use for the performance of the contract evidenced by this FBL, as if such acts and omissions were his own.

以本提單各條款爲限，承攬運送人對其受僱人或代理人，在執行職務期間的作爲或不作爲均須負責，對依本提單所使用其服務之任何其他人的作爲或不作爲亦應負責，均視同爲本人的作爲或不作爲。

3.Negotiability and title to the goods
流通性及貨物之所有權

3.1.

This FBL is issued in a negotiable form unless it is marked “non negotiable”. It shall constitute title to the goods and the holder, by endorsement of this FBL, shall be entitled to receive or to transfer the goods herein mentioned.

除非標明「不可轉讓」，本提單爲可轉讓式。持有經合法背書提單的人，即構成對貨物之所有權，有權受領貨物或移轉物權。

3.2.

The information in this FBL shall be prima facie evidence of the taking in charge by the Freight Forwarder of the goods as described by such information unless a contrary indication, such as “shipper’s weight, load and count”, “shipper-packed container” or similar expressions, has been made in the printed text or superimposed on this FBL. Proof to the contrary shall not be admissible when the FBL has been transferred for valuable consideration who in good faith has relied and acted thereon.

本提單上所記載關於貨物的內容，除有相反的記載，如：「託運人過磅、裝載及計數」、「託運人自行裝櫃」或其他類似文字等者外，爲承攬運送人收到運送物情狀的表面證據。保留之文字得用印刷方式或於提單上另外附加。當本提單已經有價地轉讓，不允許以反證對抗善意第三人。

4.Dangerous Goods and Indemnity 危險品及免責

4.1.

The Merchant shall comply with rules which are mandatory according to the national law or by reason of International Convention, relating to the carriage of goods of a dangerous nature, and shall in any case inform the Freight Forwarder in writing of the exact nature of the danger, before goods of a dangerous nature are taken in charge by Freight Forwarder and indicate to him, if need be, the precautions to be taken.

對危險品的交運，貨主必須遵照國內法或國際公約有關危險品運送規定。在交付之前，貨主應將貨品的危險性質以書面方式通知承攬運送人，必要時並應說明防護措施。

4.2.

If the Merchant fails to provide such information and the Freight Forwarder is unaware of the dangerous nature of the goods and the necessary precautions to be taken and if, at any time, they are deemed to be hazard to life or property, they may at any place be unloaded, destroyed or rendered harmless, as circumstances may require, without compensation. The Merchant shall indemnify the Freight Forwarder against all loss, damage, liability, or expense arising out of their being taken in charge, or their carriage, or of any service incidental thereto.

The burden of proving that the Freight Forwarder knew the exact nature of the danger constituted by the carriage of the said goods shall rest on the Merchant.

如貨主未提供前述資料，致承攬運送人因未察覺貨品的危險性質及應採的防護措施，致被認爲有危人命或財產安全時，在任何時刻，承攬運送人得予以卸載、銷毀或使之無害，不作任何補償。承攬運送人因而遭致損失、傷害、責任或費用時，貨主並應予賠償。

對承攬運送人知悉該貨物確實危險性質的舉證責任在貨主。

4.3.

If any goods shall become a danger to life or property, they may in like manner be unloaded or landed at any place or destroyed or rendered harmless. If such danger was not caused by the fault and neglect of the Freight Forwarder he shall have no liability and the Merchant shall indemnify him against all loss, damage, liability and expense arising therefrom.

任何貨物於有危人命或財產安全時，依前項約定，在任何地方均得將其卸載、銷毀或使之無害。如其危險性並非因其疏忽或過失所致者，承攬運送人不須負責。致有損失、傷害、責任或產生費用時，貨主並須賠償。

5.Description of Goods and Merchant's Packing and Inspection

交運貨物情狀之通知及貨主自行包裝與檢查

5.1.

The consignor shall be deemed to have guaranteed to the Freight Forwarder the accuracy, at the time the goods were taken in charge by the Freight Forwarder, of all particulars relating to the general nature of the goods, their marks, number, weight, volume and quantity and, if applicable, to the dangerous character of the goods, as furnished by him or on his behalf for insertion in the FBL.

The consignor shall indemnify the Freight Forwarder against all loss, damage and expense resulting from any inaccuracy or inadequacy of such particulars.

The consignor shall remain liable even if the FBL has been transferred by him.

The right of the Freight Forwarder to such indemnity shall in no way limit his liability under this FBL to any person other than the consignor.

出貨人或其代理人於交運貨物時，所提供記載於本提單上，有關貨物的一般性質、麥頭、數量，重量或危險品性質等內容的正確性，視為向承攬運送人的保證。

依前項規定，因為所提供關於貨物的內容不實或不完整，致貨物有毀損、滅失或產生費用時，承攬運送人不予負責。

即使提單已經其轉讓，出貨人仍應負責。

但承攬運送人的此項免責權，不得以之限制其依本提單對出貨人以外之第三人應負的責任。

5.2.

The Freight Forwarder shall not be liable for any loss, damage or expense caused by defective or insufficient packing of goods or by inadequate loading or packing within containers or other transport units when such loading or packing has been performed by the Merchant or on his behalf by a person other than the Freight Forwarder, or by the defect or unsuitability of the containers or the transport units supplied by the Merchant, or if supplied by the Freight Forwarder if a defect or unsuitability of the container or other transport unit would have been apparent upon reasonable inspection by the Merchant. The Merchant shall indemnify the Freight Forwarder against all loss, damage, liability and expense so caused.

承攬運送人對因貨品包裝有瑕疵或不良，或因貨主及承攬運送人以外之貨主代理人自行裝載於貨櫃或其他運輸設備不當，或因貨主所提供的貨櫃或運送設備有瑕疵或不當時，或該貨櫃或運送設備雖由承攬運送人所提供，但瑕疵或不當的情況明顯，貨主只要合理的檢查即可發現時，承攬運送人對因此所產生的毀損、滅失及費用均不予負責。致承攬運送人有毀損、滅失及費用時，貨主並須賠償。

6.Freight Forwarder's Liability
承攬運送人的責任

6.1.

The responsibility of the Freight Forwarder for the goods under these conditions covers the period from the time the Freight Forwarder has taken the goods in his charge to the time of their delivery.

依據本提單各條款，承攬運送人的責任期間，自接管貨物開始，至交貨時止。

6.2.

The Freight Forwarder shall be liable for loss of or damage to the goods as well as for delay in delivery if the occurrence which caused the loss, damage or delay in delivery took place while the goods were in his charge as defined in Clause 2.1a, unless the Freight Forwarder proves that no fault or neglect of his own, his servants or agents or any other person referred to in Rule 2.2. has caused or contributed to the loss, damage or delay in delivery. However, the Freight Forwarder shall not be liable for loss following from delay in delivery unless the consignor has made a declaration of interest in timely delivery which has been accepted by the Freight Forwarder and stated in this FBL.

除非承攬運送人能舉證並非其本人、或依第2.2.條所定義的受僱人、代理人或其他人的過失或疏忽所造成者，他對貨物在依第2.1.a項所定義的控管期間所發生的毀損、滅失及遲延交貨均應予負責。但，除非託運人已事先告知準時交貨的利益，並經接受且記載在提單上，否則承攬運送人對遲延交貨所生損失不予負責。

6.3.

Arrival times are not guaranteed by the Freight Forwarder, however, delay in delivery occurs when the goods have not been delivered within the time expressly agreed upon or, in the absence of such agreement, within the time which it would be reasonable to require of a diligent Freight Forwarder, having regard to the circumstances of the case.

承攬運送人並未對貨物送達時間作保證，但如未在約定的期限交貨，或於無約定時，則斟酌個案情況而定，應在盡職的承攬運送人所需的合理時間內交貨，否則即爲遲延交貨。

6.4.

If the goods have not been delivered within ninety consecutive days following the date of delivery as determined in Clause 6.3., the claimant may, in the absence of evidence to the contrary, treat the goods as lost.

貨物未能在依6.3.項所定時限九十個連續日內交付，除非能舉出相反證明，貨物請求權人得以該貨物已滅失處理。

6.5.

When the Freight Forwarder establishes that, in the circumstances of the case, the loss or damage could be attributed to one or more causes or events, specified in a-e of the present clause, it shall be presumed that it was so caused, always provided, however, that the claimant shall be entitled to prove that the loss or damage was not, in fact, caused wholly or partly by one or more of such causes or events:

(a) an act or omission of the Merchant, or person other than the Freight Forwarder acting on behalf of the Merchant or from whom the Freight Forwarder took the goods in charge;

(b) insufficiency or defective condition of the packaging or marks and/

or numbers;

(c) handling, loading, stowage or unloading of the goods by the Merchant or any person acting on behalf of the Merchant;

(d) inherent vice of the goods;

(e) strike, lockout, stoppage or restraint of labour.

斟酌個別情況而定，當承攬運送人認定貨物毀損滅失係由於下述a-e之一或數個原因或事故所造成時，即推定由其造成。但，求償人有權可舉證毀損滅失的全部或一部，並非由於這些原因或事故所造成。

(a)貨主或承攬運送人以外之貨主代理人的作爲或不作爲。

(b)包裝不良或有瑕疵，或麥頭或箱號標示不清或有瑕疵。

(c)由貨主或其代理人自行搬運、裝載、堆存或卸載。

(d)貨物的固有瑕疵。

(e)由於工人罷工、封鎖、停工或怠工。

6.6.

Defences for carriage by sea or inland waterways

海上或內河航運的抗辯

Notwithstanding the provisions of Clauses 6.2., 6.3. and 6.4. the Freight Forwarder shall not be liable for loss, damage or delay in delivery with respect to goods carried by sea or inland waterways when such loss, damage or delay during such carriage has been caused by:

(a) act, neglect, or default of the master, mariner, pilot or the servants of the carrier in the navigation or in the management of the ship,

(b) fire, unless caused by the actual fault or privity of the carrier, however, always provided that whenever loss or damage has resulted from unseaworthiness of the ship, the Freight Forwarder can prove that due diligence has been exercised to make the ship seaworthy at the commencement of the voyage.

雖6.2.、6.3.及6.4.項另有規定，承攬運送人對海上或內河運送期間，因下述事由所造成的毀損、滅失或遲延交貨不予負責：

(a)船長、海員、引水人或其他受僱人因航行或管理船舶的行為、疏忽或過失。

(b)除非肇因於其實際過失或故意，運送人對失火不負責任。至若毀損或滅失係因船舶不具備適航能力所造成時，承攬運送人僅需證明已盡充分注意，使船舶在開航時具備適航能力，即可主張免責。

7.Paramount Clauses
至上條款

7.1.

These conditions shall only take effect to the extent that they are not contrary to the mandatory provisions of International Conventions or national law applicable to the contract evidenced by this FBL.

本提單各條款，僅在其不與國際公約或與適用的國內法之強制規定牴觸時，才具效力。

7.2.

The Hague Rules contained in the International Convention for the unification of certain rules relating to Bill of Lading, dated Brussels 25th August 1924, or in those countries where they are already in force the Hague-Visby Rules contained in the Protocol of Brussels, dated 23rd February 1968, as enacted in the Country of Shipment, shall apply to all carriage of goods by sea and also to the carriage of goods by inland waterways, and such provisions shall apply to all goods whether carried on deck or under deck.

海牙規則即1924年8月25日提單國際統一規定公約，或在採用海牙威士比規則即1968年2月23日布魯塞爾議定書的國家，因兩者均為對海上貨物運送的規定，故適用於所有海上及內河的運送，以及甲板上及甲板下的裝運。

7.3.

The Carriage of Goods by Sea Act of the United States of America (COGSA) shall apply to the carriage of goods by sea, whether on deck or under deck, if compulsorily applicable to this FBL or would be applicable but for the goods being carried on deck in accordance with a statement on this FBL.

美國海上貨物運送條例，適用於不論是甲板上或甲板下的海上貨物運送，因此於有強制規定適用於本提單時，或本提單約定排除適用甲板上裝載者外，即適用該條例。

8.Limitation of Freight Forwarder's Liability 複合運送人的責任限額

8.1.

Assessment of compensation for loss of or damage to the goods shall be made by reference to the value of such goods at the place and time they are delivered to the consignee or at the place and time when, in accordance with this FBL, they should have been so delivered.

對毀損滅失賠償金額的決定，依本提單將爲交貨或應爲交貨的地點及時間，該貨品的價値。

8.2.

The value of the goods shall be determined according to the current commodity exchange price or, if there is no such price, according to the current market price or, if there are not such prices, by reference to the normal value of goods of the same name and quality.

貨品的價値依該商品的現行交易價格而定，如無此價格，則依現行市場售價，如兩者均無，則參考同類和同級商品的一般價格。

8.3.

Subject to the provisions of subclauses 8.4. to 8.9. inclusive, the Freight Forwarder shall in no event be or become liable for any loss of or damage to the goods in an amount exceeding the equivalent of 666.67 SDR per package or unit or 2 SDR per kilogram of gross weight of the goods lost or damaged, whichever is the higher, unless the nature and value of the goods shall have been declared by the Consignor and accepted by the Freight Forwarder before the goods have been taken in his charge, or the ad valorem freight rate paid, and such value is stated in the FBL by him, then such declared value shall be the limit.

根據8.4.至8.9.項條款之規定有承攬運送人應予負責事由時，除非貨物的性質及價値於收貨前已經出貨人聲明，並註明於提單，或貨主已支付從價運費者外，承攬運送人對貨物在其控管期間的賠償責任，以每包或每件不超過相當於666.67個特別提款權或每公斤總重量相當於2個特別提款權爲限，以金額較高者爲準。

8.4.

Where a container, pallet or similar article of transport is loaded with more than one package or unit, the packages or other shipping units enumerated in this FBL as packed in such auricle of transport are deemed packages or shipping units. Except as aforesaid, such article of transport shall be considered the package or unit.

當貨物係以貨櫃、墊板或類似的設備裝運，則裝於這些設備上的數量，如其記載於本提單時，即以之作爲計算件數或裝運單位的數量。否則，即以該裝載設備爲計算數量單位。

8.5.

Notwithstanding the above-mentioned provisions, if the multimodal transport does not, according to the contract, include carriage of goods by sea or by inland waterways, the liability of the Freight Forwarder shall be limited to an amount not exceeding 8.33 SDR per kilogram of gross weight of the goods lost or damaged.

雖有前項之規定，如複合運送過程中未含海上或內河運輸時，承攬運送人對貨物毀損滅失的責任限額，將改按每公斤總重量不超過相當於8.33個特別提款權計算。

8.6.

(a) When the loss of or damage to the goods occurred during one particular stage of the multimodal transport, in respect of which an applicable international convention or mandatory national law would have provided another limit of liability if a separate contract of carriage had been made for that particular stage of transport, then the limit of the Freight Forwarder's liability for such loss or damage shall be determined by reference to the provisions of such convention or mandatory national law.

(b) Unless the nature and value of the goods shall have been declared by the Merchant and inserted in this FBL, and the ad valorem freight rate paid, the liability of the Freight Forwarder under COGSA, where applicable, shall not exceed US$500 per package or, in the case of goods not shipped in packages, per customary freight unit.

(a)當發生貨物毀損滅失階段的國際公約或國內法訂有不同的責任限額標準，且對此段運輸另定有個別運送契約時，則承攬運送人的責任限額改按此標準。

(b)除非貨物的性質及價值已經貨主事先聲明，並註明於本提單上及已按貨物價值比例支付從價運費，於適用美國海上貨物運送條例時，承攬運送人對貨物毀損滅失的責任，以不超過每包或每運送單位五百美元爲限。

8.7.

If the Freight Forwarder is liable in respect of loss following from delay in delivery, or consequential loss or damage other than loss of or damage to the goods, the liability of the Freight Forwarder shall be limited to an amount not exceeding twice of the freight under the multimodal contract for the multimodal transport under this FBL.

承攬運送人對遲延交貨所生損害，及其他非屬貨物本身毀損滅失之損失的責任，以不超過本提單，複合運送運費額的兩倍爲限。

8.8.

The aggregate liability of the Freight Forwarder shall not exceed the limits of liability for total loss of the goods.

承攬運送人的責任全部總額，以不超過貨物全損金額爲限。

8.9.

The Freight Forwarder is not entitled to the benefit of the limitation of liability if it is proved that the loss, damage or delay in delivery resulted from a personal act or omission of the Freight Forwarder done with the intent to cause such loss, damage or delay, or recklessly and with knowledge that such loss, damage or delay would probably result.

如經舉證貨物的毀損、滅失或遲延交貨，係由於承攬運送人個人的故意、疏忽或知情的作爲或不作爲所致，或由於其過失，且明知可能發生此項貨物之滅失、毀損或遲延交貨者，則承攬運送人不得援用責任限額。

9.Applicability to actions in tort 侵權行為的適用性

These conditions apply to all claims against the Freight Forwarder relating to the performance of the contract, whether the claim be founded in contract or in tort.

本提單各條款適用於所有因履行運送而對承攬運送人的請求權，不論其基於契約或侵權行爲所產生。

10. The liability of servants and other persons 受僱人及其他人所負的責任

10.1.

The multimodal transport operator shall be responsible for the acts and omissions of his servants or agents, when any such servant or agent is acting within the scope of his employment or of any other person of whose services he makes use for the performance of the contract, as if such acts and omissions were his own.

複合運送人對其受僱人或代理人，在其雇用期間的作爲或不作爲，均須負責。或對因履行運送契約，而使用其服務的其他任何人亦然，這些人的作爲或不作爲視同本人。

10.2.

In entering into this contract as evidenced by this FBL, the Freight Forwarder, to the extent of these provisions, does not only act on his own behalf, but also as agent or trustee for such persons, and such persons shall to this extent be or be deemed to be parties to this contract.

當依本提單成立運送契約時，在本各條款所定範圍內，承攬運送人不僅代表其本人，亦代表其他人，而爲他們的代理人或信託人，這些其他人均視爲本契約的當事人。

10.3.

However, if it is proved that the loss of or such loss or damage to the goods resulted from a personal act or omission of such a person referred to in Clause 10.1., done with the intent to cause damage, or recklessly and with knowledge that damage would probably result, such person shall not be entitled to benefit of limitation of liability provided for in Clause 8.

如經舉證，貨物的毀損、滅失或遲延交貨，係由於承攬運送人個人或依10.1.項所指之其他人的故意、疏忽或知情的作爲或不作爲所致者，則承攬運送人不得援用第8條所定責任限額。

10.4.

The aggregate of the amounts recoverable from the Freight Forwarder and the persons referred to in Clauses 2.2. and 10.1. shall not exceed the limits provided for in these conditions.

承攬運送人及依2.2.及10.1.項所指之其他人應負賠償總額，以不超過本提單各條款所定限額爲限。

11.Method and Route of Transportation 運送的方式及路線

Without notice to the Merchant, the Freight Forwarder has the liberty to carry the goods on or under deck and to choose or substitute the means, route and procedure to be followed in the handling, stowage, storage and transportation of the goods.

不須通知貨主，承攬運送人即有權逕將貨物裝在甲板上或甲板下，或改變運送的方式及航程，以及相關的搬運、堆積、儲存及運輸的程序。

12.Delivery 交貨

12.1.

Goods shall be deemed to be delivered when they have been handed over or placed at the disposal of the Consignee or his agent in accordance with this FBL, or when the goods have been handed over to any authority or other party to whom, pursuant to the law or regulation applicable at the place of delivery, the goods must be handed over, or such other place at which the Freight Forwarder is entitled to call upon the Merchant to take delivery.

依據本提單，將貨物交付受貨人或其代理人，或將貨物寄存由受貨人或其代理人處置，或依交貨地法規規定，將貨物交付某機關或第三人，或交付至承攬運送人得要求貨主受領之第三地，並通知貨主時，即視爲貨物已交付。

12.2.

The Freight Forwarder shall also be entitled to store the goods at the sole risk of the Merchant, and the Freight Forwarder's liability shall cease, and the cost of such storage shall be paid, upon demand, by the merchant to the Freight Forwarder.

承攬運送人將貨物以貨主的風險及費用寄存時起，運送責任隨即終止。於承攬運送人請求時，貨主並應償還寄存所產生的費用。

12.3.

If at any time the carriage under this FBL is or is likely to be affected by any hindrance or risk of any kind (including the condition of the goods) not arising from any fault or neglect of the Freight Forwarder or a person referred to in Clause 2.2. and which cannot be avoided by the exercise of reasonable endeavours the Freight Forwarder may:

abandon the carriage of the goods under this FBL and, where reasonably possible, place the goods or any part of them at the Merchant's disposal at any place which the Freight Forwarder may deem safe and convenient, whereupon delivery shall be deemed to have been made, and the responsibility of the freight forwarder in respect of such goods shall cease.

In any event, the Freight Forwarder shall be entitled to full freight under this FBL and the Merchant shall pay any additional costs resulting from the above mentioned circumstances.

在任何時候，當依本提單的運輸受障礙或任何風險〔包含貨物本身情狀〕所阻或可能受阻時，以非承攬運送人或第2.2.項所指之人的過失或疏忽爲限，且雖經合理注意仍無法避免時，承攬運送人得：

停止本提單貨物的運送，並在合理可行下，將貨物的全部或一部分，寄存於承攬運送人認爲安全且便利的任何地方，由貨主處置。如此，即視爲承攬運送人已履行交貨，並終止運送責任。

不管在任何情況下，承攬運送人均得請求本提單的全部運費，及因前述情況所產生的額外費用。

13.Freight and Charges
運費與費用

13.1.

Freight shall be paid in cash, without any reduction or deferment on account of any claim, counterclaim or set-off, whether prepaid or payable at destination.

Freight shall be considered as earned by the Freight Forwarder at the moment when the goods have been taken in his charge, and not to be returned in any event.

運費須以現金支付，且不管是預付或在目的地支付，均不得因有興訟、反控或抵償而扣減或拖欠。

於貨物交付於承攬運送人控管時起，運費即視爲已賺得，無論如何均不予退還。

13.2.

Freight and all other amount mentioned in this FBL are to be paid in the currency named in this FBL or, at the Freight Forwarder's option, in the currency of the country of dispatch or destination at the highest rate of exchange for bankers sight bills current for prepaid freight on the day of dispatch and for freight payable at destination on the day when the Merchant is notified on arrival of the goods there or on the date of withdrawal of the delivery order, whichever rate is the higher, or at the option of the Freight Forwarder on the date of this FBL.

運費及其他本提單所示之其他費用，應按本提單所定貨幣支付，或承攬運送人有權選擇，以啓運國啓運當日銀行即期最高兌換率，或在目的地支付時，以通知貨到日或換領提貨單當日銀行即期最高兌換率，以金額較高者爲準，或以提單日匯率爲準。

13.3.

All dues, taxes and charges or other expenses in connection with the goods shall be paid by the Merchant.

Where equipment is supplied by the Freight Forwarder, the Merchant shall pay all demurrage and charges which are not due to a fault of neglect of the Freight Forwarder.

所有與貨物有關的稅捐、費用或其他開支，均應由貨主負擔。

對使用承攬運送人所提供的設備，貨主須支付非因承攬運送人過失或疏忽所產生的延滯費及費用。

13.4.

The Merchant shall reimburse the Freight Forwarder in proportion to the amount of freight for any costs for deviation or delay or any other increase of costs of whatever nature caused by war, warlike operations, epidemics, strikes, government directions or force majeur.

貨主對因戰爭、準戰爭行動、傳染性疫病、罷工、政府命令或不可抗力因素，所造成的偏航或遲延交貨，或增加的支出，應按運費比例償還承攬運送人。

13.5.

The Merchant warrants the correctness of the declaration of contents, insurance, weight, measurements or value of the goods but the Freight Forwarder has the liberty to have the contents inspected and the weight, measurements or value verified. If on such inspection it is found that the declaration is not correct it is agreed that a sum equal either to five times the difference between the correct figure and the freight charged, or to double the correct freight less the freight charged, whichever sum is the smaller, shall be payable as liquidated damages to the Freight Forwarder for his inspection costs and losses of freight on other goods notwithstanding any other sum having been stated on this FBL as freight payable.

貨主對其所通知關於貨物內容、保險、重量、體積或貨物價値，向承攬運送人擔保其正確性，但承攬運送人仍有權就此等內容查證。於發現有不實情事時，得罰貨主運費差額的五倍，或正確運費的兩倍，但應扣除已收的運費，以金額較小者爲準，以補償承攬運送人檢查開支及對其他貨物少收運費的損失，雖有其他數額在本提單上仍列爲應付運費亦然。

13.6.

Despite the acceptance by the Freight Forwarder of instructions to collect freight, charges or other expenses from any other person in respect of the transport under this FBL, the Merchant shall remain responsible for such monies on receipt of evidence of demand and the absence of payment for whatever reason.

雖然承攬運送人接受貨主的指示，向其他人收取有關本提單運送的運費和費用，然貨主於收到此等款項的支付請求和不論因任何理由未獲付款時，仍須負責。

14.Lien
留置權

The Freight Forwarder shall have a lien on the goods and any documents relating thereto for any amount due at any time to the Freight Forwarder from the Merchant including storage fees and the cost of recovering same, and may enforce such lien in any reasonable manner which he may think fit.

承攬運送人對貨物和文件有留置權，對貨主欠費的任何金額，包括倉儲費用，及爲催收所產生的開支，得在任何時候，及以承攬運送人認爲合適的任何合理方法爲之。

15.General Average
共同海損

The Merchant shall indemnify the Freight Forwarder in respect of any claims of a General Average nature which may be made on him and shall provide such security as may be required by the Freight Forwarder in this connection.

貨主對有共同海損情事時，對其分擔部分應向承攬運送人保證免責，有需提供擔保時亦然。

16.Notice
貨物毀損或滅失的通知

16.1.

Unless notice of loss of or damage to the goods, specifying the general nature of such loss or damage, is given in writing by the consignee to the Freight Forwarder when the goods are delivered to the consignee in accordance with clause 12, such handing over is prima facie evidence of the delivery by the Freight Forwarder of the goods as described in this FBL.

除非受貨人將貨物毀損或滅失的情形，在依第12條受領貨物當時，以書面通知承攬運送人，否則此項受領將作爲承攬運送人已依本提單完成交貨的表面證據。

16.2.

Where the loss or damage is not apparent, the same prima facie effect shall apply if notice in writing is not given within 6 consecutive days after the day when the goods were to the consignee in accordance with clause 12.

在貨物毀損或滅失的情形不明顯時，前項書面通知應在依第12條所指方式受領貨物後六個連續日內爲之，否則仍適用前項的表面證據效果。

17.Time bar
時效

The Freight Forwarder shall, unless otherwise expressly agreed, be discharged of all liability under these conditions unless suit is brought within 9 months after the delivery of the goods, or the date when the goods should have been delivered, or the date when, in accordance with Rule 6.4., failure to deliver to goods would give the consignee the right to treat the goods as lost.

除經明示同意者外，自貨物已交付或應爲交付日起，或依第6.4.項規定雖未交貨，但受貨人有權以貨品已遺失論之日起九個月內提出求償，否則承攬運送人解除依本提單各條款應負的所有責任。

18.Partial Invalidity
部分無效

If any clause or a part thereof is held to be invalid, the validity of this FBL and the remaining clauses or a part thereof shall not be affected.

任一條款的全部或部分無效時，不影響其他條款的有效性。

19.Jurisdiction and applicable law
管轄及適用法律

Actions against the Freight Forwarder may be instituted only in the place where the Freight Forwarder has his place of business as stated on the reverse of this FBL and shall be decided according to the law of the country in which that place of business is situated.

訴訟歸本提單正面所示承攬運送人營業處所所在地法院管轄，並以該國法律爲準據法。

參考書目

中文

1. 曾俊鵬，《國際貨櫃運輸之理論與實務》，三版，華泰文化事業股份有限公司，2010年8月。
2. 陳鴻瀛，《海關通關實務》，修訂十五版，2004年8月。
3. 林光、張志清，《航業經營與管理》，二版，航貿文化事業有限公司，2002年9月1日。
4. 徐當仁、曾文瑞，《初學者海上保險基礎理論與實務》，高皇出版社，1999年9月。
5. 曾國雄、張志清、鍾政棋，《載貨證券理論與實務》，修訂版，航貿文化事業有限公司，2000年1月23日。
6. 《2008年台灣物流年鑑》，經濟部商業司，2009年12月。
7. 《國家貨運發展政策白皮書》，交通部，民國2004年9月。
8. 《中國物流年鑒2002》，中國物資出版社，2002年8月。
9. 《互動、合作、共贏，中國物流高層論壇論文集》，2005年5月。
10. 《國際貨運代理基礎知識》，2005年版，中國商務出版社。
11. 《國際多式聯運與現代物流理論與實務》，2005年版，中國商務出版社。
12. 《國際海上貨運代理理論與實務》，2005年版，中國商務出版社。
13. 大前研一，〈中國出租中〉，天下雜誌股份有限公司，2002年11月15日。
14. 〈物流e化營運模式研究報告〉，經濟部商業司，2004年12月。
15. 2003年全國物流現代化研討會，〈企業全球化趨勢下的物流服務國際化〉，經濟部商業司，2003年9月16日。

英文

1. Issa Baluch, *Transport Logistics, Past, Present and Predictions*, Winning Books, Dubai, Sep. 2005.
2. Jan Ramberg, *The Law of Transport Operators In International Trade*, 2005/10/14.
3. Peter Jones, *Legal Handdbook on Forwarding*, 3rd Edition, FIATA, 2001.
4. Jan Ramberg, *The Law of Freight Forwarding*, FIATA, Aug. 2002.
5. Ho Chee Mun, *Airfreight Forwarding*, Singapore Logistics Association, 2005.
6. *Containerisation International*

Note

國家圖書館出版品預行編目資料

海運承攬運送業理論與實務／曾俊鵬，廖玲珠著. ——二版. ——臺北市：五南圖書出版股份有限公司，2023.08
面；　公分
ISBN 978-626-366-351-0（平裝）

1.航運業　2.貨運

557.445　　112011693

1L59　物流書系

海運承攬運送業理論與實務

作　　者— 曾俊鵬(105.5)　廖玲珠
發 行 人— 楊榮川
總 經 理— 楊士清
總 編 輯— 楊秀麗
副總編輯— 黃惠娟
責任編輯— 陳巧慈

出 版 者— 五南圖書出版股份有限公司
地　　址：106台北市大安區和平東路二段339號4樓
電　　話：(02)2705-5066　　傳　　真：(02)2706-6100
網　　址：https://www.wunan.com.tw
電子郵件：wunan@wunan.com.tw
劃撥帳號：01068953
戶　　名：五南圖書出版股份有限公司

法律顧問　林勝安律師

出版日期　2010年9月初版一刷
　　　　　2022年4月初版七刷
　　　　　2023年8月二版一刷

定　　價　新臺幣530元

經典永恆·名著常在

五十週年的獻禮——經典名著文庫

五南，五十年了，半個世紀，人生旅程的一大半，走過來了。
思索著，邁向百年的未來歷程，能為知識界、文化學術界作些什麼？
在速食文化的生態下，有什麼值得讓人雋永品味的？

歷代經典•當今名著，經過時間的洗禮，千錘百鍊，流傳至今，光芒耀人；
不僅使我們能領悟前人的智慧，同時也增深加廣我們思考的深度與視野。
我們決心投入巨資，有計畫的系統梳選，成立「經典名著文庫」，
希望收入古今中外思想性的、充滿睿智與獨見的經典、名著。
這是一項理想性的、永續性的巨大出版工程。
不在意讀者的眾寡，只考慮它的學術價值，力求完整展現先哲思想的軌跡；
為知識界開啟一片智慧之窗，營造一座百花綻放的世界文明公園，
任君遨遊、取菁吸蜜、嘉惠學子！